LACERDA NA GUANABARA

MAURÍCIO DOMINGUEZ PEREZ
LACERDA NA GUANABARA
A RECONSTRUÇÃO DO RIO DE JANEIRO NOS ANOS 1960

odisséia
EDITORIAL

© by Maurício Dominguez Perez

Odisséia Editorial® é uma marca registrada da Lexikon Editora Digital.

Direitos de edição da obra em língua portuguesa adquiridos pela LEXIKON EDITORA DIGITAL LTDA. Todos os direitos reservados. Nenhuma parte desta obra pode ser apropriada e estocada em sistema de banco de dados ou processo similar, em qualquer forma ou meio, seja eletrônico, de fotocópia, gravação etc., sem a permissão do detentor do copirraite.

LEXIKON EDITORA DIGITAL LTDA.
Rua do Carmo, 7/7º andar – Centro – 20011-020
Rio de Janeiro – RJ – Brasil
Tel.: (21) 3212-2600 – Fax: (21) 3212-2624

CIP-Brasil. Catalogação-na-Fonte
Sindicato Nacional dos Editores de Livro, RJ

D719L Dominguez Perez, Maurício
     Lacerda na Guanabara : a reconstrução do Rio de Janeiro nos anos 1960 / Maurício Dominguez Perez. – Rio de Janeiro : Odisséia Editorial, 2007.

    ISBN 978-85-86368-16-5

    1. Lacerda, Carlos, 1914-1977. 2. Rio de Janeiro (RJ) – Política e governo – 1960-1965. 3. Rio de Janeiro (RJ) – História. 4. Rio de Janeiro (Estado) – História. I. Título.

CDD 981.531
CDU 94(815.31)

Nós nos sentíamos tão realizados! Dava um sentimento de felicidade tão grande. [...] De maneira que, se alguma vez eu tiver que relatar mais longamente esse período do governo, gostaria de deixar essa idéia de que o poder bem exercido é extremamente gratificante. Quando digo bem exercido quero dizer com o sentido de servir, com o sentido de doação, de uma entrega absoluta a um dever.

Carlos Lacerda

SUMÁRIO

Imagem a restaurar 9
Agradecimentos 27
Capítulo I — A trajetória política de Carlos Lacerda 29
Capítulo II — O Rio de Janeiro como Distrito Federal:
uma visão sem romantismos 75
Capítulo III — Onde Lacerda conseguiu dinheiro para
as suas obras? 109
Capítulo IV — A reforma administrativa do governo
Lacerda: uma nova cara para um novo estado 147
Capítulo V — Mudando o Rio: os principais projetos
e obras do governo Lacerda 201
Considerações finais 289
Tabelas 299
Bibliografia 313

IMAGEM A RESTAURAR
Raphael de Almeida Magalhães

Tenho, há muitos anos, um compromisso moral com Carlos Lacerda para fazer a crônica do seu governo, cujas obras marcam, até hoje, a paisagem da cidade do Rio de Janeiro. Pago um pouco desta dívida de carona no livro do Maurício Perez sobre o governo Lacerda, baseado em tese de doutorado defendida pelo autor em 2005, no Departamento de História da UFRJ, e que a Odisséia Editorial, fundada pelo por seu neto mais velho, Carlos Augusto, oferece ao consumo público.

Maurício Perez apareceu-me pela mão do Mauro Magalhães, líder do Carlos Lacerda na Assembléia Legislativa Estadual. Sua visita tocou-me fundo na alma. E, sobretudo, recordou-me do compromisso de descrever a fantástica aventura que fora participar, ao lado de Lacerda, do desafio irreproduzível de converter a antiga capital da República — entregue à própria sorte por um governo federal que, ao transferir sua sede para Brasília, parecia fugir da cidade como que para puni-la pelo seu espírito libertário — em um estado organizado e em uma cidade estruturalmente recuperada. Tarefa hercúlea e singular numa época em que o Brasil era sacudido pela mais grave crise da sua história contemporânea, que culminou com uma intervenção militar longa de mais de vinte anos.

O escopo do livro é, especificamente, a administração Carlos Lacerda, o governo Carlos Lacerda, e não o Carlos Lacerda, líder político, identificação difícil de ser decomposta, a tal ponto o governador e o político se fundem numa só pessoa. Por isso, procuro associar, neste prefácio, as duas figuras. A investigação se concentrou em entender como o governador conseguira realizar o milagre de reconstruir o Rio a partir do legado particularmente coativo em que recebera a cidade.

Expliquei ao Maurício Perez que a obra de governo fora fruto da mais entranhada paixão de Lacerda pela coisa pública, associada a um profundo sentimento do dever a cumprir com relação à maioria da população pobre que precisava, mais que os bem-nascidos, que os serviços públicos básicos funcionassem adequadamente. Sua obra de governo foi, assim, determinada por agudo sentimento de urgência na reconstrução dos serviços próprios de uma cidade-estado. Fosse ele apenas um governante aplicado, jamais teria realizado o magnífico conjunto de obras que o consagrou. Pois somente uma personalidade singular, da sua envergadura, teria o poder de mobilização indispensável para realizar a obra transfiguradora do porte da empreendida.

Sua ação no governo foi, de alguma maneira, o prolongamento de sua vida parlamentar e de jornalista: honradez extrema e inconformidade radical com as práticas políticas tradicionais. E, como alvo, o interesse público, seu único e sublimado objetivo. Lacerda foi um republicano, um socialdemocrata cuja carreira se fez em meio às mais ásperas pelejas, enfrentando poderosos adversários que se valeram, sempre, de todas as armas para abater o seu ânimo de construir uma sociedade mais justa, mais integrada, socialmente mais democrática, sem os males crônicos da demagogia, do populismo e do clientelismo que degradam a cidadania e desmoralizam a democracia.

As virtudes e os compromissos do líder político plasmaram o governador. A partir da profunda convicção moral que alimentava o seu espírito, criou o indispensável caldo de cultura para uma ação efetivamente inovadora, o suplemento de energia necessário à busca incansável do bem comum, de fundamental importância para inspirar as decisões do verdadeiro homem de Estado.

Tudo isto salta como evidência do livro, um primeiro testemunho, absolutamente isento, para a reconstrução da imagem pública de Carlos Lacerda — o início, espero, de uma merecida revisão histórica.

Não há decisões fáceis para governantes como Carlos Lacerda, dedicados a servir o povo. Deles se exige um estilo peculiar de governar com coragem para afrontar o julgamento público, orquestrado, em geral, pelos defensores dos interesses estabelecidos. Somente um homem de Estado, comprometido moralmente com o bem público, no sentido tomista e republicano da expressão, afrontará, com naturalidade, sem falso heroísmo, o múnus do exercício apostolar da função pública.

Este era o tom do governo Lacerda, o toque marcante de sua liderança. Este era o sentimento fundamental que guiava as suas ações, a lição que derivava da prática diária de governo. Este espírito, não obstante as dificuldades e intrigas, acabou penetrando fundo no aparelho de Estado, a ponto de a máquina administrativa da Guanabara vir a se constituir em paradigma nacional. Ninguém entrou no serviço a não ser pela porta democrática do concurso público. Ninguém fez carreira ou ocupou cargos de confiança a não ser por mérito próprio. Até mesmo a lotação das professoras nas escolas, transformada a função de ensinar na pedra angular da prestação dos serviços públicos fundamentais para a população, procedia de concurso, que impedia a interferência de qualquer pessoa, fosse o próprio governador ou o secretário de Educação, no processo anual de escolha. E todas as professoras fora da classe foram convocadas, sem exceção, para voltar a ensinar. A recusa determinava a demissão por abandono de cargo.

A intransigente e radical defesa do interesse público, sem qualquer consideração secundária que aliviasse a força deste compromisso, constituiu-se, sem dúvida, em ponto de honra do governo Carlos Lacerda. Desde as pequenas questões, como o caso da lotação das professoras pelas escolas, que pode parecer pequena, mas que caracteriza um estilo de governar, até as grandes decisões, a defesa, sem quartel, do interesse público era o seu estandarte, diante do qual não distinguia entre amigos, parentes, correligionários ou inimigos. Nem se amarrava em preconceitos ideológicos. Decidia, sempre, pela solução mais adequada para enfrentar a questão considerada. Resolver os problemas que afligiam a maioria da população da cidade-estado era sua única inspiração, sua maneira de ser fiel ao mandato popular em que o investira, por escassa maioria, o povo carioca. A ele, e só a ele, devia contas dos seus atos de governo. Era fundamental, a seu juízo, que o seu desempenho na administração da Guanabara fosse de uma severidade ética absoluta, comportamento que tanto cobrara dos governantes na sua pregação oposicionista — única forma de evidenciar perante o povo que sua cobrança na oposição devia-se a uma visão ética da atividade política, válida tanto na oposição como no governo, e não a uma visão oportunista para chegar ao poder. Não era um discurso, mas um programa irrenunciável imanente a sua carreira política, uma forma própria de fazer política.

A moralidade que praticou no governo era, como deveria ser, a moralidade como entendida e praticada pelo povo. Sua moral política era a moral da convicção e não da conveniência.

A mediocridade lhe repugnava. O medo, que conduzia à inércia, ele o desprezava. Nunca arrefeceu seu ânimo de combatente voltado à busca da realização do bem comum. Não queria o poder pelo poder, mas o poder para realizar, fazer e construir. Sem arredar-se do caminho da moral imperativa — prestar os melhores serviços possíveis ao povo soberano era a sua maneira de praticar e entender a democracia. Não trocava cargos por votos. Nem apoios políticos pela partilha da função pública. E, não obstante, em uma Assembléia Legislativa em que o seu partido era minoritário, aprovou as leis fundamentais de que precisou para governar. Eleito por uma ampla coligação de partidos, incorporou ao seu governo quadros de todos eles. Mas cada um por ele escolhido. Pois os queria vinculados ao governo, fiéis às diretrizes de governo, e não colaboradores divididos por inevitável dupla lealdade — uma em relação ao partido que os indicavam e outra ao governo que integravam.

Pagava, é claro, preço alto pela intransigência. Mas teve o conforto de ter sido fiel, do primeiro ao último dia de governo, a um inquebrantável código de conduta que balizou a sua vida pública e tornou exemplar e edificante a sua obra de governo. A universalização dos direitos era a sua inspiração absoluta. Não na sua cabeça, mas na sua alma justiceira. Não obstante, enfrentou, sempre, injustiças que nunca o desanimaram. Apontado como reacionário, fazia da prática diária no governo sua melhor arma de defesa. Seu palácio não era freqüentado pelos poderosos, que o temiam como a um gladiador de ânimo indomável, incapaz de ceder à sedução do bajulador ou às ameaças dos poderosos.

Fez, assim, um governo de cara amarrada. Mesmo porque, num país extremamente desigual, carente de serviços básicos — afinal, passados mais de quarenta anos, os serviços públicos continuam insuficientes, tanto do ponto de vista qualitativo como quantitativo — para grande parte da população pobre, o governante que revela alegria no exercício do poder não tem, para se dizer o mínimo, consciência crítica de seus verdadeiros deveres. Pode e deve se orgulhar, como era o caso de Carlos Lacerda, do esforço desenvolvido e das suas realizações concretas. Mas não poderia, nunca, se contentar com a obra feita em vista da enormíssima tarefa a enfrentar.

Para Lacerda, cada dia passado era um dia a menos no esforço insano de vencer os desafios postos diante de sua alça de mira. Tudo tinha o carimbo de urgente, como se governar fosse para ele uma corrida de obstáculos, na qual, a cada dia, dar um passo, vencer uma barreira, era um imperativo categórico, um compromisso de ordem moral para pleno cumprimento da missão que se impusera de melhorar a sorte do povo que dependia da qualidade e quantidade dos serviços que o governo da Guanabara lhe pudesse prestar.

Radicalidade ética e Carlos Lacerda eram, em conseqüência, expressões sinônimas. Esta simbiose orgânica marcou o governo durante os cinco anos de mandato. Foi assim no curto período da presidência Jânio Quadros. Prosseguiu durante o governo parlamentarista. Não se alterou sob o presidente João Goulart. Não foi diferente no governo Castello Branco. Sempre rebelde, sem nunca fazer concessões, agarrado ao seu dever de servir o povo, acima e além de qualquer conveniência ou ardil político. Nunca cultivou os favores dos presidentes. Sua concepção de ética política ia muito além do clássico moralismo udenista. Seu conceito de ética pública derivava de sua convicção profunda de que o homem público, diante da brutal desigualdade social que estigmatiza a sociedade brasileira, não podia ter descanso enquanto não garantisse a todos os brasileiros acesso universal aos bens básicos, condição para assegurar, de verdade, igualdade de oportunidade, sem a qual é impossível à maioria uma vida digna segundo os padrões de exigência do nosso tempo.

Lacerda era um servidor público em tempo integral. Não tinha noites livres. Nem sábados ou domingos. Tinha, sempre, muita pressa. Um dia na vida de uma criança pobre fora da escola por falta de vagas era um dia irrecuperável na sua vida — um crime sem perdão. Por isso, em três meses, garantiu vaga nas escolas públicas estaduais para todas as crianças em idade escolar. E, ao final do governo, todas as crianças tinham direito a oito anos de curso básico na rede pública. A ponto de ter criado, no estado, a função do inspetor da obrigatoriedade escolar para processar os pais que deixassem de matricular seus filhos pelo crime de abandono. Muito diferente da prática presente de premiar os pais que cumprem o dever de matricular seus filhos, uma forma de paternalismo materialista profundamente preocupante com respeito aos deveres impostos pela paternidade. Uma cidade sem água abundante e tratada era também uma agressão contra a saúde da população: um dia de atraso na obra do Guandu era, pois, um atentado intolerável, um crime de lesa-pátria que atingia, de frente, os interesses do povo soberano que lhe confiara o encargo de governá-lo e ao qual devia — e somente a ele — contas. Não era sem razão assim que, em cada uma das milhares de obras que semeou pela cidade, uma singela placa comemorava a realização. Nela não figurava o nome do governador, mas a seguinte e impessoal placa: "Do governo do estado ao povo do estado da Guanabara", numa eloqüente demonstração da sua concepção da relação democrática entre o povo, detentor da soberania, e os ocupantes temporários de cargos públicos, cujo poder derivava, legitimamente, do voto cidadão.

Este espírito indomável está na raiz da obra do governo Carlos Lacerda, como fica claro no livro de Maurício, cujo grande mérito, em se tratando de uma tese universitária, é reapresentar sob ângulo verdadeiro o governo Carlos Lacerda. Nada teria sido feito, por melhor que fossem as idéias, mais inspirada a escolha das prioridades, a seleção dos projetos, o cuidado na implementação dos programas e a qualidade da equipe de governo sem a flama do governador a iluminar o caminho. A rota distintiva era a paixão do governador mobilizando as suas melhores energias e o seu fantástico talento para enfrentar, em marcha batida, o desafio de colocar de pé um estado, reconstituir o tecido urbano da cidade destruída e injetar confiança e músculo em sua equipe de governo.

Caricaturado como um personalista, incapaz de trabalhar em equipe, reunia seu secretariado, religiosamente, todas as segundas-feiras. Com pauta constante — planejamento e orçamento — e temas específicos que exigiam reflexão coletiva, transformado o secretariado no órgão de coordenação máxima do governo, cenário coletivo para a formação da vontade comum e para transmissão concreta da filosofia do governo.

A surpresa fora que este singular personagem, inigualável na tribuna parlamentar e no combate jornalístico, se transformara em rigoroso e original administrador público, capaz de promover, no estado da Guanabara, uma revolução na arte de governar. A competência, a eficiência e o desempenho do seu governo jamais foram igualados por nenhum dos governos que se seguiram neste meio século passado desde a experiência Carlos Lacerda.

Maurício Perez correu atrás das distorções, acumuladas no tempo, a respeito do governo. Debruçou-se sobre a origem dos recursos que financiaram as obras. Descobriu que o governo, ao contrário da lenda, especialmente difundida pelo então todo-poderoso ministro Roberto Campos, em famosa polêmica com Lacerda, não aumentara, senão na margem, a carga fiscal para financiar o programa. O imposto de vendas e consignações, base da arrecadação estadual, fora aumentado largamente sem nenhum proveito para a cidade, não por Lacerda, mas, em 1955, pelo então prefeito Alim Pedro. Como comprovou, documentadamente, os recursos, como era, e ainda é, versão corrente, não vieram de empréstimos externos. Apenas a construção da adutora do Guandu foi financiada, em parte, com recursos do Banco Interamericano de Desenvolvimento (BID), em contrato assinado em pleno governo João Goulart graças ao apoio do seu ministro da Fazenda, Walter Moreira Salles, e autorização expressa do Senado Federal. Mas a maior parte dos recursos foi aportada pelos próprios consumidores cariocas, que pagaram, antecipadamente, para solucionar a questão da água, antes mesmo de ela jorrar nas torneiras. Este foi, de resto, o único aumento de carga fiscal significativo promovido pelo governo, e que consistiu, na verdade, em mera atualização do valor da tarifa de água, demagogicamente congelada desde 1940 e, portanto, reduzida, pela inflação, ao correr do tempo, a uma desprezível cifra que nem sequer pagava o custo de arrecadação.

O livro é conclusivo — nem empréstimos externos nem elevação de impostos. Restava a lenda da ajuda do governo Castello Branco. Falso, também, comprova o livro: o governo Castello Branco não só não ajudou o governo da Guanabara como implantou um severo programa de austeridade fiscal para conter a inflação — tal como se faz no Brasil de nossos dias, desde o governo Fernando Henrique — de que resultou, como agora, uma grande crise recessiva. Agora, pelo menos, a inflação foi debelada. Mas naquele tempo ela, se bem que menor, continuava fazendo estrago. Essa política, de resto, mereceu a mais exacerbada crítica de Carlos Lacerda, determinante do seu rompimento com o presidente Castello Branco. E afetou, profundamente, sua administração no último ano de mandato: a receita estadual desabou por efeito da recessão e o custo das obras seguiu crescendo, por impacto da inflação — o fenômeno conhecido como estagflação —, o que inclusive contribuiu, decididamente, para a derrota eleitoral do seu candidato nas eleições de 1965, o qual enfrentou as urnas com os vencimentos dos servidores estaduais atrasados em dois meses pela queda da receita estadual.

O livro debruçou-se sobre outra hipótese. Como recomenda o figurino neoliberal, tão em moda no momento, e ao qual sempre se pretendeu filiar o governador, os recursos teriam vindo de uma draconiana redução dos gastos correntes do governo. Para surpresa do próprio autor, como o livro deixa implícito, Lacerda não só expandira o gasto com o pessoal como o próprio quadro. E introduzira, pioneiramente no Brasil, a escala móvel de salário para o servidor público a fim de evitar a permanente expropriação dos proventos dos servidores por conta da inflação galopante que minguava a renda dos assalariados. E mais: para tornar claro que uma justa política salarial era de fundamental importância para motivar o servidor ao enfrentamento dos desafios do governo, mudou a forma de classificação, no orçamento estadual, das despesas com o pessoal que trabalhava diretamente nas atividades-fins do estado, para considerá-las não como despesas de custeio, mas como gastos de capital, mesma classificação atribuída aos investimentos em obras e serviços. Apresentado, falsamente, como inimigo do estado em geral e do funcionalismo em particular, entendeu Carlos Lacerda que, sem servidores bem remunerados, estimulados em seu amor-próprio, respeitados pela população e protegidos do jogo espúrio do pistolão, os serviços públicos jamais teriam a qualidade que a população, que paga impostos, tem o direito de esperar e os governantes o dever de assegurar.

O mistério dos recursos para tantas obras se desvenda no livro: a arrecadação crescera exponencialmente e o custo das obras decrescera na mesma proporção. A máquina fazendária, entregue a um exemplar servidor público, dr. Mario Lorenzo Fernandez, funcionário de carreira dos quadros da própria Secretaria, sem alarde, mas usando com suavidade e firmeza a experiência acumulada e o seu prestígio pessoal, logrou da Secretaria um extraordinário desempenho. Ano a ano, a receita estimada para financiar o programa foi realizada. A única exceção ocorreu em 1965. O estilo do governador — cobrar e instigar, sempre e implacavelmente, desempenho — produziu nesta secretaria-chave o clima necessário para que a arrecadação cobrisse o custo do programa de investimento, para o qual eram destinados cerca de 35% da totalidade da receita estadual.

Se os impostos estaduais foram, assim, a fonte básica do programa de obras, some-se a isto o zelo incansável do governador na condução de cada uma delas, suas cobranças diárias, sua interferência nos editais, sua obsessão em reduzir o custo de cada qual. Pois o menor sinal que podia ser entendido como favorecimento despertava em Carlos Lacerda a ira santa dos que se sentem traídos na sua confiança. Em matéria de concorrência pública inovou nos métodos, na forma do processo e na maneira do seu controle. Não temia discutir o projeto de engenharia em reunião aberta, com os próprios empreiteiros. E assegurava ao vencedor, desde logo, financiamento no Banco do Estado, convertido, em seu governo, no segundo estabelecimento bancário público e no sétimo banco de depósito do país — para que o empreiteiro não tivesse, depois, como justificar atrasos no cronograma das obras, ou apresentar pleitos abusivos de revisão do valor dos contratos. A não ser por razões especialíssimas, o cronograma de obras se cumpria com exatidão britânica e o valor orçado era, quase sempre, o valor efetivamente pago.

Cada grande conjunto de obras tinha um gerente — um *"project manager"* — específico que se reportava, diretamente, ao governador. Cada grande projeto tinha uma conta especial no BEG, tudo controlado, desembolso e cronograma físico, pelo método Pert, uma eficiente ferramenta gerencial para acompanhamento da evolução de projetos estruturalmente complexos, visando a definir o melhor caminho crítico para sua execução, indispensável para a programação racional dos desembolsos e vigilância preventiva com respeito ao respectivo cronograma físico. O governador, ele próprio, era, assim, o principal fiscal das obras, em vistorias quase diárias, à luz do dia como à noite, já que convertera, por seu entusiasmo, a visita às obras em programa social obrigatório para os que recebia em sua casa. Este método peculiar, expressão de seu zelo com os recursos públicos sob sua responsabilidade, a atmosfera de seriedade que imprimia aos atos de governo, a maníaca correção que exigia de todos os auxiliares multiplicaram os recursos disponíveis para tão diferenciado e ambicioso programa de obras, numa inequívoca demonstração de que um governo honesto, que faz da honestidade ponto de honra, multiplica o dinheiro público. Isto que nada tem a ver com choque de gestão, cuja principal característica, ao contrário da visão de Lacerda, é conter gastos, e não ampliá-los em obras e serviços fundamentais para a população.

Aliás, não fora a obra, que lhe valia amplo apoio sólido de considerável parte da opinião popular, dificilmente teria resistido ao implacável cerco que lhe moveu o governo federal, estimulando, ou promovendo ele próprio, pela ação combinada dos comunistas e dos seus pelegos, greves quase diárias na cidade-estado, com a conseqüente paralisação de serviços públicos essenciais, tudo para infernizar a vida dos cariocas. Ou, volta e meia, anunciando intervenção federal no estado ou decretação do estado de sítio na Guanabara. As obras foram, ao lado do vigor com que Lacerda reagia a estas constantes ameaças, elemento fundamental para conter os arroubos dos seus adversários. Mas este cerco obrigava o governador a travar combate franco e intenso em duas frentes distintas: uma à frente do governo, para manter a ordem pública, levar adiante as obras e manter o governo em funcionamento normal; outra, na resistência ao cerco impiedoso que lhe movia, sem quartel, o governo federal. E só um homem de têmpera muito particular seria capaz de travá-la, vitoriosamente, como aconteceu: construiu as bases do estado, reconstruiu a cidade e venceu a queda-de-braços com João Goulart.

Ensinou-me, a mim, o mais jovem e inexperiente integrante de sua equipe de governo, o valor da socialdemocracia, a partir de cujos conceitos a Europa construíra o pacto social que a salvara do comunismo e a impulsionara, após os horrores da guerra, para a maior prosperidade de sua história, lançando e solidificando os alicerces da sociedade de bem-estar social.

Lembro-me de ele dizer-me que haveríamos de construir uma ordem social efetivamente justa fundada na solidariedade entre os homens e na qual o trabalhador poderia se livrar da sina de ser ou "o escravo da produção para o lucro do empresário ou o escravo da produção para a grandeza do Estado", sonho do qual nunca me afastei ao longo de minha vida pública, profundamente marcada pelos valores partilhados com Lacerda nos cinco anos de minha experiência de governo.

Foi um governo, assim, no conteúdo e na prática, genuinamente socialdemocrata, inspirado por um profundo sentimento de compaixão com respeito aos problemas que afligiam os mais pobres. O governador criara na campanha eleitoral uma idéia-força que sintetizava sua concepção de administrador: resolver, primeiro, os problemas que diziam respeito ao maior número. Está em todas as mensagens de seu governo. E a maioria a ser atendida, então como hoje, é constituída de cidadãos pobres. A distribuição dos investimentos pelos programas revela, como está no livro, grande concentração de gastos em obras nas zonas mais pobres da cidade e na expansão de serviços que os ricos prescindem, mas que são fundamentais para os mais pobres, desmentindo o mito de que Lacerda governava para os ricos. Caricaturado como homem a serviço da economia de mercado, nunca se deixou aprisionar, na sua ação política, pelo dogmatismo que aprisiona a inteligência ou por preconceitos ideológicos que entorpecem a razão. Ninguém, em tempo algum, no Brasil, criou e organizou tantas empresas públicas. Fê-lo pela paixão de fazer, convencido de que, com relação ao problema considerado, a empresa pública estava muito mais apta a resolvê-lo que um concessionário privado ou um órgão da estrutura central do estado. Não relutou em expropriar as ações da CTB pertencentes ao grupo Light, então sob controle canadense, para constituir a Cetel, uma empresa pública sob controle estadual. Só não consumou a medida por interferência direta do governo João Goulart, que colocou a companhia estrangeira sob tutela federal para impedir que a desapropriação se consumasse.

A essência de sua obra de governo, o espírito com que governou, se constituiu, como bem demonstra o livro de Maurício Perez, na mais veemente prova de como sua figura foi caricaturada e distorcida perante a opinião nacional. Reacionário por quê? Golpista por quê? A que interesses privados serviu? Sua trajetória na vida pública demonstrou o oposto. Tanto que não vacilou em romper a sua mais forte aliança política por se recusar a autorizar a execução de um empreendimento imobiliário no Parque Lage, citado no livro, com toda a propriedade, como o exemplo paradigmático da sua forma de agir. O empreendimento pertencia ao jornalista Roberto Marinho. Os prudentes de sempre o advertiram dos riscos da decisão. Nada o demoveu, entretanto, da decisão tomada: desapropriou o imóvel. Sabia, é claro, das conseqüências. Mas entre curvar-se diante de um homem poderoso, seu constante aliado político, e resguardar o interesse público, escolheu o caminho do seu dever irrenunciável para com a coisa pública. As conseqüências viriam depois. E vieram violentas, com o jornal transformado na peça principal de que se valeram os seus inimigos para articularem, contra ele, o maior arco de alianças políticas jamais formado, em qualquer tempo, no Brasil. E que reuniu de Luiz Carlos Prestes a Roberto Marinho, passando pelos generais Castello Branco e Golbery do Couto e Silva, tudo para eleger Negrão de Lima governador da Guanabara, abrindo caminho para a edição do Ato Institucional nº 2, que decretou o recesso do Congresso Nacional, a extinção dos partidos políticos, a criação da Arena e do MDB, a instituição da eleição indireta para presidente da República, rompido o compromisso da intervenção provisória das Forças Armadas no processo político para garantir as eleições presidenciais de 1965.

O mesmo sentimento de intolerância e radicalidade que inspirava os seus discursos e artigos palpitava, assim, em cada ação de seu governo, sempre nos termos ditados apenas pela sua consciência cívica. Mesmo se a ação lhe custasse incompreensão e perda de aliados.

Em cada programa, como está no livro, desde a educação até a habitação popular, o alvo foi atender, no tempo, à totalidade da população. Oito anos de escola para todos. Casa popular em condições acessíveis à bolsa do povo para todos. Saúde para todos. Universalizar o acesso aos serviços básicos era sua bandeira para eliminar a fila, o pistolão e o clientelismo, pragas que se alimentavam da insuficiência dos serviços, forma perversa e degradante de escravidão política, que avilta e humilha, discrimina os pobres ao jogá-los uns contra os outros na busca do privilégio do acesso ao serviço de que necessita. Esta chaga macula, até hoje, a democracia brasileira. E continua sendo usada como moeda no comércio do voto.

A administração pública, em conseqüência, foi ferozmente descentralizada para aproximar povo e governo e eliminar, na medida do possível, a intermediação espúria do acesso ao serviço público. Em vez do manobrista da água ou do político da bica de água, água para todos. Em vez de fila no hospital, atendimento universal. Em vez de vaga na escola pública por pistolão, vaga para todos, sem fila, com naturalidade, o banal reconhecimento de um direito impostergável da cidadania.

Introduziu a informática, que então engatinhava, na rotina do seu governo. O orçamento estadual saía direto das máquinas do Centro de Processamento de Dados da Secretaria de Finanças para a Assembléia Legislativa. Um orçamento-programa sintético, com cada macrobjetivo visado pela ação governamental discriminado de forma a permitir uma visão clara do custo de cada meta fixada.

O governador deixou de ser um burocrata assinador de papéis. Quando da sua posse eram mais de dois mil por semana. Ao final, pouco mais de dez por semana. Desburocratizou para valer, delegando funções e poderes, tanto setoriais como territoriais, a chave da eficiência administrativa que a máquina pública estadual alcançou.

Não obstante tudo isso, Lacerda seguiu sendo retratado, por tantos, como um político reacionário e golpista, a serviço do imperialismo americano.

A fama de golpista não lhe caía bem. Como tantos que depois passaram por democratas, nunca foi prefeito ou interventor nomeado nem presidente via golpe de Estado. Exerceu, sempre, mandatos políticos conferidos pelo voto popular. Nunca pretendeu o poder por outra via que não fosse o voto. Nunca conspirou para assumir o poder. Carlos Lacerda enfrentava seus adversários de peito aberto. E tomava, sempre, o povo por testemunha de suas ações e iniciativas. Nunca se escondeu nem fugiu de suas responsabilidades. Travou, sempre, o bom combate, a nobre luta dos que se expõem por um ideal.

Foi assim na Guanabara. Exerceu o governo com absoluta fidelidade aos seus ideais republicanos. E, não obstante, enfrentou, no posto de maior perigo, a luta contra o presidente João Goulart. Na praça pública e não nos quartéis. Sem generais para cobrir suas posições. Reagiu contra o Ato Institucional nº 2 com veemência e indignação. Não há nenhum documento que o vincule à conspiração militar. Não conheceu, senão no final de março, o general Castello Branco. Não sabia sequer da existência do general Costa e Silva.

Pregava contra o governo Goulart, que ele entendia como um inocente útil manobrado por quadros do Partido Comunista que enxergavam, no cenário internacional e no clima da radicalização que o próprio governo fomentava, por inspiração deles, uma oportunidade histórica que não se reproduziria, na qual dispunham, por razões circunstanciais, de recursos de poder suficientes para tentar forçar, pela pressão politicamente organizada, o realinhamento da posição brasileira no mundo bipolar de então e para que o Congresso Nacional votasse diversas emendas constitucionais a fim de instituir uma nova ordem socioeconômica. O *slogan* era "reforma na lei ou na marra". Reagiam contra o que classificavam de democracia formal, fundamento da hegemonia exercida pela burguesia espoliadora em relação à classe operária. Queriam-na substituída pela democracia substantiva, somente alcançável por via revolucionária, à margem, portanto, da ordem democrática, de cujos instrumentos se valiam por simples tática política a fim de lhes proporcionar o acúmulo de forças para implantar uma nova ordem institucional, sob a liderança do Partido Comunista, como expressão dos interesses da classe operária. De resto, o descompromisso com a democracia distinguia, no mundo, a esquerda comunista da esquerda socialista. A socialista pretendia um novo pacto social, sob hegemonia da classe operária, por intermédio de uma reforma social profunda que corrigisse os abusos do capitalismo. Os comunistas acreditavam que somente através da ditadura do partido a transformação poderia ser feita. Lacerda reagiu em 1964, não por ser antidemocrático nem por ser ligado a interesses americanos, mas apenas por ser anticomunista e, por conseqüência, democrata de convicção.

Ao se azedar, em março de 1964, a crise sociopolítica, Carlos Lacerda, já candidato à presidência escolhido pela UDN, propôs, ao outro candidato, também já escolhido pelo PSD, Juscelino Kubitschek, um manifesto comum para que o acirrado clima de agitação existente fosse reduzido e as propostas em choque tivessem seu desfecho adiado, para a eleição presidencial a que ambos concorreriam em 1965. A proposta foi recusada porque o ex-presidente não poderia prescindir, na sua campanha, do apoio do PTB. E o PTB, naquela altura, estava rachado ao meio entre os que queriam um candidato de esquerda e os que pregavam a reprodução da aliança histórica com o PSD. E o ex-presidente não podia arriscar, com o gesto, enfraquecer a posição do presidente João Goulart. Pois o seu enfraquecimento reduziria a possibilidade da reprodução da aliança PTB-PSD, afetando, conseqüentemente, as possibilidades de sua vitória. Carlos Lacerda, a não ser para preservação de sua vida, não tinha qualquer interesse político na derrubada de João Goulart. Não se beneficiou, em nada, com a sua deposição. Nem do ponto de vista político, nem do ponto de vista administrativo. Mas estava disposto a tudo, inclusive arriscando a própria vida, para romper o que entendia ser a lógica implacável de um golpe em marcha, sob inspiração comunista, desencadeada a partir do governo sob a cumplicidade silenciosa do presidente João Goulart, emparedado à sua esquerda e sem energia para defender-se e defender o seu próprio governo. O desfecho da crise, resolvida por uma arbitragem militar, evitou uma provável guerra civil da qual o país se salvou mais por vontade da providência divina do que pela ação esclarecida dos homens.

O livro de Maurício Perez começa a lançar luzes verdadeiras sobre a trajetória do administrador Carlos Lacerda. Restará, agora, combinando o administrador com o político, recuperar para a geração atual, na sua integridade, a figura política de Carlos Lacerda, uma das mais importantes da história brasileira desde o Estado Novo até sua morte precoce em 1977, e cuja biografia merece ser escrita de maneira a recuperar sua verdadeira imagem de um líder democrático e de um reformador social radical, visceralmente anticomunista.

AGRADECIMENTOS

A ORIGEM DESTE LIVRO É A TESE DE DOUTORADO EM HISTÓRIA QUE DEFENDI em 2005 pela Universidade Federal do Rio de Janeiro. Lembro-me como se fosse hoje, quando procurei pela primeira vez a prof ª dra. Marieta Ferreira. Tendo feito meus estudos em outras áreas, apresentei-me dizendo que queria fazer o doutorado em história. O mais fácil, o mais prudente, seria me dispensar com uma desculpa amável, mas, no entanto, isso não ocorreu. Ao contrário, fui acolhido com muita paciência, recebi uma atenção esmerada e uma ajuda inestimável. Espero que este livro seja, além do insuficiente "muitíssimo obrigado", uma forma de retorno agradecido por tanta compreensão.

Como agradecer a Marly Motta, pela dedicação em ler e corrigir os primeiros rascunhos que fiz, quando ainda patinava em meio aos inúmeros cuidados que a história escrita exige? Além disso, seus conselhos foram decisivos para que o trabalho, que apenas se iniciava, tivesse foco e se desenvolvesse de forma harmoniosa.

Não posso deixar de agradecer a alguns dos protagonistas do governo Lacerda que ao longo de várias horas de entrevistas tornaram possíveis esta tese. Em especial, gostaria de destacar a colaboração do dr. Raphael de Almeida Magalhães, que teve a paciência de relatar os meandros daquela gestão, graças a sua fabulosa memória, e cujas agudas observações e oportunas sugestões muito enriqueceram a análise elaborada, e a do dr. Mauro Magalhães, que foi uma mão amiga desde a primeira hora, facilitou diversos contatos e proporcionou valioso material para consulta.

Gostaria de dedicar este livro a meus pais e a todos aqueles que também acreditam e se empenham por fazer do Rio de Janeiro um lugar melhor para se viver.

CAPÍTULO I
A TRAJETÓRIA POLÍTICA DE CARLOS LACERDA

1. INTRODUÇÃO

A crise crônica que afeta o Rio de Janeiro tem levado a sociedade carioca a discutir com crescente interesse, e inclusive com intranqüilidade, o futuro da sua cidade. Os meios de comunicação social abriram um considerável espaço nos seus veículos e ouviram especialistas de distintas áreas. Na pauta dos debates observa-se uma constante preocupação por definir a verdadeira vocação carioca e fluminense, bem como por apresentar alternativas para o crescimento socioeconômico desta região.

Exemplo recente dessa situação é voltar a pôr em xeque a fusão ocorrida em 1975 entre o antigo estado do Rio e o estado da Guanabara. O debate sobre o Rio transborda os gabinetes dos políticos e os corredores dos centros de pesquisa para invadir as ruas e as páginas dos jornais. Governadores, prefeitos, antropólogos, jornalistas, historiadores e empresários expõem suas opiniões e soluções. Não deixa de ser enriquecedora essa contribuição interdisciplinar. A história, por sinal, não deixa de possuir um papel importante, como recorda Ortega y Gasset:

> *O saber histórico é uma técnica de primeira ordem para conservar e continuar uma civilização provecta. Não porque dê soluções positivas ao novo aspecto dos conflitos vitais — a vida é sempre diferente*

do que foi —, mas porque evita cometer os erros ingênuos de outros tempos.[1]

Os fenômenos não surgem espontaneamente: há um lastro histórico que influencia o nosso modo atual de ser e proceder. Portanto, para compreender a cidade tal como hoje ela se encontra, é indispensável retornar às suas raízes, de forma mais concreta, nos seus três últimos momentos institucionais, isto é, como sede do poder federal, como cidade-estado e como estado pós-fusão.

Dentro desses três momentos, há alguns marcos importantes que devem nortear a análise. Primeiramente, o estudo da cultura política brasileira e carioca, seu impacto na administração pública, bem como as discrepâncias entre o campo político nacional e o local. Em segundo lugar, o estudo do quadro econômico carioca que permita uma melhor avaliação dos progressos e retrocessos registrados e contribua para um parecer sobre a viabilidade da cidade e do estado. Ponderar também sobre os efeitos objetivos e subjetivos, positivos e negativos da perda da capitalidade, o modo como foi estruturada a divisão entre as competências federais, estaduais e municipais e, finalmente, mas não menos importante, analisar a competência das diversas gestões e o seu peso no resultado final obtido.

Dentro do atual debate, há uma série de perguntas que estão sendo levantadas e cujas respostas perpassam o nascimento do estado da Guanabara. Qual foi o saldo da tutela federal? Qual era a situação da cidade naqueles anos? De que forma a nova cidade-estado se estruturou e conseguiu sobreviver? Houve nos anos 1950 ou nos anos 1960 um "período dourado" para o carioca? Quais foram os custos e os resultados obtidos com a reforma administrativa ocorrida com a transferência da capital — reorganização de

---

[1] Ortega y Gasset. *Rebelião das massas*. Edição eletrônica. Disponível em www.culturabrasil.org/rebeliaodasmassas.htm, p. 85.

órgãos públicos, remanejamento de pessoal, estrutura fiscal etc.? Na verdade, a experiência real dos 15 anos de vigência do estado da Guanabara habilita-o como um possível modelo para o Rio de Janeiro, não necessariamente com seu retorno institucional, mas principalmente como uma escola de governo e gestão.

Não bastando essas razões, deve-se acrescentar que a primeira experiência guanabarina foi capitaneada por uma das personalidades mais complexas da história da República. A presença de Carlos Lacerda é tão marcante no governo local e na esfera nacional nesse período que se torna necessário analisar, dentre os resultados obtidos, o que foi decorrente de uma estrutura e o que decorreu do estilo Lacerda de atuar.

A memória seleciona do passado aquilo que mais lhe convém. Os grupos políticos, econômicos e culturais hegemônicos comumente atuam como agentes dessa seleção. Malvisto pelo regime militar, pela oposição e pela esquerda, o Lacerda político não fugiu a esse esquema e, obscurecido nas décadas seguintes, tornou-se *persona non grata*. Chama a atenção, por outro lado, como a imagem de Lacerda administrador resiste, permanece e chega a ser reverenciada pela memória coletiva carioca, inclusive por parte desses mesmos grupos que o rechaçaram. Isso se deve provavelmente ao fato de que o processo de construção e reconstrução da memória não pode ultrapassar certos limites. Qualquer cidadão carioca que sai às ruas evidencia as marcas do primeiro governo da Guanabara.

Lacerda também se torna muito atual quando se assistiu na última década à ascensão de diversos políticos de cunho carismático. Por parte de certos segmentos, sobretudo na intelectualidade, há uma forte rejeição a esse tipo de políticos pela suposta pobreza de idéias que apresentam, pelas práticas políticas implementadas — por exemplo o assistencialismo —, por reduzirem o debate político a questões de cunho estético-emotivas e pelos poucos resultados obtidos na esfera administrativa. Mas Lacerda, se por um lado conseguiu galvanizar um fenômeno como o lacerdismo e utilizou a oratória de tal forma que fazia tremer as instituições democráticas, por outro lado pertenceu ao seleto grupo que conduzia as questões nacionais e demonstrou possuir um modo fortemente racional de administrar a coisa pública. Há nele, portanto, uma conjugação de fatores pessoais e impessoais que resultam ser de grande interesse para a análise político-administrativa.

Dentro da seqüência dos capítulos, estabeleceu-se inicialmente um quadro da situação política e administrativa do Distrito Federal ao longo dos dez anos anteriores. A partir desse referencial foi possível formular de forma mais criteriosa uma análise comparativa qualitativa e quantitativa do primeiro governo do estado da Guanabara.

De posse dessas informações, procurou-se conhecer a estrutura tributária que foi montada para captar os recursos necessários à implementação dos projetos desenvolvidos ao longo desse governo. Na medida em que os dados estavam disponíveis, fez-se uma avaliação em relação aos anos anteriores e em relação aos outros estados brasileiros, procurando sempre salvaguardar a especificidade da cidade-estado.

A seguir, com a análise das idéias que norteavam o pensamento econômico naqueles anos, esboçou-se um balanço das perspectivas da cidade, procurando-se sinais de um possível esvaziamento econômico. Comparou-se o contexto histórico da administração pública brasileira e a reforma administrativa propriamente dita que foi empreendida na Guanabara.

Finalmente, o foco se centrou nas principais políticas públicas do governo Lacerda, procurando-se avaliar de forma mais cuidadosa os projetos desenvolvidos na área da educação, do saneamento do meio (o problema da água) e do urbanismo (envolvendo a expansão da estrutura viária e a remoção das favelas).

2. A MEMÓRIA POLÍTICA CARIOCA

A memória comum dos cidadãos da cidade do Rio de Janeiro consta de diversas representações sobre o governo Lacerda que podem ser sintetizadas em duas idéias principais.

A primeira consiste na formação de uma imagem segundo a qual o governo desse período aparece como empreendedor de diversas obras que afetaram a infra-estrutura urbana da cidade. As mais conhecidas são a construção do parque do Flamengo, dos túneis Rebouças e Santa Bárbara, de diversas novas avenidas e viadutos, bem como a elaboração de um plano diretor para a Guanabara de onde futuramente resultariam as linhas Vermelha e Amarela. Esta representação colocou o ex-governador no mesmo patamar de prefeitos do Rio de Janeiro tais como Pereira Passos, Paulo de Frontin e Henrique Dodsworth, conhecidos como reformadores da cidade.

A segunda idéia, muito relacionada à primeira, está na imagem de Lacerda como um administrador que teve capacidade para gerir algumas das complexidades de uma cidade que é, ao mesmo tempo, vitrine e caixa de ressonância do país e local de graves problemas sociais. Entre os fatos que consolidaram essa imagem podemos destacar o número de escolas inauguradas, o que eliminou o déficit de vagas no ensino público primário; a criação de regiões administrativas funcionando como subprefeituras em cada bairro; a construção da adutora do Guandu, que solucionou a crônica falta d'água na cidade; a implementação de uma política habitacional que procurou ser uma solução para o polêmico problema da favela; a criação de empresas públicas como a Companhia para o Progresso da Guanabara (Copeg), a Companhia de Transportes Coletivos (CTC), a Companhia Estadual de Águas da Guanabara (Cedag) e a Companhia Estadual de Telefones (Cetel), que tinham a finalidade de agilizar e descentralizar a administração pública.

Recentemente, pode-se comprovar a atualidade desta discussão durante as quatro últimas campanhas para prefeito da cidade. Em 1992, o candidato Cesar Maia não hesitou em associar a figura de Lacerda à sua campanha eleitoral, utilizando-o como modelo de administrador competente. Em 1996, diversos candidatos procuraram recorrer a essa associação, utilizando-a como referência do que pretendiam realizar caso fossem eleitos. A revista *Veja-Rio*, refletindo sobre essas questões, apresentou uma matéria de capa com a manchete "Trinta anos sem Lacerda: porque ninguém faz o que ele fez?"[2]. Tornou-se tema de reportagens de vários jornais, como em *O Globo*, com o título "Lacerda, administrador que todos querem imitar"[3], e na mesma época no *Jornal do Brasil*[4], em que se apresentam depoimentos de todos os candidatos à prefeitura nas eleições de 1996, mesmo daqueles que tradicionalmente se posicionaram politicamente como oposição a Lacerda, com comentários de cunho elogioso ao ex-governador pela capacidade em efetuar mudanças na cidade, fazendo ressalvas somente ao seu passado político. Em 2000, num dos programas eleitorais televisivos, Cesar Maia apareceu num trecho da Linha Amarela — construção de sua autoria e que leva o nome do ex-governador — ao lado de Maria Cristina, filha caçula de Lacerda que o apresentava como "sucessor administrativo" de seu pai.

Essas imagens de Lacerda como administrador coexistem com uma outra face, que é a do político e jornalista. Neste caso, a memória nos traz a lembrança do derrubador de presidentes — "o assassino de Vargas" —, do golpista, da oratória anticomunista, incendiária e contundente capaz de abalar as instituições democráticas. A separação dessas duas faces, de certa forma opostas e paradoxais, o lado construtivo e o lado destrutivo, só foi possível, em parte, com o término da Guerra Fria, que trouxe consigo o fim de uma visão bipolar do mundo e da política; no Brasil, com o fim do regime militar e o retorno à normalização democrática; no Rio de Janeiro, com uma seqüência de administrações que não impediram o agravamento de diversos problemas sociourbanos. Com esta mudança na conjuntura histórico-política, tornou-se possível referir-se ao administrador Lacerda sem arcar com o desgaste de uma possível alcunha negativa.

---

[2] Revista *Veja*, nov./dez. de 1995, ano 5, nº 48.
[3] Jornal *O Globo*, 1-10-1996.
[4] *Jornal do Brasil*, 22-9-1996.

Analisar a administração de um governo não é tarefa que compete a uma ciência apenas, antes é necessário contar com a colaboração daquelas que estudam a vida em sociedade por meio da sua ótica econômica, social etc. Tendo isso presente, procuramos compreender como ocorrem as interseções que existem entre história, administração, ciência política e economia.

Reabilitada depois de um período durante o qual foi vista como uma história das elites, pontual, pessoal, descritiva, insuficiente para representar a realidade[5], a história política possui um papel importante para este estudo. Concretamente, enquanto a escola *des Annales* constituiu uma geração de historiadores que questionaram o político em prol de uma hegemonia do econômico e do social, atualmente compreende-se que a política tenha uma posição de destaque na economia, na sociedade, no direito público, na mídia e em todos os campos onde se tomam decisões. Segundo Georges Balandier, "o setor político é um daqueles que mais são marcados pela história, um daqueles em que melhor se aprendem as incompatibilidades, as contradições e as tensões inerentes a toda a sociedade"[6].

Outro campo teórico encontra-se na história da administração, vista como "a prima pobre da história política"[7]. Depois de um período de ostracismo, juntamente com a política, teve um retorno pouco condizente com a sua importância e foi inserida como instrumento auxiliar na organização dos acervos sem que houvesse uma análise específica que enriquecesse os dados obtidos. Não é irrelevante considerar que a administração envolve a execução de políticas públicas, a viabilidade da implementação das ideologias, o palco da tomada de decisões de cunho econômico e social e é, por assim dizer, o "sistema nervoso do cidadão diante do Estado", uma vez que é através da administração que o cidadão sente a inge-

---

[5] Rémond (1996: p. 5-8).
[6] Motta (2000a: p. 106).
[7] Ferreira (1992: p. 1).

rência do Estado na sua vida cotidiana. O administrador também é uma figura de interesse para a história, já que ele não pode ser observado como um técnico que toma decisões de acordo com critérios racionais apenas. Deve necessariamente interagir com políticos, empresários, funcionários, a imprensa e outros segmentos relevantes, antes e depois da execução das medidas.

Por sua vez, as ciências econômicas permitem adicionar a essa discussão o contexto da economia brasileira e carioca daquele momento, proporcionando uma melhor compreensão do peso e do papel que essas variáveis tiveram na condução das políticas adotadas.

Importa ainda considerar que, sendo a Guanabara um estado-cidade, as políticas públicas acabam por convergir também no campo do urbanismo e da antropologia urbana. Aí encontramos importantes contribuições para a análise da política de remoção de favelas, bem como para a reforma estrutural da cidade ocorrida por meio da construção de vias expressas, aterros e viadutos.

É possível apontar uma série de trabalhos sobre o governo Lacerda elaborados dentro de uma perspectiva política[8]. A bibliografia torna-se escassa quando se aborda a vertente administrativa e se analisam os dados econômicos e o impacto social das medidas tomadas naquela gestão. O objetivo deste livro é precisamente aprofundar essa abordagem que desperta tanta curiosidade no público.

Pretende-se, portanto, crescer na compreensão das mudanças ocorridas na cidade ao longo daqueles cinco anos, procurando analisar os fatores responsáveis por essas mudanças, os persona-

---

[8] Cf. Picaluga, Isabel. *Partidos políticos e classes sociais: a UDN na Guanabara*. Petrópolis: Vozes, 1980; Motta, Marly Silva da. *Rio de Janeiro: de cidade-capital a estado da Guanabara*. Rio de Janeiro: Ed. FGV, 2001; ibid., *Saudades da Guanabara: o campo político da cidade do Rio de Janeiro (1960-1975)*. Rio de Janeiro: Ed. FGV, 2000; Santos, Angela Moulin S. Penalva. *Planejamento e desenvolvimento. O estado da Guanabara*. Tese de doutorado. FAU-USP. São Paulo, 1990.

gens principais envolvidos, a mentalidade de que estavam imbuídos e as conseqüências advindas dessa transformação. Tendo sido também um governo que deu início à curta experiência de 15 anos da cidade-estado, seu estudo torna-se estratégico para o esforço que vem sendo realizado no sentido de avaliar o estado-cidade. Quais são os caminhos que o Rio deve empreender para retomar seu crescimento e seu papel de destaque na Federação? A resposta a essa pergunta passa necessariamente pela compreensão de um momento histórico que foi um ponto de inflexão na vida da cidade.

3. TRAJETÓRIA DE LACERDA COMO POLÍTICO E ADMINISTRADOR

Carlos Frederico Werneck de Lacerda nasceu no Rio de Janeiro em 30 de abril de 1914. Sua trajetória se inicia no berço de uma família de políticos. O avô paterno, Sebastião Eurico Gonçalves de Lacerda, foi vereador pela cidade de Vassouras, deputado pelo antigo estado do Rio, ministro do governo Prudente de Moraes e ministro do Supremo Tribunal entre 1912 e 1925. O pai, Maurício de Lacerda, advogado, jornalista e político, eleito por três vezes deputado federal, foi membro da Aliança Nacional Libertadora (ANL), ocasião em que foi preso pelo governo Getúlio Vargas. Seus dois tios, Fernando e Paulo, faziam parte do primeiro núcleo do Partido Comunista Brasileiro.

Aos 16 anos, em 1930, consegue o seu primeiro emprego no jornal *Diário de Notícias* e participa também da equipe de redação de algumas novas revistas de ensaios literários e políticos. Decepcionado com o caminho que Vargas dera à Revolução, e imbuído dos ideais comunistas que vivenciara desde a infância, ingressa em 1932 na Faculdade de Direito do Rio. Não demoraria a se decepcionar com as perspectivas que a vida universitária lhe prometia. Entre a rotina das aulas, as brigas no diretório acadêmico e as noites que passava com amigos e professores bebendo e conversando sobre Marx e Engels, ficou com a militância comunista e abandonou o curso no início do terceiro ano.

Membro da ANL, organização formada a partir de uma resolução do Comintern, foi o escolhido para ler o manifesto no teatro João Caetano em 1935, redigido por Luiz Carlos Prestes, que conclamava o povo a tomar o poder e instaurar uma revolução marxista. Com o fracasso da Intentona Comunista no final desse mesmo ano, procurado pela polícia, Carlos passou um ano escondido. Com o início do Estado Novo, refugiado no interior do estado do Rio, conhece Letícia Abruzzini, com quem vem a se casar em 1938. Precisando sustentar a família, consegue um emprego no *Observador Econômico e Financeiro*, mas não perde a oportunidade de colaborar com a revista *Diretrizes*, de Samuel Wainer, que reunia escritores de esquerda.

Nessa época, o Departamento de Imprensa e Propaganda (DIP) encomendou ao *Observador* uma matéria sobre a história do PCB. Carlos consultou o partido, expondo a possibilidade de deixar que um outro jornalista escrevesse uma versão alarmante do comunismo ou que ele redigisse a matéria num tom que aliviasse, até onde fosse possível, os "perigos" do comunismo no Brasil. Instruído a proceder desta forma, o artigo foi publicado em janeiro de 1939. A repercussão entre os camaradas foi a pior possível: considerado traidor, foi expulso e isolado de todos os seus amigos. Essa ruptura marcou fortemente o seu futuro posicionamento político. Suas relações com a esquerda serão sempre pautadas a partir deste episódio.

Durante a Segunda Guerra Mundial dedicou-se a escrever em diversos jornais, entre eles *O Jornal*, dos Diários Associados de Assis Chateaubriand. Em 1945, consegue publicar no *Correio da Manhã* uma importante entrevista com José Américo de Almeida, candidato frustrado às eleições presidenciais de 1938. O depoimento, ao defender a volta da democracia e a necessidade de se estabelecer um candidato que unisse a oposição, repercutiu fortemente no cenário político e deu início a inúmeras manifestações anti-Vargas.

No retorno ao regime democrático encontramos o cenário pronto para a construção do estilo Lacerda. A combatividade, a impulsividade e os elementos temperamentais eram os mesmos, mas a reconquista das liberdades civis permitia que sua pena e sua palavra desabrochassem num combate impiedoso a Vargas e ao comunismo. Um embrião do demolidor que viria a se tornar pode ser observado na campanha do "Rato Fiúza". Iedo Daudt Fiúza, ex-prefeito de Petrópolis e diretor do DNER no Estado Novo, era candidato à presidência pelo PCB. Lacerda, alinhado com a recém-fundada UDN e o brigadeiro Eduardo Gomes, encontrou no ataque a Fiúza um modo de hostilizar o candidato de Prestes e o amigo de Vargas. Numa seqüência de endiabrados artigos no *Diário Carioca* ao longo das duas semanas prévias às eleições, Lacerda escancarou documentos e depoimentos que comprometiam Fiúza, chegando a estampar na primeira página do jornal uma grande foto de um rato com os dizeres: "Prestes exibe o Rato Fiúza." A campanha, pelo estilo sensacionalista e impiedoso, trouxe fama para o jovem jornalista.

Para cobrir a Assembléia Constituinte passa a escrever pelo jornal *Correio da Manhã* uma coluna diária intitulada "Na Tribuna da Imprensa". Filiado à UDN, suas contundentes críticas a políticos comunistas e getulistas ganham notoriedade. Eleito vereador em 1947, renuncia ao mandato no ano seguinte como protesto à aprovação da Lei Orgânica do Distrito Federal, que representava a derrota do movimento pela autonomia política carioca.

Em 1948, aproximou-se de d. Lourenço de Almeira Prado, monge do Mosteiro de São Bento.

Foi aí que comecei a verificar que havia um outro horizonte, quer dizer, uma outra possibilidade espiritual de a gente não se conformar com as injustiças sem precisar, ao mesmo tempo, se adaptar a outro tipo de injustiça. Foi então que me converti.

Além do plano espiritual, sua conversão supôs a aproximação com intelectuais católicos que freqüentavam o mosteiro, como Alceu Amoroso Lima e Gustavo Corção.

Em 1949, demitido do *Correio da Manhã*, funda o seu próprio jornal, a *Tribuna da Imprensa*, que passa a funcionar como veículo do seu discurso político. Inicia-se então uma nova etapa que será marcante e decisiva na sua vida ao se tornar o pivô do caso *Última Hora*.

Samuel Wainer havia fundado, na virada da década, o jornal *Última Hora* com a intenção de que ele fosse um contraponto à visão crítica que os maiores jornais do país tinham em relação a Vargas. Contando com uma vultosa ajuda financeira do Banco do Brasil, conseguira que, em menos de dois anos, se tornasse um dos jornais de maior circulação. A *Tribuna*, apesar das críticas contundentes ao governo, não passava de um pequeno diário pendurado de dívidas. Em maio de 1953 ocorre um pequeno episódio que não parecia ter maiores conseqüências. Um jornalista da *Tribuna* publica um artigo anunciando que o Banco do Brasil nomeara um interventor para recuperar fundos de uma empresa do ex-presidente do banco. Na verdade, a notícia era falsa, e o jornalista, que passou para a *Última Hora,* acusou Lacerda de o ter pressionado a escrever a matéria. Processado, Lacerda encarou o episódio como um desafio e ficou determinado a provar não só sua inocência como a desmascarar as relações espúrias entre o governo e Wainer. De fato, à medida que as investigações progrediam, Wainer tinha mais dificuldade para esclarecer sua contabilidade. Foi aberta uma CPI com o intuito de esclarecer as relações econômicas entre poder e imprensa. Preocupados com o forte concorrente, Roberto Marinho, do jornal *O Globo*, e Chateaubriand dos *Diários Associados,* abriram a Rádio Globo e a TV Tupi para Lacerda explicar à população "o mar de lama" que circundava o governo. Nesses programas procurava convencer o país de que atrás de Wainer encontrava-se o Banco do Brasil e, atrás dele, Getúlio. A situação de Wainer piorou quando a equipe da *Tribuna* conseguiu descobrir que ele era natural da Bessarábia, o que o impedia, por lei, de ser dono de jornal.

Em pouco tempo, o caso mudava o foco da contabilidade para o da política. Galvanizando as forças antigetulistas, Lacerda tentou, sem sucesso, aprovar o processo de lei do deputado da UDN Afonso Arinos, que pedia o *impeachment* do presidente. Entrementes, em meio à batalha jornalística, Lan, caricaturista da *Última Hora*, criou a famosa figura de Lacerda como o Corvo.

O caso chegou ao clímax no atentado da rua Tonelero. Gregório Fortunato, segurança de Vargas, irritado com as críticas de Lacerda a seu chefe, decide contratar um homem da própria guarda do presidente — Alcino João Nascimento — para matá-lo. Mas o pistoleiro mata Rubens Vaz, major da Aeronáutica que atuava nessa noite como segurança de Lacerda, que escapa baleado no pé. Os acontecimentos se precipitam. Instala-se um Inquérito Policial Militar (IPM) que ficou conhecido como "República do Galeão", pois era o local onde se processaram as investigações. Ao elucidar o crime, a posição de Vargas ficou insustentável. No dia 23 de agosto, o presidente recebe o ultimato do ministro da Guerra e no dia seguinte se mata. O suicídio de Getúlio Vargas virou a maré política e os acusadores passaram de vítimas a algozes. Lacerda tornou-se desde então "o assassino do dr. Getúlio". Como contraponto, Vargas, que conseguiu sempre trabalhar magistralmente sua imagem — a pecha de ditador ficou com Francisco Campos, redator da Constituição de 1937, a de torturador com Felinto Müller, chefe da polícia do DF, a de simpatizante do nazismo com o general Góes e a de censor com Lourival Fontes, diretor do DIP —, construiu para a posteridade, com a carta-testamento, o mito de "pai dos pobres".

Em torno dessa crise intensificou-se a polarização UDN x PTB, surgiu o fenômeno do lacerdismo e deu-se início também ao relacionamento de Lacerda com militares antigetulistas e anticomunistas, que perduraria até 1964.

Ainda em outubro desse mesmo ano, assentada a poeira, tornou-se o deputado federal mais votado do país. Em 1955, como líder da oposição na Câmara dos Deputados, envolveu-se diretamente na tentativa de impedir a posse do recém-eleito presidente Juscelino Kubitschek. "Não pode ser presidente, não será presidente", escreveu na ocasião. Redigiu, então, um manifesto pelo "regime de exceção", segundo o qual a nação precisava de um tempo durante o qual se prepararia para realizar eleições sem os "vícios" e o "controle" do grupo político anterior a agosto de 1954. Com a licença de Café Filho e a posse na presidência de Carlos Luz, que apoiava a atuação de militares antigetulistas, Henrique Teixeira Lott, o ministro da Guerra, passou a temer um golpe. No dia 10 de novembro é chamado ao gabinete da presidência e é demitido. No dia seguinte, com a ajuda do general Odílio Denys, Lott decreta seu próprio golpe: põe os tanques nas ruas do Rio de Janeiro e impõe o estado de sítio. Deposto, Carlos Luz foge com Lacerda, sob fogo, a bordo do cruzador Tamandaré para Santos.

Após passar um ano exilado nos EUA, Lacerda retorna no final de 1956. Juscelino não tinha dúvidas de que se o deixasse livre o seu governo correria perigo. Com medo de ser derrubado, baixou uma portaria vedando o seu acesso às emissoras de rádio e televisão. Conhecida como a "Cláusula R", ou a "Portaria Rolha", feita sob medida para calar Lacerda, previa como penalidade a suspensão da concessão do veículo de comunicação por um prazo de trinta dias.

No ano seguinte, Lacerda volta a se envolver num caso que ganha grande repercussão: a leitura na Câmara de um telegrama secreto do Itamaraty que, a princípio, comprometia o vice-presidente João Goulart em negócios com o governo argentino. A resposta do governo não se faz esperar, dando entrada no Congresso com um pedido de licença para processá-lo. Houve duros e apaixonados pronunciamentos dos dois lados, nos quais Lacerda colocou todo o talento da sua oratória ao ler durante dez horas o texto de 158 páginas com a sua defesa ante a Comissão de Justiça. Por fim, indo para a sessão plenária, a Câmara, por apenas 12 votos, manteve-lhe a imunidade parlamentar.

Como conseqüência da Cláusula R, que era aplicada implacavelmente pelo general Olímpio Mourão Filho, ao se aproximarem as eleições em 1958 não lhe restou outra alternativa a não ser organizar o pitoresco "Caminhão do Povo". Fazia a campanha dos seus aliados em cima dele, percorrendo as ruas do Rio, e conseguiu dessa maneira a vitória de Afonso Arinos para o Senado e a de Raul Brunini para a Câmara dos Vereadores.

Em 1960, candidatou-se ao governo do novo estado da Guanabara. Tendo consciência da polêmica em torno do seu lado político, centrou sua campanha eleitoral nos problemas urbanos que afligiam a população carioca, ao contrário do seu principal oponente, o petebista Sérgio Magalhães, que enfatizava um discurso nacionalista, ideológico. Lacerda acusava o governo federal de ter abandonado a cidade, deixando-a com acentuados déficits no serviço público, e prometia revitalizar a Guanabara promovendo-se como o político capaz de resolver os problemas da falta d'água, esgoto, escolas, habitação etc. Logicamente, seu discurso preservava o seu estilo e a identidade dos bacharéis udenistas, com o tradicional apelo à moralização político-administrativa, prometendo uma gestão que conjugaria sobriedade com competência técnica.

No final desse mesmo ano, a metralhadora giratória, o tribuno da capital, o orador incendiário, o derrubador de presidentes, sem nunca ter tido qualquer cargo no Poder Executivo, sem experiência alguma na administração pública, ganhou as eleições para o governo da Guanabara.

O cenário que se descortinava era desafiante para o governador: assumir um estado que estava nascendo e tentar construir uma imagem de homem público mais sólida do que a que criara até então, uma imagem que permitiria disputar e ganhar as eleições para a presidência em 1965. Ao mesmo tempo que ganhava a incumbência de dar um arcabouço de estado à cidade, presa até então a um regime de tutela da União, Lacerda procuraria também reafirmar a capitalidade do Rio de Janeiro, ou seja, preservar e desenvolver o papel de destaque que a cidade tinha até então no cenário da nação.

4. O FENÔMENO DO LACERDISMO: UM CARISMA POLÍTICO

Corria o conturbado mês de março de 1964. No dia 20, o deputado Nelson Pereira levou Carlos Lacerda para um encontro com operários da fábrica de materiais elétricos Brown Boveri em Osasco, São

Paulo. Ao receber o governador da Guanabara, o diretor industrial preveniu-o: "Não estamos em condição de recebê-lo nesta fábrica. Tememos pela sua segurança; aqui existe uma célula comunista." Lacerda disse ao deputado que o acompanhava: "Vamos entrar!"

Procurando aproximar-se dos operários no percurso da fábrica, Lacerda enfrentou o silêncio hostil. Por fim, trepou numa das máquinas, bateu palmas para ganhar a atenção dos 1.300 operários e iniciou um discurso. Um dos trabalhadores tentou abafar a voz de Lacerda, fazendo um grande barulho com marteladas num pedaço de metal.

Lacerda atacava o comunismo levando seus companheiros a temerem sua audácia, tendo em vista a ausência de proteção policial. Após cinco minutos, seus ouvintes, cativados pelas suas palavras, mandaram o crítico barulhento parar de martelar. Antes de acabar de falar, suas idéias já eram bem recebidas. No fim, operários saíram carregando Lacerda nos ombros.[9]

Escolhemos o relato curioso deste episódio por ser um detalhe significativo para compreendermos o impacto e a magnitude que o carisma de Carlos Lacerda exerceu na vida política nacional entre 1946 e 1968, tornando-se o epicentro gerador de um fenômeno político conhecido como lacerdismo. De fato, nesse período, tratando-se de Lacerda, não havia meio-termo: ou se martelava ou se carregava nos ombros. Portanto, se quisermos compreender melhor o governador Lacerda, seu estilo de governar, seu capital político, não podemos dispensar a análise das características desse fenômeno, as circunstâncias que o tornaram possível e as implicações para o primeiro governo da Guanabara.

Primeiramente consideremos o *locus* de atuação de Lacerda. O palco no qual nasceu e viveu não poderia ser melhor para as suas pretensões. A cidade do Rio de Janeiro, como capital federal, além de ser a vitrine da nação, era um caldeirão político onde fervi-

---

[9] Pereira, Nelson, *O Estado de S. Paulo*, entrevista. São Paulo, 4 de agosto de 1983. Cf. também Dulles (2000: p. 207-8).

lhavam as conspirações e os golpes, onde se travava a luta pelo poder. A cidade era também a capital cultural do país, onde as novas ideologias ganhavam relevo e eram debatidas. Os artistas, os políticos e todos que buscavam se destacar afluíam para ela. O que se conseguia fazer na cidade era amplificado para todo o país. Era, enfim, o cenário ideal para Lacerda utilizar os seus recursos, em meio a tantos que disputavam com ele um lugar no palco. Como veremos a seguir, os seus dotes carismáticos se tornavam um diferencial relevante.

Para adentrarmos o lacerdismo devemos considerar também o próprio fenômeno Carlos Frederico Werneck Lacerda, isto é, o perfil de um ser humano dotado de uma complexa personalidade que serviu de base e molde na construção da sua carreira política. Até os inimigos mais empedernidos reconheciam-no como possuidor de uma inteligência acima da média, que lhe proporcionava uma visão privilegiada do momento presente e uma resposta rápida e contundente que intimidava os adversários. Se um deputado do PTB pedia um aparte para chamá-lo de "purgante nacional", imediatamente retrucava acusando-o de ser o efeito natural do mesmo. San Tiago Dantas certa vez arriou na poltrona da Câmara após uma exaustiva altercação com Lacerda e exclamou: "Com esse homem não posso!" Era dono de uma capacidade de trabalho elástica, com uma resistência que lhe permitia varar noites adentro, e de um espírito eclético que o tornava um entendido em assuntos tão variados como jornalismo, criação de rosas ou de pássaros e literatura. Nos acontecimentos diários, essas qualidades transpareciam de uma forma que impressionava amigos de longa data ou mesmo pessoas recém-apresentadas. Albert Sabin, no seu primeiro encontro, deteve-se numa conversa de duas horas de duração que lhe causou uma profunda admiração ao constatar a vasta cultura que possuía. Raul Brunini, lacerdista e amigo íntimo, relembra com espanto os dias em que, sendo governador, chegava ao Palácio Guanabara às seis horas da manhã para estudar alemão, tendo já dominado o francês, o inglês, o italiano e o espanhol. Personalidade dinâmica, ativa, possuía uma grande capacidade de motivar e contagiar as pessoas com quem trabalhava.

Por outro lado, possuía um temperamento nervoso, contundente e explosivo. Esse lado da sua vida lhe granjeou adversários e inúmeras adversidades devido a atitudes e palavras de uma brutalidade sem igual. Representativo desse estilo de atuar são os artigos bombásticos que redigia batendo furiosamente as teclas da sua máquina na redação do jornal. Em 1º de junho de 1946, escreveu provavelmente um dos mais duros que já foram dirigidos a Getúlio:

Getúlio Vargas: que fizeste da antiga alegria? [...] Havia neste lugar uma Pátria — e tu a destruíste enquanto dizias que a estavas enriquecendo. [...] Getúlio Vargas, por que traíste a tua pátria? Por quê? Que ambição te conduziu? Que engano, que morte te guiou os passos? Hoje, quando falas, os teus dentes rilham a dor dos que não têm pão e não obstante entoam vivas, porque são simples, porque são rudes. A tua boca cheia a defunto, Getúlio Vargas, porque sujaste o teu sangue nas manobras servis de uma inteligência degenerada. Para que jurar fidelidade à Constituição? Senta simplesmente numa cadeira qualquer. Senta — e fica. Para que jurar? Quem acredita no teu juramento, se nem tu mesmo poderás levar-te a sério? Nem mesmo os mortos se levantam à tua passagem. [...] O teu reinado ainda não acabou. Enquanto houver neste país um ingênuo e um canalha, ambos baterão palmas ao senador gaúcho Getúlio Dornelles Vargas.[10]

Seus discursos comumente estavam repletos de alarmes e ameaças, e eram verdadeiros estopins para novas crises políticas.

Mauro Magalhães, deputado pela Guanabara e lacerdista, define-o *como um trator*[11], ou seja, alguém que passava por cima sem tomar conhecimento. Isso lhe trazia dificuldades quando precisa-

---

[10] Jornal *Correio da Manhã*, 1-6-1946, p. 2. Citado por Braga, Sérgio. *Carlos Lacerda — Na tribuna da imprensa: crônicas sobre a Constituinte de 1946*, p. 402.
[11] Magalhães, Mauro. Entrevista concedida ao autor em 25-6-2002.

va da aprovação de algum de seus projetos na Assembléia. Mauro ainda se recorda da preocupação que tinha com os pronunciamentos de Lacerda na TV pouco antes de alguma votação no plenário, quando uma palavra mais forte para com os deputados podia pôr tudo a perder.[12]

Sua carreira política está marcada por uma oratória que é reconhecida atualmente como uma das maiores da história da República. Com esse dote, tornou-se o "demolidor de presidentes", empunhou bandeiras, convenceu pessoas das suas idéias por todo o país, angariou inimigos, abalou instituições. Tinha consciência do efeito que produzia. Brunini recorda que "Lacerda dizia: se me deixarem falar por cinco minutos, eu consigo dominar"[13].

Assim como essas características pessoais são aspectos fundamentais para a compreensão do lacerdismo, o contexto social em que desenvolveu sua trajetória também cobra relevo. Lacerda viveu numa época em que alguns dos meios de comunicação de massa nasceram e começavam a se estruturar na sociedade brasileira. Lacerda compreendeu o poder desses meios e soube canalizar nessa direção os seus talentos. Era capaz de causar impacto diante de um público num auditório ou nos leitores de um periódico, mas o efeito multiplicador ocorria principalmente no rádio e na televisão. Ali podia acrescentar o dinamismo da sua voz, da sua aparência e dos seus gestos a um público muito maior. Foi devido ao programa na Rádio Mayrink Veiga, de onde costumava atacar o prefeito Mendes de Morais, que sofreu o primeiro atentado; foi na Rádio Globo e na TV Tupi que deu projeção nacional ao caso *Última Hora*. Diante das câmeras, denunciou o suposto golpe que Jânio estaria preparando e com isso precipitou a sua renúncia no dia seguinte. O general Cordeiro de Farias, em seu depoimento, explica o fato de não ter posto Lacerda em contato com os cons-

---

[12] Magalhães (1993: p. 20-1).
[13] Brunini Filho, Raul. Depoimento/1994. Rio de Janeiro: CPDOC-FGV, 1994. Fita 2-b.

piradores de 1964 temendo que ele, num ataque de nervosismo, acabasse indo para a TV, contasse tudo e estragasse o plano que se delineava.[14]

a) Liderança

A literatura sobre liderança é vastíssima e sua discussão neste estudo desfocaria os nossos objetivos. No entanto, há algumas características pertinentes a esse fenômeno que convém ressaltar pelo paralelismo que podem sugerir no nosso biografado.

Um dos objetivos que justificam o grande interesse pelo tema da liderança é precisamente a capacidade de motivação intrínseca inerente ao líder. Há aqueles que conseguem criar motivações extrínsecas, mas esses não são líderes.

Isso estabelece um importante diferencial entre o chefe clássico, que, por força da autoridade formal, tem recursos para distribuir prêmios e punições ao acaso, e o verdadeiro líder. Este último percebe com clareza que o mundo exterior, cheio de benefícios e restrições, não tem sentido para o indivíduo. Aquilo que qualificará tais elementos como verdadeiros prêmios ou castigos reais é o tipo de carência existente, naquele momento, no interior de cada um.[15]

A eficácia do líder reside, portanto, na sua habilidade em dar um sentido, um significado ao papel que desempenham os demais. Dessa forma o líder é também um administrador do sentido. Já o chefe — ou o que podemos intitular como "o gerente" — forma como que um contraponto do líder. O chefe se situa dentro de uma estrutura interna, focalizado em sistemas, faz uso mais intenso dos processos racionais, limita, organiza, controla, mantém. O líder intui, inova, focaliza-se em pessoas, dá origem a novos contextos, desafia. Portanto, não é incomum que o administrador não

---

[14] Camargo (2001: p. 473).
[15] Bergamini (1994: p. 106).

apresente o perfil de um líder e, da mesma forma, podemos dizer que os líderes comumente não possuem características gerenciais.

Liderança também supõe a conquista de uma credibilidade construída ao longo do tempo por meio de atitudes, coerência, honestidade, trabalho sacrificado e resultados obtidos. Com a força do exemplo, de propor horizontes e a capacidade de tocar as fibras motivacionais, o líder adquire o poder de atuar como um importante agente da mudança de uma organização.

A opinião unânime de diversos políticos, aliados ou adversários[16], a análise da sua trajetória e a própria realidade do fenômeno do lacerdismo indicam claramente que Lacerda era um líder. Nele encontramos uma clara capacidade motivacional, a conquista, ao longo dos anos, da credibilidade e fidelidade do seu eleitorado — e de uma forte rejeição de outros segmentos —, e, no governo estadual, um modo de atuar que foi uma importante alavanca para a mudança organizacional da máquina pública, sobretudo pela política de pessoal implementada.

Mas o tipo de liderança que Lacerda exerceu enquadra-se claramente no perfil carismático. Como sabemos, entre as notas que sinalizam o carisma destaca-se o processo de comunicação de caráter emotivo e afetivo-doutrinal. É por meio desse processo que o carismático gera nos seus discípulos o entusiasmo e a esperança. Ele não se apóia apenas sobre fatos racionais e lógicos. O que lhe preocupa, o que importa, onde realmente se apóia, é na capacidade de criar um espírito, estabelecer uma magia no ar, uma disposição entre as pessoas, que as una sob um ideal e as faça lutar, sob sua liderança, por esse ideal. Se há esse espírito, o carismático alcança seu objetivo, confiante de que todas as dificuldades, presentes e futuras, serão sobrepujadas pela força que emana do espírito.

Outra característica do carismático é o apreço pelos momentos de crise, nos quais o seu discurso encontra terreno adubado, germina, ganha força e conquista novos espaços. Para o carisma ser

---

[16] Cf. depoimentos ao CPDOC de Paulo Duque, Erasmo Martins Pedro e Célio Borja.

sustentado fazem-se necessários contínuos espetáculos, novidades, crises, lutas e perigos. A normalidade e a rotina são o sepulcro do carismático. Assim se entende também a sua atração pela heroicidade, o gosto por façanhas, por enfrentar dificuldades e inimigos mais fortes.

Todos esses atributos podem ser encontrados na carreira política de Lacerda. A visão que ele possuía sobre a democracia, por exemplo, era sobretudo a liberdade de poder falar às massas, de poder denunciar, de comover a opinião pública e provocar terremotos institucionais. Lacerda não só se aproveitou das crises, próprias da vivência política, mas as criou e sustentou continuamente ao longo dos cerca de vinte anos em que atuou publicamente. Talvez não por acaso nutria um gosto especial pela dramaturgia — escreveu e traduziu diversas peças e tinha um apreço especial pela tragédia *Júlio César*, de Shakespeare. Sua própria biografia é um drama político no qual o leitor mal tem tempo para relaxar ao final de um episódio, pois é convidado para entrar novamente num próximo turbilhão.

Nessa peça que é a vida de Lacerda, os atores estão nitidamente perfilados. Os vilões são o Rato Fiúza, o prefeito do Distrito Federal Mendes de Morais, Getúlio, os comunistas, Juscelino, Jango, os deputados petebistas, os corruptos, o jornal *Última Hora*... E mesmo os amigos que deixaram de corresponder à luta que o protagonista travava foram incorporados ao alvo: Jânio, Castello Branco, *O Globo* e até mesmo os militares. Para todos os vilões, Lacerda dirige a sua temida metralhadora giratória. Os capítulos da peça são conhecidos por todos.

Mesmo como governador, os atos do drama se seguiram: brigas com a Assembléia Legislativa e com o Tribunal de Contas; a luta para ter as contas do governo aprovadas; a disputa com o grupo Light — em torno dos bondes e dos telefones; a disputa com Roberto Marinho pelo Parque Lage. Enfim, em todos esses episódios as atitudes de Lacerda foram ora inesperadas, contundentes, ora agressivas, desafiadoras, espetaculares. Corriqueiras, silenciosas, passivas, rotineiras, nunca. Em toda a sua biografia no período 1946-1968 não se encontra um ano em que não houvesse um abalo, um choque, uma nova luta.

Lacerda desejava ser a canoa que investe contra o cruzador e ganha. Gostava de enfrentar auditórios hostis, situações perigosas, como na rebelião do presídio da rua Frei Caneca, quando entrou sozinho para negociar com uma multidão de presos pouco acolhedores. Alertava para a desproporção entre os recursos que possuía — sua pena, sua palavra, o "sacrifício da sua vida"[17] — e o tamanho do inimigo que devia vencer — o governo federal, o comunismo etc. Tal como Henrique V em Azincourt, diante do exército francês numericamente superior, alimentava nos discursos a idéia de que "quanto menos formos, maior será para cada um a parte que nos caberá de honra"[18]. Perdendo, torna-se mártir; ganhando, o triunfo será saboreado junto com a advertência de que futuros inimigos estão às portas e é preciso continuar a vigiar. O drama precisa continuar. Os amigos são aqueles poucos — como diz também Henrique V: "nosso feliz pequeno exército, nosso bando de irmãos"[19] — que, à custa da renúncia de suas biografias, o ajudarão na sua grande causa.

O carismático possui um poder de penetrar até mesmo as consciências dos seus seguidores, reorientando as formas de atuar e mudando a concepção que tem do mundo e das circunstâncias que o cercam. A partir de uma identidade política e ideológica, os lacerdistas largaram carreiras estabelecidas para trabalhar como políticos ou como administradores no seu governo, se entregaram

---

[17] Discurso de posse: "Sei das dificuldades. Não fugirei delas no governo porque aprendi a não temê-las na oposição. Mais temo as facilidades do que as dificuldades do exercício do poder. Mas conto com o povo porque sei do que é capaz quando vê que o seu servidor não o engana. Alguma coisa mudou com a nossa eleição. A essa mudança [...] ofereço a vida." Citado em Debert (1979: p. 188).
[18] Shakespeare, William. *Henrique V*. Rio de Janeiro, Ed. Nova Aguilar, 1995, p. 339.
[19] Ibid., p. 340.

ao seu ritmo intenso de trabalho, abdicando do tempo que dedicavam à família. Carlos Osório, major da Polícia Militar, ajudante-de-ordens e oficial de segurança, acompanhava Lacerda para tudo e passava tanto tempo trabalhando com ele que em dois anos só conseguiu jantar com a esposa 16 vezes.[20] Brunini, que entrou na política a pedido de Lacerda, recorda muitos anos depois o pedido que este lhe fez nas eleições de 1960:

O governador Lacerda me chamou e disse: "Olha, precisamos trazer para a Constituinte nomes consagrados no setor, professores, juristas... Ele convidou o professor Themístocles Cavalcanti para integrar a chapa da UDN. E também o professor Aliomar Baleeiro." E o Lacerda me recomendou explicitamente: "O professor Themístocles não tem a menor noção de política. Então, eu vou encarregar você de difundir a candidatura dele como homem que é imprescindível na Constituinte." Então eu tomei aquilo ao pé da letra, e fiz uma campanha muito mais para ele do que para mim. Eu, por um triz, não fui derrotado. Isso porque, na última hora da campanha, o Lacerda me deu uma colher de chá. Quando estava encerrando na televisão, ele falou: "Olha, eu pedi um sacrifício ao Brunini, mas ele é candidato também... Não vão esquecer do Brunini."[21]

Sandra Cavalcanti, num momento em que Lacerda já era malvisto por Castello e Roberto Campos, fez questão de lembrar diante dos dois, no ato de posse na presidência do Banco Nacional de Habitação (BNH), que a revolução não começara no dia 31 de março de 1964, mas sim no dia 5 de dezembro de 1960, dia da posse do governador Lacerda, colocando-se numa situação desconfortável sem que houvesse uma necessidade que justificasse tal atitude. Outros lacerdistas, como Américo Fontenelle, Gustavo Borges e Rubens Vaz, oficiais da Aeronáutica, se aproximaram de Lacerda na época do caso *Última Hora* e se ofereceram como

---

[20] Dulles (2000: p. 22).
[21] Brunini, fita 3-a, op. cit.

seguranças, trabalhando em rodízio fora do expediente normal. Mesmo na noite de 31 de março de 1964 foram aparecendo no Palácio Guanabara pessoas de todo tipo, amigos e desconhecidos, prontas para arriscar a própria vida em companhia de Lacerda. Em resumo, seus admiradores faziam campanhas nas eleições, arrecadavam fundos, se expunham, cerravam fileiras em torno dos projetos apresentados e se sentiam realizados. Lacerda havia aberto horizontes para eles — com sua palavra e com suas atitudes —, e eles se sentiam contentes de poderem contribuir para uma causa a que davam valor, que tomavam como própria.

b) O lacerdismo no Palácio Guanabara

Como vimos, ao se eleger governador do recém-criado estado da Guanabara, Lacerda teve a oportunidade e o desafio de tentar acrescentar à sua fama de demolidor de presidentes a imagem de construtor de estados[22], de administrador eficiente. Para isso foi necessário montar uma equipe de profissionais competentes e reorganizar a máquina pública.

No entanto, isso não o impediu de preservar o estilo carismático no modo de governar. Visitava obras em andamento a qualquer hora do dia ou da noite e, não raramente, tomava decisões no próprio local, demitia, cancelava um contrato ou mesmo mandava prender alguém. Utilizava com freqüência a televisão para atacar a Assembléia Legislativa com pronunciamentos contundentes. Acolhia com entusiasmo as idéias que lhe traziam e sabia motivar a sua equipe na consecução dos objetivos, delegando poderes às pessoas, em parte porque via nesse procedimento um modo de ser mais eficaz, em parte porque não tinha paciência para a papelada, para discutir coisas pequenas ou para a rotina. Segundo Dulles, "Lacerda era um líder impaciente que unia a paixão por projetos

---

[22] Cf. Motta, Marly Silva da. *Rio de Janeiro: de cidade-capital a estado da Guanabara*. Rio de Janeiro: Ed. FGV, 2001.

grandiosos com a perspicácia dos detalhes e aversão à rotina".[23] Ao mesmo tempo que motivava, exigia intensamente: para o secretário de Serviço Público, general Salvador Mandim, o governador "foi o general mais duro que conheci na minha vida nas suas exigências, mas foi o maior amigo que tive em termos de trabalho"[24].

Um outro aspecto sobre o qual o lacerdismo sempre se apoiou e que no governo da Guanabara adquiriu outros contornos foi a questão da ordem e moralidade com a coisa pública. Esse aspecto do seu governo causava verdadeiro fascínio entre os lacerdistas. Se um deputado aparecia no palácio para barganhar um voto em troca de emprego para a mulher ou se um empreiteiro pedia para furar a fila na ordem de recebimentos a resposta era clara: um não rotundo e sonoro. É claro que arrumou desafetos e encrencas, mas conseguiu também uma fama muito especial, com inúmeros "casos" que até hoje se contam pela cidade.

Consideremos um grande extrato da classe média urbana, como o militar, o profissional liberal ou a dona-de-casa, que se consideravam cidadãos que cumpriam seus deveres e não podiam usufruir direitos: trabalhavam, pagavam impostos e não viam um retorno nos serviços públicos correspondentes, como uma escola, um hospital, água ou uma condução decente. Além disso, estavam convencidos de que os políticos agiam somente em benefício próprio ou, pior, caíam freqüentemente na desonestidade. Entendiam também que o comunismo e a desordem social e econômica eram ameaças reais a tudo aquilo em que acreditavam e que queriam. Diante desse quadro apreensivo se apresentava então um político que atacava a corrupção e o comunismo, um administrador intransigente com o clientelismo e que realizava importantes obras por toda a cidade. Não era isso, afinal, o que atendia aos anseios desse setor da sociedade? Não se estabelecia então um vínculo de forte identidade? Era esse fenômeno que assegurava ao candidato

---

[23] Dulles (1992: p. 392).
[24] Dulles (2000: p. 19).

da UDN uma faixa de votos que se situava em torno de 30% dos eleitores cariocas. Se por um lado esse número era composto de eleitores fiéis, por outro havia uma forte rejeição em outros segmentos, tornando difícil a conquista de parcelas dos 70% restantes. Afinal, as relações próprias do carisma são de amor e ódio, nunca de indiferença.

O que torna a figura de Lacerda especialmente interessante é o fato de nela residir uma conjugação pouco comum entre os políticos nacionais. O lacerdismo, pelo menos após 1960, não se fez somente com a capacidade de despertar sentimentos, mas também com a imagem da construção de uma burocracia moderna e dinâmica. Coexistia uma liderança carismática e uma administração racional. Essa combinação embutia uma sinergia: o carisma do líder motivava as pessoas da burocracia na busca de suas metas e, por sua vez, a eficácia dessa burocracia alimentava a chama da liderança.

Por mais paradoxal que possa parecer, o lacerdismo entra em declínio justamente a partir da vitória obtida pelos militares, derrubando Goulart do poder no dia 1 de abril de 1964. Na tarde daquele dia, após toda a expectativa das últimas 24 horas de ver o Palácio Guanabara invadido pelas tropas do almirante Aragão, Lacerda sentou-se na poltrona à sua mesa de trabalho aliviado. Conversava com seu secretário de Educação e com José Roberto Rego Monteiro, diretor da Coordenação de Planos e Orçamentos. Rego Monteiro, que não era político mas captara com precisão o que acabava de ocorrer, lembrou-lhe que os acontecimentos recentes não eram precisamente uma vitória e que o futuro político seria ainda mais nebuloso.

De fato, com a queda de Goulart e dos principais líderes da esquerda, com o afastamento do perigo comunista e a tomada do poder pelos militares, Lacerda havia perdido a maior parte dos trunfos que até então tinha em seu poder. Ele mesmo tinha consciência disso. Passou o ano anterior dizendo que o seu principal eleitor para as eleições presidenciais de 1965 era o sr. João Goulart.

Na medida em que o governo federal aprofundava a crise econômica e afrontava certos setores do país com ameaças de reformas radicais, Lacerda ia ganhando votos como o candidato de consenso da oposição, como o nome capaz de impedir que o país desse uma guinada radical para a esquerda. Havia Juscelino, que era o candidato natural do PSD, mas sua situação era delicada. Sua decisão de não romper com Goulart — precisava dos petebistas para reeditar a tradicional e vitoriosa aliança PSD-PTB — desgastava-o perante a parcela do seu eleitorado mais moderada e conservadora. Lacerda tradicionalmente tinha um eleitorado fiel, mas também um alto índice de rejeição, totalizando algo em torno de 30%. Suas chances de chegar à presidência residiam na capacidade de fazer um bom governo — e como em boa parte isso dependia dele, estava fazendo bem o seu dever de casa — e de apostar no maior agravamento possível da situação, que afetaria também JK, mas sem que a crise chegasse a tal ponto que houvesse um golpe de Estado. Tinha tanta consciência disso que, meses antes, em algum momento entre novembro e fevereiro, confidenciara a Júlio Mesquita:

Eu tenho o direito de terminar a minha vida política na presidência da República, dr. Júlio, e se os militares assumirem o poder desta vez permanecerão nele o tempo suficiente para que isso não seja possível.

Mas agora que a crise estourara de fato num golpe, quem precisaria ainda de Lacerda? Nem a UDN, nem os militares, nem a parcela da classe média que votava nele, pois não havia mais o perigo do comunismo, da volta do grupo anterior a 1954, numa palavra, não havia mais o que temer.

Nos primeiros meses após a posse de Castello, parecia que a candidatura Lacerda ia de vento em popa. Goulart e Brizola banidos, Juscelino cassado. Só sobrara Lacerda. Mas o quadro político era outro. Agora não eram os militares que gravitavam em torno dos políticos, mas estes em torno daqueles. As regras do jogo mudavam à medida que os meses passavam e Lacerda tinha dificuldade para encontrar um posicionamento satisfatório. O que ele era? O candidato da situação? Quem eram os concorrentes?

A implementação em julho de 1964 do plano Campos–Bulhões, o Paeg, de caráter recessivo, deu ao governo uma cara pouco simpática para a população. O plano, que afetou de forma muito forte a economia guanabarina, encerrou a lua-de-mel entre o governador da Guanabara e o governo Castello Branco e deu início a duros ataques, com todo o fel da oratória lacerdista à política econômica e à pessoa do presidente. Chegou a chamá-lo de "o anjo da rua Conde de Lages"[25]. O candidato da situação comportava-se como oposição. Seu desejo de ser presidente e seu temperamento impetuoso o levavam a se desnortear com ataques que surtiam pouco efeito e amealhavam desafetos. Ele já não conseguia produzir a comoção, o efeito polarizador desejado. O seu eleitorado apreciava-o como um bom administrador e como alguém que havia lutado por uma boa causa, mas não podia apreciar sua oposição a um governo que, ao fim e ao cabo, havia ajudado a criar e no qual não encontrava defeitos relevantes.

Em novembro, anuncia-se a prorrogação do mandato do governo Castello Branco até março de 1967. O golpe mais duro não era puramente a extensão, mas quem motivara a decisão e por quê. Começava a aparecer um novo elemento no cenário político: a linha-dura dos militares, encarnada pelo general Costa e Silva, que também desejava a presidência, e a linha castellista, que tinha no general Golbery alguém que alimentava uma profunda repugnância por Lacerda. Toda a manobra para escolher os candidatos às eleições estaduais de 1965 em Minas e na Guanabara, que levou à vitória de políticos da oposição e, conseqüentemente, ao cancelamento das eleições diretas, partiu desse novo jogo de poder entre os militares. E, nesse ambiente, o lacerdismo não tinha mais força para atuar nem razão de ser.

---

[25] Rua conhecida pelos prostíbulos, cujas casas exibiam estátuas de anjos na decoração frontal. Nessa ocasião, Lacerda dizia que Castello era mais feio por dentro do que por fora.

Em 1967, o Manifesto da Frente Ampla foi a pá de cal do lacerdismo. Lacerda pensou em organizar um movimento civil que agrupasse um amplo espectro da oposição ao regime militar. Sua intenção era mobilizar a sociedade para exigir do governo um retorno às normas democráticas, ocasião em que a frente se dissolveria. Na teoria a idéia parecia aceitável, mas as fotos dos jornais estampando um Lacerda sorridente cumprimentando Juscelino e sobretudo João Goulart, símbolos de tudo o que o eleitorado lacerdista tinha como o mais nefasto da vida política brasileira, foram estarrecedoras. Ele ultrapassara os limites do que consideravam aceitável. Foi o momento do rompimento até mesmo para alguns lacerdistas da primeira hora, que voltaram as costas, profundamente decepcionados.

Com o progressivo endurecimento do regime militar não havia mais espaço para que os componentes essenciais da química do lacerdismo pudessem fazer efeito: a participação do cidadão no processo político por meio das eleições, a liberdade de expressão e, principalmente, a possibilidade de, com sua oratória demolidora, voltar a criar um vilão, uma crise, um drama.

Como epílogo, é interessante analisarmos o modo como Lacerda procura resgatar a sua memória como governador quase 15 anos depois. Em 1977, um mês antes da sua morte, procurado pelo *Jornal da Tarde*, concedeu uma longa entrevista dividida em seções ao longo de cinco fins de semana. É relevante considerar que o contexto era completamente diferente. Lacerda já não era mais candidato à presidência, estava cassado pelo regime militar, faltando apenas um ano para recobrar os seus direitos políticos. Dessa forma, podemos considerar que o seu discurso era feito tendo em vista uma volta à vida pública e que queria se reapresentar com a melhor credencial possível. Procurando se colocar como o melhor governador que o carioca já havia tido, apresentou-se como um administrador competente e eficaz.[26]

---

[26] Cf. Motta (1996).

De maneira que o fenômeno lacerdismo surgiu muito antes de eu ser governador, no governo, tomou um sentido construtivo. [...] Começaram a ver que eu amanhecia no palácio, saía à meia-noite e, no dia seguinte, às seis horas da manhã, estava lá novamente. Tomava helicóptero e ia parar em "bibocas" da Guanabara, visitar as obras da água, conversar com o Kennedy e trazer um empréstimo para a água. Enfim, começou a gerar-se uma espécie de milagre, para muita gente parecia assim. Era obra para todo lado. Transformei o Rio de Janeiro, modéstia à parte de novo, num verdadeiro canteiro de obras. Obra para todo lado e lutando. Lutando com uma Assembléia onde raras vezes contava com a maioria; lutando com um Tribunal de Contas viciadíssimo — formado por nomeações políticas —, onde havia alguns ministros da maior integridade, mas onde muito poucos entendiam do assunto e por isso deixavam tudo entregue àqueles procuradores.[27]

Além de apresentar suas credenciais de bom administrador, podemos observar, neste curto trecho da entrevista, que Lacerda não deixou de retornar aos diversos elementos do discurso carismático: o heroísmo, que exigia uma entrega sacrificada e exemplaridade; o desafio de fazer algo difícil e o milagre de ter conseguido; a luta contra os inimigos que o cercavam; a tentativa de resgatar o elã que encantava o seu eleitorado.

c) *A UDN e Lacerda*

A União Democrática Nacional (UDN) ocupa na memória política nacional um lugar de destaque, polêmico e controverso. Conforme analisa Benevides:

A origem de pretensões aristocráticas da UDN, a ênfase numa ética moralista, na tradição e no "sentido de excelência", a distinguia em termos de imagem e de "estilo" no cenário partidário brasileiro. Uma imagem recortada num pano de fundo de contradições evidentes — o liberalismo e o golpismo ou, mais sutis, o elitismo e a sedução populista — mas ainda assim a imagem singular e identificadora.[28]

---

[27] Lacerda (1977: p. 265).
[28] Benevides (1981: p. 239).

A UDN não era um bloco coeso nem coerente. Basta considerar que, embora fosse conhecida como o partido da classe média,[29] possuía no Congresso mais deputados donos de latifúndios do que o PSD. Isso se devia sobretudo à presença de políticos tradicionais do Nordeste na sua legenda. Nela coexistiam a "progressista" ala "bossa-nova"[30] e a "conservadora" "banda de música"[31]; advogava o liberalismo econômico ao mesmo tempo que patrocinava o monopólio do petróleo nacional. O que unia essas alas, o que formava o sentimento udenista, era o antigetulismo, o anticomunismo e a defesa da moralidade administrativa como contraponto à aliança PTB-PSD.

Dentro desse espectro, Lacerda aproximava-se dos bacharéis, era elemento de destaque da banda de música por sua oratória e retórica, bastião máximo dos golpistas e do bloco que cortejava os militares. No entanto, como membro da UDN praticamente desde a sua fundação, em 1945, Lacerda foi, ao longo dos anos, adquirindo uma posição acima da UDN, foi se tornando maior que o partido. Isso advinha do seu modo personalista de ser: os seus atos geravam um capital político para si próprio e não para o partido, suas decisões não eram tomadas em consulta ao partido, nem visavam ao fortalecimento do partido. Lacerda tinha trajetória própria e a UDN era apenas uma base apropriada, um suporte necessário, dentro do jogo político da época, para o encaminhamento dos seus projetos. Como resumia o deputado udenista João Cleófas, "a UDN é uma sociedade anônima; o Lacerda tem 60% das ações"[32]. O líder carismático não se enquadra facilmente em

---

[29] Ibid., p. 217. "No sentido de que era o único grande partido que se dirigia diretamente às classes médias."
[30] Cf. Ibid., p. 115.
[31] Ibid., p. 84-5. Banda de música: "Grupo formado por bacharéis (Adauto Lúcio Cardoso, Afonso Arinos, Aliomar Baleeiro, Bilac Pinto, José Bonifácio, entre outros) que, sentados na primeira fila do plenário, com sua oratória inflamada e muitas vezes violenta aparteavam ou discursavam diariamente contra o governo."
[32] Citado em Dulles (2000: p. 418).

estruturas. Muito menos se essas estruturas são partidos políticos. Por outro lado, certamente havia pontos de identificação entre Lacerda e a UDN, e não existia outro partido onde ele poderia se instalar de forma mais confortável.

No governo da Guanabara, Lacerda e os deputados udenistas mantiveram o conturbado relacionamento que havia na esfera nacional. O personalismo, somado à indisposição para conversar e negociar, comumente levava-o a colidir não só com a oposição, mas também com aliados como Amaral Neto, Danilo Nunes, Vitorino James e Nina Ribeiro. Isso já não ocorria com a sua equipe, com lacerdistas como Sandra ou Brunini, o que demonstra mais uma vez que Lacerda, mais do que udenista, era essencialmente lacerdista.[33]

5. CULTURA POLÍTICA E ADMINISTRAÇÃO PÚBLICA BRASILEIRA

Quais são as relações que se tecem entre a nossa cultura política e a organização da administração pública? De que forma o campo político moldou e determinou o modo de ser da nossa burocracia? Quais foram as pressões, os incentivos para os atores envolvidos, políticos, administradores, eleitores, agentes econômicos, operarem de uma determinada forma? E, no caso concreto de Lacerda, de que forma essa cultura moldou o seu pensamento, sua visão, sua trajetória política e seu modo de governar?

A cultura política pode ser definida como "um tipo de código e um conjunto de referências formalizadas no seio de um partido ou, mais amplamente, difusas no seio de um grupo ou de uma tradição política".[34] Para o historiador, ela fornece subsídios na

---

[33] "O Lacerda", escreveu Raphael de Almeida Magalhães, "tinha um lado maravilhoso, o da honestidade irrepreensível; jamais o vi arrumando emprego para ninguém, nem para a antiga professora. Mas também tinha o lado sombrio, personalista, de *L'État c'est moi.*" Citado em Dulles (1992: p. 393).

[34] Berstein, Serge. In: Rioux, Jean-Pierre (1997: p. 372).

compreensão das motivações dos atores políticos e do modo como se organizam os partidos políticos à luz do sistema de valores, normas e crenças incorporados. Auxilia também a estabelecer uma lógica para a atuação dos grupos políticos, a entender como eles enxergam o passado, como constroem suas aspirações e a imagem que ocupam na sociedade.

A literatura existente tende a partir da premissa de que:

A cultura política do Brasil é profundamente enraizada em uma herança colonial patrimonialista. Apesar das enormes mudanças econômicas e sociais que o país sofreu, o nepotismo, o favoritismo e o clientelismo, sob diferentes formas, tornaram-se características culturais persistentes [...]. Isso moldou tanto a percepção da sociedade com respeito ao Estado como a organização da administração pública.[35]

O clientelismo tornou-se o fio condutor básico dessas relações devido ao seu poder intrínseco. O cerne da política clientelista encontra-se na capacidade de manipular poderes e recursos públicos em interesse pessoal ou de um grupo e na obtenção de empregos dentro do aparelho estatal para os cabos eleitorais.[36] Estes, por sua vez, garantem os votos necessários para o político que adquire também o controle de uma parcela da máquina pública. Exemplo desse fenômeno era a clássica figura do político que controlava

---

[35] Martins (1997: p. 9).

[36] De uma forma mais ampla e teórica, por política de clientela "se entendem, basicamente, todas as formas de ação política, quer no âmbito do Estado e suas subdivisões territoriais ou administrativas, quer no âmbito de qualquer coletividade dotada de alguma institucionalidade, por um sentido de troca de vantagens específicas entre o promotor de tais ações, o político de clientela e os grupos sociais junto aos quais opera, a clientela de tal política. A forma típica de política de clientela consiste na concessão de empregos públicos para determinadas pessoas ou na execução de serviços públicos, em benefício de certas áreas ou grupos, em troca de apoio político para o promotor de tais iniciativas. Essa modalidade típica de política de clientela comporta inúmeras variantes, conforme o nível mais alto ou mais baixo em que opere o político de clientela, o universo social a que se dirija e o tipo de instituição — Estado, departamento público, município, empresa, classe social etc. — no âmbito da qual se exerça tal política". In: *Dicionário histórico-biográfico brasileiro*, verbete "Clientelismo". Abreu (2001: p. 4.725).

um IAP ou um Departamento de Águas, que passava a ser uma fonte de poder e de receita, moeda no jogo político, cabide de emprego e manancial de votos, enquanto que a finalidade original do órgão e do cargo, sua razão de ser, ficava eclipsada.

Num ambiente democrático, como o existente no período 1946-64, com eleições diretas, voto secreto, liberdades civis e de imprensa, o político procura agir de forma a agradar o seu eleitor e conseguir se reeleger. A questão da reforma administrativa, na medida em que envolve redução de gastos, inibe a corrupção, o nepotismo, o favoritismo e o aumento de eficiência nos serviços públicos, deveria contar com o apoio notório da opinião pública e, por conseguinte, obter a aprovação dessa reforma pelo Congresso. No entanto, isso normalmente não ocorre. Primeiramente, porque o conceito de reforma administrativa é demasiado complexo e nunca ficou claramente atrelado aos benefícios que supostamente traria. Em segundo lugar, conforme analisa Geddes (1994):

Um dos motivos que explicaria esta distância entre as preferências do eleitorado e a posição dos parlamentares seria a enorme dificuldade dos eleitores de países em desenvolvimento — onde o nível de educação é baixo e poucos têm acesso aos jornais — monitorarem a atuação dos parlamentares em torno das políticas públicas. Faltam, portanto, as informações necessárias para o eleitor avaliar se os parlamentares cumpriram ou não suas promessas de campanha, o que impede o eleitor de fazer ameaças críveis de punição nas eleições seguintes caso o parlamentar não as cumpra. Conseqüentemente, os parlamentares usufruem uma autonomia em suas decisões a respeito das políticas públicas. Uma vez que lhes faltam meios para monitorar o desempenho dos parlamentares nas políticas públicas, os eleitores usam como indicador de desempenho a capacidade do parlamentar de proporcionar benefícios particulares. Por isso, as máquinas eleitorais tornaram-se essenciais para o sucesso da mobilização do voto: elas distribuem benefícios individuais e favores que afetam as decisões de voto de uma parcela significativa da população. A capacidade de os parlamentares proverem benefícios individuais, no entanto, está ligada aos recursos disponíveis para tanto. Daí a impor-

tância do acesso aos cargos da burocracia, não apenas porque os cargos são uma recompensa àqueles que trabalharam na campanha eleitoral do candidato, mas também porque significam o controle de recursos que podem ser — e serão — usados pelo parlamentar para a prática de políticas clientelistas.[37]

O fracasso das diversas tentativas de reforma administrativa na história da República pode ser explicado, em boa parte, pelo fato de que seus objetivos — regras impessoais, a meritocracia, normas para ingresso etc. — são diametralmente opostos aos objetivos de uma política de cunho clientelista. Um visa atender a interesses mais abrangentes a médio e longo prazo, enquanto o outro visa aos interesses a curto prazo de grupos restritos. Dessa forma, enquanto o primeiro pretende criar condições para que a oferta de empregos venha a crescer no país a partir de um investimento em infra-estrutura, o segundo atende à necessidade de conseguir um emprego para um grupo ou um privilégio para um determinado sindicato. Uma reforma que não somente descarta esse tipo de sistema político como é contrária aos interesses desse sistema está necessariamente fadada a não prosperar.

A primeira reforma de maior vulto e impacto se deu no Estado Novo, no fim dos anos 1930. Era uma tentativa de se criar uma burocracia modernizada, de alto nível, asséptica. Foi criado o Departamento de Administração do Serviço Público (Dasp), encarregado de estruturar a carreira dos servidores, formar recursos humanos, organizar a administração pública como um todo e inclusive intervir na elaboração do orçamento da União. No entanto, as pressões clientelistas tolheram parte dos resultados esperados. Segundo Martins (1997):

Estabeleceu-se desde então um padrão duplo e persistente. Para os altos escalões da burocracia, foram adotados acessos mediante concurso, carreiras, promoção baseada em critérios de mérito e salários adequados.

---

[37] Geddes (1994), citado in Antunes (2004: p. 8).

Para os níveis médio e inferior, a norma era a admissão por indicação clientelista; as carreiras eram estabelecidas de forma imprecisa; o critério de promoção baseava-se no tempo de serviço e não no mérito; e a erosão dos salários tornou-se intermitente.[38]

A Constituição de 1946 permitiu um maior controle pelo Congresso da administração do Estado. Os parlamentares não perderam a oportunidade de usar seus poderes para ampliar suas práticas clientelistas, loteando com suas indicações os quadros do funcionalismo público. Como ilustração, o artigo nº 23 da Constituição outorgava estabilidade a todos os funcionários há mais de cinco anos no cargo e promovia os não-concursados à categoria de concursados; a lei nº 284/48 igualava os salários de não concursados com os de concursados, o que significava um ataque direto ao sistema de mérito; a lei nº 522-A/48 conferia estabilidade aos interinos. Segundo Lafer (2002), "essa situação contribuiu para o fenômeno da diluição de competência na administração pública federal, característica do período".[39] Os piores vícios da administração pública: absenteísmo, inchaço de pessoal, emprego múltiplo, baixa produtividade, desorganização marcaram a burocracia nacional nas próximas duas décadas. O Dasp, enfraquecido, deixou de ser um órgão de transformação para se ater ao controle da burocracia vigente.

Um registro significativo dessa situação pode ser verificado por uma análise dos efeitos da lei nº 284/36, redigida em pleno Estado Novo e que dava luz ao Conselho Federal do Serviço Público. Segundo essa lei, existiam duas categorias de servidores: os funcionários, ingressos por meio de concurso, e os extranumerários, que ocupavam cargos criados a partir de decreto executivo. Essa classificação se manteve até 1960. Os dados obtidos para 1952, 16 anos após a aprovação da lei, apontam a existência na burocracia

---

[38] Martins (1997: p. 16).
[39] Lafer (2002: p. 80).

federal de 36% de funcionários e de 64% de extranumerários. Do total, apenas 9% ingressaram por concursos.[40] Ainda segundo os dados disponíveis, em 1966, portanto dentro de uma nova legislação, o serviço público contava com 677 mil funcionários, dos quais apenas pouco mais de cem mil haviam ingressado por meio de concursos. Isso evidencia a persistência de uma cultura política clientelística que goleava por 5 a 1 o time que se esforçava por implementar um sistema racional — meritocrático.[41]

Ao tomar posse no seu segundo mandato, Getúlio compreendeu a necessidade de uma nova reforma administrativa. Pediu o apoio de todos os partidos, encaminhou-a na sua mensagem anual ao Congresso. Apesar do empenho, a proposta que chegou ao Congresso em agosto de 1953 foi sistematicamente barrada ainda na avaliação feita pelas comissões internas. Novas tentativas foram feitas em 1954, já com Café Filho, em 1955, e por Juscelino, em 1956 e 1957. Apesar de todos os esforços, somente nesse último ano o projeto chegou ao plenário, mas, mesmo assim, não foi aprovado.[42] Resumindo a situação nesses anos, Horácio Lafer sentencia que a administração pública em 1956 encontrava-se "com um arcabouço administrativo feito aos pedaços, sob a pressão dos acontecimentos intervenientes, sem sistemática, sem ordenação lógica, sem racionalização"[43].

Esta análise não pretende reduzir o papel da política e do Congresso a um mero mercado de clientela. Certamente que coexistiu uma sadia e positiva negociação e coube aos congressistas um importante papel na condução do desenvolvimento nacional. O que queremos é chamar a atenção para um traço marcante da nossa cultura política que não deve ser ignorado e que serve — e este é o motivo principal para termos aberto esta discussão —, como

---

[40] Cf. Lafer (2002: p. 77).
[41] Cf. Barbosa (1996: p. 71).
[42] Cf. Lafer (2002: p. 81-2).
[43] Lafer (2002: p. 108).

luva à mão, para compreender o contexto da visão política de Lacerda.

6. A VISÃO DE LACERDA DA POLÍTICA

Os valores centrais do pensamento político de Lacerda e sua visão de governo podem ser visualizados a partir de uma cartilha contendo um número básico de axiomas dos quais nunca se afastava.

Primeiramente, a desconfiança para com os políticos, considerados como indivíduos que normalmente trabalham por interesses próprios escusos, e para com os partidos, que estariam sob o controle desse tipo de políticos.

> *Falo político em geral, do chamado político profissional, do que não sabe fazer outra coisa, sobretudo desse tipo que vai ser político porque não tem outra profissão ou porque fracassou na que tinha. É o que se chama político profissional: o mau advogado, o engenheiro malsucedido, o médico sem vocação, que vai ser político porque isso lhe garante importância — não tanto dinheiro —, mas a importância que não teria se não estivesse na vida pública.*[44]

Não podemos deixar de considerar que Lacerda pertence a uma geração formada em meio às idéias autoritárias dos anos 1930, são anos do tenentismo, do Estado Novo. Nessa ótica, a história da República era a de uma oligarquia política que se perpetuava por meio de práticas sórdidas, como o clientelismo. Para reverter essa situação se justifica o emprego de meios não-democráticos. Como reflexo dessa convicção, chegou inclusive, como vimos, a defender, nos anos 1950, um regime de exceção. Golpista, conspirou diversas vezes contra o poder federal constituído, como ocorreu em 1954, 1955 e em 1961. Seu modo de fazer oposição a partir do

---

[44] Lacerda (1977: p. 280).

jornal ou da tribuna da Câmara passava longe da conciliação: era sempre um combate impiedoso ao governo. Albergava um verdadeiro horror à prática do clientelismo sobretudo porque aplicava-a ao modo como a aliança PTB-PSD conduzia a política, identificando-a como um dos males que contaminavam a administração pública e impediam o desenvolvimento do país. Há um discurso proferido por ocasião da inauguração da sede da Escola de Serviço Público do Estado da Guanabara (Espeg) que registra de forma emblemática esse sentimento.

É certo que, para tanto, é preciso abrir mão da volúpia de fazer nomeações pessoais, de premiar amigos, de perseguir desafetos, de fazer com o dinheiro público os pequenos arbítrios e as mesquinharias que constituem, para certa tradição brasileira, o próprio sinônimo do ofício de governar. [...] Outra doença do serviço público é a "piccola combinazione", a combinaçãozinha política pela qual se obtém um voto por meio de tráfico de brancos ou de qualquer cor. Quer o governo a aprovação de uma lei de interesse público? Pois saiba que tem de pagar com cinco trabalhadores braçais para o DER, ou duas transferências do DLU, ou a diretoria de um distrito do DOB[45], ou uma inspetoria, ou uma coletoria. Tudo isso é mercadoria, tudo é arma na guerra para obter leis de interesse coletivo, nessa caricatura de democracia em que vivemos. Muitos políticos não são eleitos para servir o povo, mas sim para empregar alguns dos seus eleitores e, com isso, assegurar aquela margem medíocre que lhes garante, com a pulverização do eleitorado e dos partidos, fazer-se eleger de novo e sempre, para exercer junto ao governo a única oposição realmente temível: a dos que apóiam o governo com a condição de corrompê-lo. Sob pena de passarem a fazer a outra oposição, que conhecem e praticam, aquela que nega ao governo os meios de governar.

Não se trata de trazer nomes sólidos, firmes, honrados para ajudar o governante a escolher, o que é legítimo e até necessário, e às vezes ocorre. O de que se trata é de impor suavemente, como condição de apoio para

---

[45] DER: Departamento de Estradas de Rodagem; DLU: Departamento de Limpeza Urbana; DOB: Departamento de Obras.

medidas de interesse público, uma traição ao interesse público: a distribuição de cargos e funções segundo o patrocínio de alguns políticos aos seus corretores eleitorais, parentes ou candidatos aparentes.

No passado recente, um era dono do Departamento de Estradas de Rodagem, outro era proprietário da Secretaria de Educação, outro decidia sozinho sobre limpeza urbana, outro permitia que se vetassem verbas para construção de um viaduto com a condição de ser o projeto modificado e, embora mais caro, não passar pela casa de seu cabo eleitoral.[46]

Possuía uma contundente preocupação com a moralidade na condução da coisa pública, que não se resumia somente ao combate à corrupção ou ao clientelismo, mas a qualquer assomo de uma atitude menos nobre ou interesseira. Censurou fortemente os colegas udenistas que aceitaram ministérios nos governos Dutra e Vargas; nomeações de amigos e parentes, privilégios, pistolões ou favoritismos eram considerados práticas hediondas.

Anticomunista convicto, devido a seu passado político, considerava-se especialmente habilitado para perceber as manobras, métodos e táticas de comunistas e os acusava de, mesmo na ilegalidade, infiltrarem-se no tecido democrático com o objetivo de implementar a ditadura do proletariado no Brasil. Dirigia seus discursos no sentido de alertar a sociedade para o perigo de eles virem a tomar o poder.

Não temos tempo para a pequena conversa, a polêmica extenuante, o personalismo vazio, a intriga palaciana e as amenidades do poder.[47]

A conversa política sempre me foi extremamente monótona, porque nos meus momentos de ócio tenho muito mais conversa do que isso, e quando estou trabalhando não tenho tempo para conversar sobre política. De maneira que talvez tenha até cometido um erro. Desprezei muito a política nesse sentido.[48]

---

[46] Lacerda (1965: p. 54).
[47] Ibid., p. 25.
[48] Lacerda (1977: p. 280).

Em outras palavras, negava-se a desenvolver uma das capacidades requeridas aos profissionais da política que é a capacidade de debater, negociar, de alinhavar apoios e alianças. Confiava que na atuação política seria suficiente uma outra habilidade, a oratória, usada com maestria ao longo de vários anos para se projetar no cenário nacional. No seu discurso de posse, afirmava que:

> *Se não me derem os recursos de que careço para fazer escolas, fazer funcionar devidamente os hospitais, atrair e fixar as indústrias dentro de um plano de fomento da iniciativa privada e de planejamento da administração pública, assegurar o abastecimento, dotar a cidade de água suficiente, de energia bastante, de telefones, de transportes, restar-me-á sempre um serviço do qual ninguém me pode privar senão Deus, e não hesitarei em lançar mão dele: concentrar-me por inteiro numa só tarefa, transformar o governo numa labareda para atear fogo aos castelos de papelão dos políticos desonestos.*[49]

Para Lacerda, governar é essencialmente administrar. Se a política é vista como algo ruim, governar bem é impedir que ela corrompa a administração, é estruturar e resguardar a máquina pública para que seja racional e eficiente. Num discurso feito de improviso por ocasião da prestação de contas do seu governo, em setembro de 1965, sintetizou essa visão:

> *Detesto, abomino, diria quase que odeio, se fosse capaz de realmente odiar, isso que se chama erradamente em nossa terra de política. Precisamente porque entendo a política como a mais nobre, a mais digna, a mais justa, a mais pura, a mais alta atividade que um cidadão pode exercer no seu país. A política é isso, [...] a política é a escola, a política é o hospital, a política é o viaduto, a política é a água, a política é o esgoto, a política é a prática da justiça. A política, inspirada no amor à justiça, é a prática da justiça por amor.*[50]

---

[49] Lacerda, *apud* Debert (1979: p. 188). Discurso de posse.
[50] Discurso no Palácio Guanabara em 12-9-1965. Transcrição de fita. Coleção particular.

No entanto, é preciso assinalar que, por mais que pretendesse "despolitizar" o governo, a sua atuação na política nacional e o contexto de polarização ideológica que havia tornavam inviável essa pretensão. Na verdade, o próprio discurso "antipolítica, pró-administração" fazia parte do seu projeto político rumo à presidência.

Esse radicalismo, que perpassa todo o seu modo de ser e atuar, também afetou as inúmeras questões que o governo teve de enfrentar. A pergunta que se faz é se essa radicalidade teve um saldo positivo ou negativo para o estado. Quando se pensa nas dificuldades que criou para obter a aprovação dos projetos na Assembléia, conseguir financiamento de órgãos federais, agilizar a liberação de recursos externos, ou nos inimigos que angariou, somos inclinados a pensar que foi prejudicial.

Por outro lado, pode-se considerar, como veremos ao longo da tese, que o governo não deixou de obter a aprovação dos projetos de que precisava, nem dos recursos econômicos — com exceção do BNDES e da CEF, cuja negativa está vinculada a outra questão de maior peso que era a polarização política — necessários para realizar as obras. Poderia talvez ter obtido tudo isso de forma mais ágil e mais ampliada.

Em qualquer caso, enfatiza-se o lado da aversão à negociação e o lado temperamental. Visto nesse enfoque, o radicalismo foi negativo não somente para o estado como para o próprio governador. É muito sugestiva a análise que o jornalista Hermano Alves redigiu na *Folha de S. Paulo* em 1963, quando Lacerda já era um dos principais candidatos à presidência:

O governador estava conquistando, gradativamente, o apoio dos setores conservadores mais influentes, por vários motivos. Por um lado, conseguira a idoneidade da constância, tecla do anticomunismo e da luta contra a corrupção. Por outro lado, ganhava prestígio por estar fazendo obras públicas, na Guanabara. Ou seja: conquistava a idoneidade da eficiência. Faltava-lhe, apenas, dar plenas garantias de estabilidade emocional — coisa muito importante, no Brasil, desde que o marechal

> Henrique Lott levantou dúvidas sobre a capacidade do professor Jânio Quadros de conter os seus impulsos e desde que ficou provado que o ex-ministro da Guerra tinha razão. Em suma: os meios conservadores não querem apenas um candidato anticomunista, com talento administrativo. Querem a segurança de que ele não meterá os pés pelas mãos na primeira oportunidade, por motivos de ordem temperamental ou emocional.[51]

O risco temperamental de fato era considerável e a experiência mostrara que, além da imprevisibilidade, nesses momentos de paixão geralmente passava muito além da conta e era preciso que alguém se dispusesse a recolher os cacos e tentasse recompor os estragos.

Se se enfoca a outra vertente do radicalismo como um "capital da intransigência", ou seja, do que se ganha ao não transigir com o clientelismo, de ser absolutamente intolerante com o favoritismo na política de pessoal, então podemos tirar um saldo positivo. Sobretudo porque, com essa atitude, era capaz de gerar um:

> Elã formidável, de motivar intensamente o servidor público. E a política de pessoal, conseqüência direta do seu estilo, foi fundamental para o sucesso do governo. [...] Ele apostava as fichas num governo que marcasse a opinião pública e o lançasse como candidato vitorioso: nesse sentido a radicalidade permitia romper barreiras e fazer mais. [...] É preciso ter em conta que, com o passado político que ele tinha, com a visibilidade e a polarização em torno da sua pessoa — tendo sido sempre pedra e sendo agora vidraça —, não restava-lhe outra alternativa do que tentar fazer. Não tinha saída. No início ele dizia que tinha medo, medo de não conseguir realizar um bom governo. Então ele dormia, vivia, comia e bebia em cima da res publica. E tinha o seu jeito de ser: intransigente, tinha o seu projeto, delimitado pelo que considerava aceitável, e não abdicava disso, sem se importar com obstáculos, opiniões e conseqüências.[52]

---

[51] *Folha de S. Paulo*, 13 de agosto de 1963. Coluna Panorama Político.
[52] Ibid.

Um caso emblemático desse posicionamento foi o confronto que surgiu entre Roberto Marinho e Lacerda em torno do Parque Lage, uma grande área verde contendo um palacete, situada no bairro do Jardim Botânico, área nobre da cidade. Segundo conta Raphael de Almeida Magalhães, Roberto Marinho e Arnon de Mello compraram o Parque Lage ainda nos anos 50 por um preço muito módico, pois o imóvel era tombado. No final de 1960, JK assinou o decreto que destombava o parque, valorizando imediatamente o seu valor de mercado. Marinho e Arnon elaboraram o projeto de um empreendimento imobiliário e obtiveram a licença para começar as obras. Nesse entretempo, Lacerda tomou posse no governo e não permitiu o prosseguimento das obras, suspendendo a licença. No final do mandato, quando se aproximavam as eleições, Lacerda procurou Raphael decidido a desapropriar o parque, pagando a indenização correspondente ao valor pelo qual fora comprado. Pensava que no futuro o parque acabaria sendo entregue a Marinho e Arnon, e não concordava nem com o modo como fora feito o negócio nem com a idéia de que a cidade perderia o parque. Pediu a Raphael que escrevesse o decreto de desapropriação, enquanto ele redigiria a exposição de motivos que acompanharia o decreto. O texto que Lacerda produziu assustava pela virulência com que atacava a pessoa de Roberto Marinho. Raphael tentou demovê-lo da idéia de anexar o texto ao ato de desapropriação, pois não só contrariaria os interesses de Marinho como o faria voltar contra ele a fúria das baterias do seu jornal e da sua rádio. Como não conseguiu convencê-lo, o decreto foi encaminhado com o anexo, o que provocou a ira de Marinho. Este conta que chegou a sair de casa armado com o propósito de matar Lacerda, mas desistiu no caminho. A mudança editorial do jornal em relação a Lacerda foi notória. O parque continua aberto ao carioca.[53]

---

[53] Magalhães, Raphael de Almeida. Entrevista concedida ao autor em 24-9-2003 e à revista *República,* em set. 98.

Apesar de toda a bagagem geracional, da estrutura partidária existente, das ideologias vigentes e de todo o contexto socioeconômico, Lacerda acabou se tornando um político *sui generis* na história republicana brasileira. Há ainda um amplo espaço para outros estudos, além dos já existentes, que se dediquem a analisar essa complexa figura da política nacional.

CAPÍTULO II
O RIO DE JANEIRO COMO DISTRITO FEDERAL: UMA VISÃO SEM ROMANTISMOS

1. POR QUE O DISTRITO FEDERAL?

Para se ponderar de forma mais fidedigna a administração Lacerda, importa voltar um pouco atrás e conhecer as variáveis políticas e administrativas que permearam a trajetória da prefeitura do Distrito Federal ao longo dos anos 1950: tentar compreender qual era o contexto da época, a forma como era feito o jogo político e quais eram os desafios com que se deparava a administração municipal.

Uma série de interrogações surge espontaneamente ao se avaliar uma gestão pública. Que conquistas podem ser atribuídas ao novo mandato ou que pertencem na realidade a uma herança existente? Quais eram as condições de contorno a partir das quais o novo estado começava a trabalhar? Com a mudança da capital para Brasília, o que se mantinha e o que mudava na esfera política e administrativa? Que esforços foram feitos pelas diversas prefeituras ao longo desses anos e de que forma isso influenciou nas decisões tomadas pelo novo governo?

Apesar de o Distrito Federal operar a partir da Lei Orgânica de 1947, escolhemos como recorte cronológico o período que se inicia com o mandato do prefeito João Carlos Vital (23-4-1951 a 1-12-1952) e termina com o prefeito Sá Freire Alvim (4-7-1958 a 21-4-1960), estendendo-se pelo mandato-tampão do governador Sette Câmara (21-4-1960 a 5-12-1960). O motivo pelo qual escolhemos esse período atende a dois fatores: evitar estender demasiadamente o foco do nosso trabalho e, principalmente, porque após a gestão do prefeito Mendes de Morais (16-6-1946 a 22-4-1951), que durou cinco anos, inicia-se uma série de pequenas gestões, na maioria inferior a dois anos, fruto de um conturbado jogo político local e nacional característico do período.

Queremos destacar também algumas das principais fontes que utilizamos. Em primeiro lugar, foi possível resgatar algumas mensagens dos prefeitos encaminhadas à Câmara dos Vereadores, entre as quais se destaca a do prefeito Dulcídio Espírito Santo Cardoso, em que presta contas da sua administração durante o ano de 1953, e a do prefeito Sá Freire Alvim, com as contas da gestão 1958. Também foi possível ter acesso a diversos documentos da administração Negrão de Lima, como o projeto que levou à criação da Sursan.

Em 1959, a Capes organizou a publicação da série "Estudos de desenvolvimento regional: levantamentos e análises", recolhendo em 22 volumes monografias sobre cada um dos estados do país. O volume nº 20, elaborado por técnicos e especialistas de diversos setores a partir de dados do BNDE, da Cepal, da FGV, do DNER e do IBGE, aborda temas geográficos e demográficos com análises sobre mão-de-obra, transporte, energia e desenvolvimento econômico do Distrito Federal.

Duas matérias especiais publicadas em jornais cariocas ajudam a compor um retrato da década. Uma série de artigos de capa publicada pelo jornal carioca *Correio da Manhã*, entre 12 de julho e 21 de agosto de 1958, intitulada "O que será do Rio?", descreve as opiniões de diversos ex-prefeitos do Distrito Federal, economistas, geógrafos, engenheiros e outros técnicos e especialistas do setor sobre o possível encaminhamento político, administrativo e econômico da cidade com a perda da condição de capital. Dispomos ainda da transcrição do Fórum Paulo de Frontin. Trata-se de uma série de debates realizados no Palácio Monroe entre 25 e 28 de outubro de 1960, em meio às eleições do primeiro governo do estado. Promovida pela Associação Comercial e pelo jornal *Correio da Manhã*, contou com a presença de mais de cinqüenta conferencistas[1] expondo suas opiniões sobre os mais variados temas da vida carioca, da questão dos transportes públicos, indústria, esgoto, administração pública à questão do fomento ao crédito. Este material foi recolhido num Suplemento Especial do *Correio da Manhã* de 1 de dezembro de 1960.

Para o período Sette Câmara contamos com um documento elaborado pelo governo intitulado *Subsídios para análise e planejamento da ação administrativa*. Trata-se de um estudo a partir de um questionário respondido pelas principais associações de classes do Rio de Janeiro — desde a Associação de Amigos do Grajaú, passando pelo Instituto de Arquitetura do Brasil, até a Associação Brasileira de Empreiteiros de Obras Públicas[2] — que procurava le-

---

[1] Entre os conferencistas podemos destacar o governador provisório, os economistas Roberto Campos, Otávio Gouveia de Bulhões e Eugenio Gudin, o redator-chefe do *Correio da Manhã*, Luiz Alberto Bahia, o ministro de Viação e Obras Públicas Ernani do Amaral Peixoto, o ministro da Fazenda Sebastião Paes de Almeida, o governador do estado do Rio Roberto Silveira e diversos engenheiros, construtores, empresários e políticos.

[2] A relação completa das entidades entrevistadas foi: 1) Associação Brasileira de Empreiteiras de Obras Públicas; 2) Associação Nacional de Máquinas, Veículos, Acessórios e Peças; 3) Associação Brasileira de Imprensa; 4) Federação das Indústrias do Est. da Guanabara; 5) Federação Brasileira das Associações de Engenheiros; 6) Sindicato das Empresas de Seguros Privados; 7) Instituto de Arquitetura do Brasil; 8) Associação dos Proprietários de Imóveis do Rio de Janeiro; 9) Congresso Permanente das Sociedades de Amigos dos Bairros; 10) Associação dos Diplomados da ESG; 11) Sindicato dos Hotéis e Similares do Rio de Janeiro; 12) Associação Comercial Suburbana do Rio de Janeiro; 13) Sociedade União Comercial dos Varejistas de Secos e Molhados; 14) Confederação Nacional das Profissões Liberais; 15) Sindicato do Comércio Atacadista de Minérios e Combustíveis Minerais; 16) Câmara Americana de Comércio para o Brasil; 17) Instituto dos Advogados Brasileiros; 18) Sindicato da Indústria da Construção Civil do Rio de Janeiro; 19) Associação das Donas-de-Casa; 20) Sindicato do Comércio Atacadista de Gêneros Alimentícios; 21) Instituto Brasileiro de Inventores; 22) Associação Rodoviária do Brasil; 23) Associação de Engenheiros e Industriais; 24) Associação Médica do Estado da Guanabara; 25) Associação Brasileira de Propaganda; 26) Sociedade Amigos do Grajaú; 27) Sociedade dos Bancos do Estado da Guanabara; 28) Sociedade Nacional da Agricultura; 29) Associação de Amigos da Gávea; 30) Associação Comercial do Rio de Janeiro.

vantar os principais problemas da cidade e as soluções que esses grupos julgavam ser as mais eficazes. O questionário abordava temas como impostos, funcionamento da administração pública, déficit dos serviços públicos, turismo, favelas, a questão portuária e industrial, entre outros.

Cabe ainda acrescentar que nessas três últimas fontes indicadas perpassa uma visão determinada, segundo a qual a política, entendida como campo de disputa de interesses particulares e palco de vis negociações, fica relegada a um plano de menor importância na condução da agenda pública. O foco das soluções propostas era estritamente técnico, administrativo. Mesmo quando o conferencista era um político, como um deputado ou um ex-prefeito, a tônica do discurso era administrativa. A política somente vinha à tona como alvo de críticas ao clientelismo praticado na cidade. Ou seja, era vista como algo que estorvava a implementação de medidas racionais capazes por si só de trazer o progresso desejado. Não foi por acaso a escolha de Paulo de Frontin como patrono do fórum promovido em 1960. Engenheiro, responsável pela solução da grave crise da água por que passara a cidade em 1889, projetara e construíra a avenida Central na gestão Pereira Passos, abrira as principais avenidas que compõem a orla e fora prefeito no final da segunda década deste século. Cinqüenta anos depois, era proposto então como modelo para a reestruturação da recém-ex-capital. Reestruturação porque a opinião de todos aqueles depoentes coincidia em apontar para uma cidade desgastada, maltratada, falida e necessitada de uma injeção de investimentos em sua infra-estrutura.

Ainda nesse mesmo fórum, o sr. Olympio Machado, administrador durante 33 anos do Banco do Brasil, assessor dos ministros Oswaldo Aranha e José Maria Whitaker, num raro momento de humor durante as conferências, resumiu essa visão técnica e mesmo voluntarista:

O problema do município desta cidade é um problema administrativo, que está excedido por força da politicagem, do empreguismo, das árvores de Natal e dos testamentos, que ainda hoje estão saindo. É um problema simples, problema de coragem. Já escrevi um artigo no jornal instituindo a Lolobrigida como símbolo do país porque o nosso problema — desculpem a correlação — é de peito.[3]

Para se ter uma compreensão do jogo político local, remetemos ainda para a dissertação de Mônica Piccolo Almeida intitulada "O Rio de Janeiro como hospedaria do poder central: luta autonomista, elite política, identidade carioca (1955-1960)", que retrata as complexidades das relações entre o prefeito, os vereadores e o Senado Federal, sobretudo nas gestões Alim Pedro e Negrão de Lima.

2. UM *STATUS* POLÍTICO *SUI GENERIS*

Os dois marcos que estabelecem as diretrizes em torno das quais giraria a política no Distrito Federal são a Constituição de 1946 e a Lei Orgânica de 1947. A primeira estabelecia que os cariocas teriam direito a representantes no Senado e na Câmara dos Deputados, elegeriam uma Câmara de Vereadores, mas o prefeito continuaria a ser nomeado pelo presidente da República — sancionado pelo Senado — e demissível *ad nutum*. A segunda determinava que seria de competência do Senado Federal julgar os vetos do prefeito às resoluções da Câmara dos Vereadores.[4]

Esse arranjo institucional se situava num contexto de disputa de políticos locais e nacionais cujos interesses convergiam, cada um a seu modo, para tirar o máximo proveito de uma cidade que era sede do poder político e econômico, repleta de cargos públicos, lugar central da vida cultural do país, com um elevado núme-

---
[3] Jornal *Correio da Manhã*, Suplemento Especial Fórum Paulo de Frontin, p. 37.
[4] Apesar de tanto a Comissão de Constituição e Justiça da Câmara de Vereadores como a do Senado terem considerado o dispositivo inconstitucional.

ro de eleitores politicamente polarizados e que, sendo a vitrine do país, exercia seu poder de atração como grande centro de oportunidades.

O Executivo federal preocupara-se desde a República Velha em transformar a capital numa plataforma asséptica, onde o jogo político local fosse abafado e não se tornasse um peso na condução das questões nacionais. Na verdade esse intento nunca chegou a se realizar plenamente, mas as regras foram estabelecidas de forma a beneficiar não somente a administração federal, mas também o político nacional. Tanto o presidente como os senadores tinham poder de barganha para empregar pessoas do seu interesse para os inúmeros cargos disponíveis na capital. Estes últimos, por exemplo, trocavam freqüentemente as aprovações dos vetos dos prefeitos por cargos públicos. Em 1950, três anos após a nova Lei Orgânica, podiam ser contabilizados 12 senadores que tiveram seus filhos, genros ou irmãos nomeados pelo prefeito para cargos municipais com excelentes salários de Cr$12 mil.[5] De forma geral, políticos de outros estados encontravam aqui terreno propício para construir suas redes clientelistas.

Um dos elementos centrais nesse cenário era o prefeito, que, conforme analisa Ferreira (2000),

> *[...] desempenhava na cidade não apenas o papel de um simples administrador das contas da municipalidade nomeado pelo governo federal, mas também o de um ator fundamental na condução do jogo político local. [...] Dentro desse quadro, o prefeito fazia conexão entre a esfera de poder local e as ingerências do governo federal, atuando ora como articulador de acordos com e entre lideranças locais, ora como intermediador das demandas neutralizadoras do governo da República.*[6]

---

[5] Jornal *Tribuna da Imprensa*, "A favela das negociatas". 8 de setembro de 1950. Arquivo Carlos Lacerda. Brasília.
[6] Ferreira (2000: p. 11).

Nesse sentido, apesar de ser nomeado diretamente pelo presidente, o prefeito não podia ignorar os vereadores. Em algumas ocasiões, o próprio presidente tinha de levar em conta as indicações do quadro partidário local, como foi o caso do prefeito Dulcídio Espírito Santo Cardoso, que foi nomeado por Getúlio em acordo com o PTB carioca. Por sua vez, também ao compor o secretariado, Dulcídio tivera que aceitar quatro vereadores designados pelos partidos. Isso implicava que, ainda que tivesse um poder reduzido ao não dispor de poder de veto, os vereadores não tinham se tornado simples marionetes. Erasmo Martins Pedro[7], ao analisar o período, recorda que

> [...] como o prefeito era escolhido em função também das suas relações com a política local, ele sempre procurava atender às demandas da Câmara na nomeação do secretariado. A Câmara do Distrito Federal tinha funções muito mais importantes do que uma Câmara Municipal. Hoje, se o vereador faz uma indicação, o secretário responde se quiser. Naquela época, não: se o vereador fazia uma indicação para calçar uma rua, a rua tinha de ser calçada, porque o prefeito ficava dependendo de apoio político. [...] Nenhum prefeito podia sobreviver se não tivesse o apoio do Poder Legislativo.[8]

De igual modo, as redes clientelistas não se restringiam aos acordos entre o prefeito e o Senado ou entre o prefeito e os vereadores. Também os vereadores procuravam garantir seus interesses negociando diretamente com os senadores.

> A articulação da Câmara Municipal com o Senado era uma articulação-chave. Tanto que alguns vereadores entravam em acordo com senadores e apresentavam determinados projetos meio absurdos, que obrigavam o prefeito a vetar. O veto ia então para o Senado, e lá a sua manutenção era negociada. Essa negociação muitas vezes era a oportunidade para distribuição de cargos e empregos. É parecido com o que

---

[7] Erasmo Martins Pedro foi vereador eleito em 1958, deputado federal em 1966 e vice-governador do primeiro governo Chagas Freitas.
[8] Motta (1998: p. 57). Entrevista com Erasmo Martins Pedro.

acontece hoje, quando se ouve falar em usar o poder do Estado para determinar um certo comportamento político — o "é dando que se recebe". Grande parte dos bons cargos — delegacia fiscal, tabelionato e cartórios do antigo Distrito Federal — era ocupada por filhos de senadores ou parentes de senadores.[9]

A diferença, no caso dos vereadores, residia na ordem de grandeza do que estava sendo tratado. Geralmente suas demandas circulavam em pequenas obras, como a reforma de uma escola, a instalação de um semáforo ou de uma passarela. Com essas pequenas realizações que favoreciam suas bases locais eles conseguiam os votos necessários nas eleições seguintes.[10]

Apesar de todas essas manobras, os políticos locais não se sentiam satisfeitos ao verem a melhor parte dos despojos e as decisões de maior relevo serem reservadas a políticos exógenos. Dessa forma, surgia uma bandeira, com capacidade de unir os políticos mais díspares da Câmara, capaz até de desfigurar a forte polarização UDN-PTB, que era a luta autonomista. Essa luta, presente já na época do prefeito Pedro Ernesto, nos anos 1930, bem como nos debates em torno do projeto da Lei Orgânica, persistiu ao longo de toda a década de 1950.

Com o começo da construção de Brasília, os vereadores autonomistas viam com otimismo a perspectiva de alcançar brevemente seus objetivos. Ao dobrarem esforços, adotaram como estratégia, sobretudo nas gestões Alim Pedro e Negrão de Lima, a postura de uma oposição sistemática ao prefeito e ao Senado, que se manti-

---

[9] Ibid, p. 61.
[10] Conforme explica Sarmento (1999), "a grande maioria dos vereadores eleitos tinha em comum modestos percentuais de votação (que oscilavam entre 4 mil e 1.500 votos) e um eleitorado restrito e de perfil definido. Representavam, por exemplo, os interesses próprios de categorias profissionais [...], de núcleos religiosos [...] e, principalmente, de localidades e regiões da cidade [...]. Tais características faziam do vereador um representante mais diretamente conectado com seus eleitores, o que gerava uma prática política muito mais intensiva de encaminhamento de interesses e demandas específicos". Cf. Sarmento (1999: p. 49-50).

nham contrários à autonomia. Segundo Almeida (1996), mesmo as bancadas do PSD e do PTB, que eram da situação, teciam severas críticas à administração de Alim Pedro.[11]

Esse confronto tornou-se especialmente acirrado durante a votação dos projetos de reforma tributária de 1955 (Alim Pedro) e de 1957 (Negrão de Lima). O primeiro, aprovado em terceira votação, totalizava 182 artigos, dos quais o prefeito vetou 83, justamente as emendas propostas pelos vereadores — que de forma geral encaminhavam-se no sentido de aumentar as gratificações do servidor municipal —, vetos que foram mantidos integralmente pelo Senado. Já no segundo, os vereadores conseguiram uma vitória parcial ao modificarem a proposta original. Negrão queria formar um fundo especial de obras públicas, a partir de um adicional de 10% sobre determinados impostos. A Câmara rejeitou veementemente a tentativa do aumento tributário e obteve a aprovação da emenda que fornecia ao fundo 10% do total da receita tributária, sem alteração das alíquotas existentes.

Nessas circunstâncias, os vereadores subiam na tribuna do plenário para lançar ataques contundentes ao prefeito e aos senadores que o apoiavam.

O que se quer com a autonomia de um local é dar aos políticos deste local possibilidade de dirigi-lo. O que acontece é que os políticos do resto do Brasil, através dos senadores, têm hesitado em dar autonomia ao DF, até mesmo porque a prefeitura outra coisa não tem sido senão um cabide de emprego desses senadores, com honrosas exceções. É claro que exercem o direito de apreciar os vetos para terem lugar na prefeitura.[12]

Não se conhece o plano governamental e o objetivo para atender a qualquer obra que seja. São apenas planos improvisados nos problemas que precisam ser resolvidos para não deixarmos a cidade entregue a sua própria sorte. Em verdade, não temos um plano de governo, temos, isso

---

[11] Almeida (1996: p. 165).
[12] Pronunciamento do vereador José Cândido de Souza. Anais da Câmara de Vereadores, 1 de junho de 1955, p. 891. Citado em Almeida (1996: p. 44-45).

sim, um governador que vem executando de improviso os problemas mais prementes da vida e da cidade.[13]

Porém, como vimos, os vereadores apresentavam emendas cujos méritos eram, no mínimo, duvidosos. Portanto, os senadores rebatiam as acusações recordando a fama de perdulária da Câmara Municipal, já que, de fato, ela era conhecida popularmente como a "Gaiola de Ouro". Afirmavam ainda que, como os vereadores não eram capazes de administrar a própria casa, a autonomia espalharia o caos financeiro para toda a cidade.

No entanto, a luta autonomista não separava duas modalidades políticas ou administrativas, mas dois grupos que queriam manter e ampliar suas redes. Nesse sentido, preferimos entender que a lógica da política local era na verdade essencialmente clientelista. A autonomia era sobretudo um instrumento decente, útil, popular, para algo mais real, que era a transferência do grande butim que era a capital das mãos de políticos de fora para os políticos da casa.

Conforme veremos adiante, o aumento do número de funcionários, os critérios políticos de lotação dos cargos e o aumento de salários dos mesmos, que onerava fortemente os cofres da cidade, eram alimentados tanto por decretos do prefeito como por propostas de vereadores, com a vênia do Senado. O contexto político-partidário existente fazia-se sentir de forma muito negativa na administração do Distrito Federal. A partir dessa perspectiva, podemos ousar afirmar que o Rio de Janeiro, sugado pelos vampiros de fora e pelas sanguessugas locais, encontrava-se em dificuldade para enfrentar as súbitas transformações por que passavam os grandes centros urbanos e, sobretudo, para enfrentar a mudança da capital que se avizinhava.

---

[13] Pronunciamento do vereador Raul Brunini. Anais da Câmara de Vereadores, 10 de agosto de 1956, p. 1.474. Citado em Almeida (1996: p. 134).

3. TENTANDO ADMINISTRAR O RIO NOS ANOS 1950

Beneficiando-se do *status* de capital, o Rio de Janeiro nos anos 1950 sediava o poder financeiro, atraía as melhores cabeças pensantes do país, que aqui vinham estudar e trabalhar, e era o local onde se apresentavam as grandes novidades mundiais no campo da tecnologia, da cultura etc. Comparando-se com uma parcela considerável do país, era, em muitos aspectos, uma cidade de condição superior, privilegiada. Mas ao olhar para si — um olhar que possuía referências cosmopolitas — tomava consciência de uma série de deficiências estruturais. A cidade mudava rapidamente e não conseguia estar a par das diversas demandas que se apresentavam: malha viária, água, energia, transporte público, saneamento, habitação etc.

Nesses anos, a preocupação dominante não era montar uma estrutura econômica sólida, seja pela ampliação do parque industrial, seja pela exploração de outras estratégias pelas quais fluiriam recursos para o Distrito Federal. A prioridade era fazer com que a cidade funcionasse, que a "sala de visitas" do país estivesse em boas condições. A prioridade era o investimento em urbanismo.

Não era a primeira vez que a cidade se encontrava diante de situações críticas. Desde o início do século XX passara por sucessivas reformas. Reformas que exigiram obras vultosas e caras, para uma prefeitura que basicamente conseguia pagar ao funcionalismo e se esforçava por fazer a manutenção de rotina. A solução que sempre se encontrou para conseguir esses recursos foi a busca de receitas exógenas. Uma dessas fontes foi o aporte de capital das empresas estrangeiras que ganhavam a concessão de serviços públicos. Surgiram então a City, que chegou em 1857 para instalar a rede de esgotos, e a Light, que trouxe energia elétrica, bondes e telefones para a capital. As outras fontes de recursos eram as operações de crédito, os empréstimos externos e, principalmente, os auxílios da União. A presença do governo federal na prefeitura do

Distrito Federal se fazia sentir fortemente não apenas do ponto de vista político, mas também do ponto de vista econômico. A reforma urbana do prefeito Pereira Passos foi possível graças aos recursos liberados pelo governo Rodrigues Alves, por meio do Ministério da Viação e do decreto nº 939 de 29-12-1902, que dava à prefeitura amplitude na administração e autorização para realizar operações de crédito. As avenidas que o prefeito Paulo de Frontin abriu na orla da cidade, ao final da Primeira Guerra Mundial, foram construídas com empréstimos externos e venda de títulos públicos. As obras executadas pelo prefeito Carlos Sampaio — com o desmonte do morro do Castelo e o saneamento da Lagoa — foram realizadas com dois empréstimos externos no valor de US$10 milhões e US$12 milhões, respectivamente.[14] As diversas realizações de Henrique Dodsworth foram facilitadas pela estrutura do Estado Novo, que subordinou a Comissão de Obras à Secretaria Geral de Viação e Obras, e pelo decreto nº 2.722 de 30-10-1940, que facultava à prefeitura a emissão de títulos públicos e a contração de empréstimos de até 80% do valor nominal desses títulos. Ainda em 1941, a prefeitura contou também com empréstimos do Banco do Brasil.

Observe-se que, até então, para realizar investimentos na cidade, os prefeitos se limitavam a receber auxílios, emitir títulos e contrair empréstimos. Com a ausência de um sistema que exigisse postura fiscal responsável, já se podia assegurar de antemão que, no vencimento de títulos e empréstimos, não haveria dinheiro para saldar as dívidas. Jogava-se o problema para as futuras administrações e alimentava-se o bolo da dívida pública.

Com a Constituição de 1946, a prefeitura do Distrito Federal, bem como os outros estados, passou a contar com recursos provenientes do Imposto sobre Venda e Consignação (IVC). Esta inclusão foi um primeiro passo importante para, teoricamente, dotar

---

[14] Guanabara (1960: p. 23).

a cidade de uma estrutura fiscal menos inadequada. Outro passo foi a criação, em 1949, do Departamento de Estradas de Rodagem, uma autarquia que agilizou a construção de estradas, ainda que dependente de recursos da União. O DER-DF recebia a partir de duas fontes: 5% da arrecadação da prefeitura e, o que era a maior parte, dotações do Fundo Rodoviário Nacional, que a União distribuía aos estados e municípios.

Ao entrar nos anos 1950, apesar desse momento mais favorável, quando se foi realizando paulatinamente uma autêntica reforma tributária, a prefeitura não só continuou a não dispor de recursos para investimentos como, com a ausência de ajuda federal e de recursos externos, a situação da infra-estrutura da cidade muito se agravou ao longo da década.

Contrastando com o quadro esboçado nos parágrafos anteriores, que pode soar como a descrição de uma prefeitura pobre, é muito significativo fazer notar que a prefeitura contava com a terceira maior receita do país, somente atrás do orçamento da União e do estado de São Paulo. Não deixa de impressionar a constatação de que a receita da prefeitura carioca era equivalente à soma das rendas dos estados de Minas Gerais e do Rio Grande do Sul.[15]

Apesar de toda a dificuldade para realizar comparações entre um município-cidade densamente povoado e estados de formato tradicional, compreendemos que o volume de receitas não justificava as dificuldades por que passava o Rio de Janeiro. Além disso, os cofres da União se responsabilizavam por diversos órgãos e serviços municipais. Era o caso da Justiça, do Corpo de Bombeiros, das polícias Civil e Militar e da Iluminação Pública. Percebemos, portanto, que, se havia receita e não havia investimento, o problema da prefeitura era sua administração deficiente. O núcleo da questão não residia tanto na falta de arrecadação, mas no excesso de despesas, que engessava o orçamento. Para analisar e com-

---

[15] *Correio da Manhã*, "O que será do Rio?", 2 de agosto de 1958, p. 1.

preender melhor essa situação adentraremos nas administrações das principais prefeituras dos anos 1950.

4. A PREFEITURA NA SUA ÚLTIMA DÉCADA

Com a volta de Vargas ao poder é nomeado para a prefeitura João Carlos Vital, conterrâneo e amigo pessoal do presidente, dono de uma importante construtora na capital. Tendo enviado à Câmara um projeto de lei que propunha um forte aumento em diversos impostos com o fim de atender à realização de um plano de obras, encontrou uma forte resistência por parte do Legislativo. Derrotado e desgastado, após um ano e meio foi substituído pelo seu secretário do Interior, o coronel Dulcídio Espírito Santo Cardoso.

A prestação de contas do Executivo à Câmara de Vereadores relativa ao ano de 1953, apresentada pelo novo prefeito, torna-se um verdadeiro tratado das mazelas da cidade. O documento é redigido num tom que transpira constrangimento. Reconhecia que:

A mais cruciante das necessidades é a da água, problema que há longos anos aflige a população carioca, tornando-se cada vez mais grave, e que os administradores que me antecederam procuraram, com empenho, como também tenho feito, encaminhar para a solução definitiva.[16]

Ao procurar expor ao Legislativo as dificuldades que enfrentava na administração da cidade, faz referência ao "angustiante problema da falta de vagas nas escolas primárias"[17], e que para atenuar essa situação só fora possível concluir a construção de três escolas. Quanto ao problema da malha viária, a fim de que não ficasse em evidência a completa estagnação, destacaram-se os projetos elabo-

---

[16] Prefeitura do Distrito Federal. Mensagem apresentada à Câmara dos Vereadores. Prefeito Dulcídio Espírito Santo. 1954. Introdução.
[17] Ibid.

rados pelo corpo técnico da prefeitura, como o plano de construção do metrô,[18] do desmonte do morro de Santo Antônio, da avenida Perimetral, do túnel Santa Bárbara, da abertura de três túneis em Copacabana, da ampliação da rede de esgoto, da construção de habitações populares e do plano de obras para a água. Planos que, o próprio prefeito admitia, não se tornariam realidade a curto prazo, devido à

> [...] desproporcionalidade entre as tarefas sempre crescentes e os quase estacionários meios necessários ao seu desempenho. [...] Dificuldades que se antepõem ao aproveitamento total das dotações decorrentes de uma discriminação rígida e feita sem planejamento prévio[19].

Isto significava que, além da falta de recursos, havia uma administração feita na improvisação, que esbarrava na falta de coordenação e que tropeçava num orçamento pouco adequado à dinâmica estrutural. Torna-se ilustrativo dessa situação o fato de que nesse ano o DER-RJ não aproveitou as verbas disponíveis junto ao governo federal porque os estudos das obras, necessários ao requerimento dos fundos, não ficaram completos a tempo.

O engenheiro José Oliveira Reis, no seu livro *O Rio de Janeiro e seus prefeitos*, escrito de forma excessivamente elogiosa para com a prefeitura, admite que

> [...] os serviços públicos de modo geral ficaram piores, por vários motivos. Além da desorganização intrínseca, eles foram, por vezes, afetados por injunções de ordem política. Embora em alguns setores se tenha procurado organizar melhor para servir melhor, noutros, ao contrário, a deterioração chegou a um ponto de causar graves prejuízos à cidade. [...] Logo se fizeram sentir os malefícios da excessiva centralização na limpeza urbana e nos Distritos de Obras, que ficavam sem viaturas e caminhões para

---

[18] O plano de construção do metrô da Tijuca a Copacabana foi elaborado pela Société Générale de Traction et d'Exploration du Metropolitan de Paris, entregue à prefeitura num total de 18 volumes contendo todos os pormenores necessários para a imediata construção. O projeto, oneroso na época, ficou arquivado.

[19] Ibid., p. 219.

os respectivos serviços, ocasionando um mal-estar, inclusive pela falta de coleta de lixo domiciliar. [...] Desde o governo Mendes de Morais, que criou essa centralização, os serviços municipais, que dependiam sobretudo do transporte, passaram a definhar na sua produção e a conservação e manutenção dos logradouros praticamente ficaram abandonadas.[20]

No entanto, com a finalidade de equilibrar as finanças e se tornar capaz de realizar investimentos, alguns trunfos importantes foram obtidos pela prefeitura nas duas gestões posteriores que merecem ser destacados, principalmente pela repercussão que tiveram na década seguinte.

Primeiramente gostaríamos de destacar o projeto 120-B, enviado pelo prefeito Alim Pedro[21] e que se transformou na lei nº 820, de 22 de julho de 1955. Abordando os mais diversos assuntos, o ponto de maior importância foi sem dúvida o artigo 52, com a aprovação do aumento de 48,15% na alíquota do IVC, que passou de 2,7% para 4%, válido a partir de janeiro de 1956. Isso representou um aumento real na arrecadação desse imposto de 44,94%, que veio a se tornar responsável por 70% de toda a receita tributária. O segundo ponto, que já se tornara uma praxe, muito discutível pelo efeito pernicioso que trazia, foi a autorização para a emissão de apólices até o montante de Cr$3 bilhões, o que representava quase metade da arrecadação da prefeitura em 1955.[22]

Além do aumento de impostos, ficava o Executivo autorizado a construir o metrô, realizar o desmonte do morro de Santo Antônio, iniciar a construção das avenidas Radial Oeste, Norte–Sul e Portuária, de dois hospitais, do elevado da avenida Perimetral, concluir as obras da avenida Brasil, montar usinas de lixo, instalar

---

[20] Reis (1977: p. 129).
[21] Alim Pedro entrou para o quadro de engenheiros da prefeitura em 1934. Foi diretor de Limpeza Urbana no governo Henrique Dodsworth e secretário de Viação na administração João Carlos Vital.
[22] O uso desse crédito acabou sendo feito pelo próximo prefeito para saldar dívidas com pessoal e desapropriações. Cf. Guanabara (1960: p. 24).

ônibus elétricos, abrir o túnel rua Uruguai–Gávea e diversos outros projetos.

A pergunta que naturalmente surge é: como Alim Pedro conseguiu o que fora negado a João Carlos Vital? Por um lado, a situação financeira da prefeitura e estrutural da cidade se agravava a cada ano e urgia uma mudança. Como exemplo dessa situação, durante a administração Alim Pedro, em julho de 1955, o Rio de Janeiro foi sede do XXXVI Congresso Eucarístico Internacional, evento religioso de grande projeção e que atraía um grande público do país e do estrangeiro. A situação do abastecimento de água era tão crítica que se previu a necessidade de reforçar a adução da cidade com 120 milhões de litros diários para que ela não faltasse durante o Congresso. Para realizar uma obra pontual que remediasse esse problema e evitasse um vexame e um desastre, o Executivo, sem receita, precisou obter a concessão de um empréstimo da Caixa Econômica Federal.

Por outro lado, uma receita maior permitia uma despesa maior, isto é, liberação de verbas que seriam usadas em troca de favores na negociação com a Câmara e o Senado. Essa negociação, no entanto, acabou saindo cara demais e resultou no fracasso operacional da lei nº 820/55. Algumas das razões para esse insucesso estavam dentro da própria lei, que transpirava vulnerabilidades e concessões em demasia ao jogo político.

O artigo 50, por exemplo, isentava do pagamento do IVC o emprego de materiais por empreiteiros ou construtores. O volume de receita que deixou de ser arrecadado foi enorme. O setor da construção civil respondia por mais de 60% dos investimentos realizados na cidade e o *lobby* formado conseguiu um privilégio que afetava a arrecadação tributária significativamente.

Fora aprovado também um abono especial para os servidores da prefeitura, da Câmara dos Vereadores, do Tribunal de Contas e do DER-RJ. Tornara-se uma das questões mais polêmicas de todo o projeto. Como conseqüência desse aumento com pessoal, uma parte considerável dos investimentos já ficava comprometida antecipadamente. Observe-se que a longa relação dos projetos aprovados contrasta com a pequena relação de obras que efetivamente saíram do papel, avançaram ou foram concluídas. O plano de obras, idêntico ao elaborado pelo prefeito Espírito Santo Cardoso, necessitaria ser novamente apresentado, dois anos depois, por ocasião da reforma do prefeito Negrão de Lima. Conseqüentemente, o forte aumento tributário que fora aprovado tornara-se simplesmente uma justificativa para o aumento de despesas e gastos com pessoal, permanecendo quase inalterado o desequilíbrio das finanças, motivo original da reforma. De qualquer forma, a lei nº 820/55 foi um avanço, ao dotar a prefeitura de uma melhor estrutura tributária, e teria seu efeito potencializado a médio prazo.

Ainda nessa administração foi realizado também um estudo de criação de subprefeituras na cidade. Essa medida, que descentralizaria a administração e poderia ter sido de grande auxílio, acabou sendo arquivada. Para tal destino contribuíram os vereadores cujas bases se situavam em bairros específicos da cidade. Eles temiam perder poder de barganha junto a seus eleitores, que encontrariam nessa nova estrutura um caminho alternativo para alcançar suas demandas.

O segundo trunfo obtido ocorreu durante a gestão Negrão de Lima[23], que assumiu a prefeitura em março de 1956. O novo prefeito pôde então constatar que:

[...] com as verbas consignadas nos orçamentos seriam necessários 60 anos para completar o desmonte do morro de Santo Antônio, 50 anos para a abertura da avenida Radial Oeste, 80 anos para a conclusão da avenida Perimetral e 115 anos para o carioca transitar pelo túnel Catumbi–Laranjeiras (Santa Bárbara).[24]

---

[23] Negrão de Lima, entre outros cargos que ocupou, foi secretário de Administração no governo Mendes de Morais e procurador no Tribunal de Contas da prefeitura.
[24] Guanabara (1960: p. 24).

Além disso, para agravar a situação, os vereadores — que acusavam o prefeito de ter elaborado uma manobra na qual, após extinguir 406 funções, criava outras 530, onerando novamente a folha de pagamentos[25] — apresentaram e aprovaram uma lei concedendo reajuste aos servidores municipais do Distrito Federal nos mesmos níveis do funcionalismo federal. Em um único ato, as despesas cresciam nesse ano em torno de 20%. A indexação do aumento, feita num momento em que a inflação crescia significativamente, tornou-se especialmente nociva para as contas municipais. Os aumentos do funcionalismo federal eram cobertos com emissão de moeda, recurso de que a prefeitura, para os mesmos aumentos, não dispunha.

Nesse mesmo ano, Juscelino, num discurso no programa *A Voz do Brasil*, se dizia sensibilizado com a situação da capital:

> Ao povo desta cidade, quero informar que vou atender aos reclamos do prefeito Negrão de Lima, no sentido de facilitar-lhe o financiamento para a realização de obras fundamentais para a população desta capital, tais como as grandes avenidas de interpenetração, ligando a zona norte e a zona sul, a fim de descongestionar o tráfego urbano. Como é evidente, não se trata de obra suntuária, mas de medida urgente em socorro da capital da República, ameaçada de estrangulamento pelo aumento sempre crescente do tráfego.[26]

Na verdade, os reclamos do prefeito não foram ouvidos. Pelo contrário. Nesse mesmo ano Juscelino baixou uma portaria estabelecendo a obrigatoriedade de aprovação, pelo próprio presidente, de qualquer nomeação efetuada pelo prefeito. Essa medida amarrava e fragilizava ainda mais a posição deste. Acuado, Negrão de Lima enviava, em fevereiro de 1957, uma carta pessoal dirigida ao presidente — com quem cultivava uma longa amizade — expondo

---

[25] Almeida (1996: p. 166).
[26] Ibid., p. 25.

suas angústias. Lembrou-lhe que os gastos com o funcionalismo consumiam toda a receita e que, se os aumentos fossem pagos em dia, a receita não seria suficiente para todos os servidores. Mas o objetivo da carta não era somente se lamentar. Com receio de prejudicar sua carreira política, caso o governo federal não concedesse ajuda substancial imediata, pedia que fosse substituído do cargo de prefeito a fim de não desmerecê-lo diante da opinião pública. Argumentava ainda que, estando liquidado politicamente, isso afetaria também a imagem do próprio presidente, e propunha que pusesse no seu lugar "um outro sem compromissos com a opinião pública"[27]. O pedido de demissão não foi aceito por JK, que o manteve no posto e não concedeu a "substancial ajuda".

Sem alternativa, em setembro de 1957, Negrão apresentou à Câmara de Vereadores a "Mensagem" nº 53 com o anteprojeto de lei que criava o Fundo Especial de Obras Públicas. Como visto anteriormente, neste mesmo capítulo, o anteprojeto encontrou oposição e foi alterado significativamente. A lei nº 899 de 28 de novembro de 1957 aprovava a criação de um fundo formado por 10% de vários tributos, que a prefeitura teria de depositar no Banco da Prefeitura e seria administrado por uma nova autarquia recémcriada, a Superintendência de Urbanismo e Saneamento (Sursan). Também mais uma vez, a nova lei concedia autorização para a Sursan realizar operações de crédito de até Cr$3 bilhões, a fim de que as obras pudessem ser mantidas com independência de flutuações de receita. Em paralelo ao projeto de lei, a prefeitura instituiu a famosa campanha "Seu talão vale um milhão", que obteve bons resultados no esforço de diminuir a sonegação fiscal.

Conforme previsto na "Mensagem", a lei nº 899 também aprovava um plano de obras, praticamente idêntico ao de Espírito Santo Cardoso e Alim Pedro. A maior parte dessas obras, que já vinha

---

[27] Carta pessoal a JK em 23-2-1957. Arquivo pessoal Negrão de Lima. CPDOC. FGV. Doc. Nl 56.3.22.

se arrastando ao longo da década, recebeu um novo impulso, e algumas chegaram a ser concluídas até o fim de 1960, como a construção de 78 novas escolas, o túnel Barata Ribeiro–Raul Pompéia, a conclusão do elevado da Perimetral e o desmonte do morro de Santo Antônio, que deu lugar à inauguração da avenida Chile por JK e cuja terra foi utilizada efetivamente no aterro do Flamengo. No entanto, esse impulso foi menos intenso do que se previa. Obras importantes — o túnel Santa Bárbara talvez seja o símbolo dessa situação, pois atravessou a década sem ser concluído — continuavam inacabadas.

Em 1959, na prestação de contas referente ao ano de 1958 feita pelo novo prefeito Sá Freire Alvim, mesmo descontando o curto período de tempo, percebem-se ainda alguns sinais de estagnação: a rede de esgoto fora ampliada em apenas 11 quilômetros, tornando-se necessário apelar para ligações com a rede de águas pluviais, medida inadequada que comprometia rios, lagoas e praias; os problemas de adução de água não foram amenizados. Apesar da criação da nova autarquia, o prefeito reconhecia "as dificuldades e os atrasos que atingem as demais obras públicas, em virtude da constante alteração nos preços de material, da carência do mesmo no mercado e da fixação dos novos níveis de salário"[28].

Na verdade, a prefeitura não conseguiu depositar a quantia prevista na conta da Sursan nos dois anos seguintes à sua criação, em 1958 e 1959, e a dificuldade no pagamento às empreiteiras acarretou a paralisação de todas as obras — não só as da autarquia, como de todas as secretarias — no primeiro trimestre de 1960, o último da prefeitura. Conforme análise feita dentro do Fórum Paulo de Frontin ao final desse mesmo ano por Marcos de Souza Dantas, economista que trabalhou no governo do estado de São Paulo, a prefeitura

[...] *demorava 3, 4, 6, 10 meses para pagar, nunca se sabia. Se sabe é que, recentemente, os empreiteiros do aterro do Flamengo suspenderam*

---

[28] Prefeitura do Distrito Federal. Mensagem à Câmara do Distrito Federal, 1959, p. 44.

os seus serviços, fizeram greve porque estavam na espera do desembolso de centenas de milhões de cruzeiros há muitos e muitos meses"[29].

A situação crítica do início de 1960 só foi resolvida no segundo semestre, não com os recursos ordinários da Sursan, mas quando a prometida ajuda de Juscelino afinal foi creditada na conta da prefeitura.[30] Com Cr$3 bilhões, que representavam cerca de 30% de todo o investimento no exercício, a serem gastos exclusivamente em obras, foi possível retomar os trabalhos paralisados e concluir parte deles.[31]

A conturbada relação da prefeitura com as empreiteiras e a descontinuidade das obras também se explicam pelo modo como corria a tramitação legal vigente. Inicialmente redigia-se um edital da obra estipulando o valor que seria pago por ela. O valor estava vinculado a uma verba aprovada no orçamento elaborado no ano anterior. O edital era encaminhado ao Tribunal de Contas para registro prévio. Uma vez autorizado, o que poderia levar meses, era aberta a licitação e, terminado o prazo para a concorrência se apresentar, estudavam-se as propostas e escolhia-se uma construtora. Elaborava-se então um contrato entre a prefeitura e a construtora vencedora, que novamente deveria ser enviado para registro no Tribunal de Contas. Somente após sua aprovação, que poderia levar mais alguns meses, era permitido dar início às obras. Nesse momento, o valor para realizar a obra, depreciado pela inflação, tornava-se insuficiente. Para completar a quantia, tornava-se necessária uma autorização do Legislativo para créditos suplementares. Mais alguns meses poderiam passar até que fosse recebida a aprovação da Câmara, que poderia ser dada apenas para uma parcela do valor requisitado, o que exigi-

---

[29] Jornal *Correio da Manhã*, Suplemento Especial Fórum Paulo de Frontin, p. 29.
[30] Lei federal nº 3.808 de 1 de setembro de 1960, que "autoriza o Poder Executivo a prestar uma contribuição financeira ao estado da Guanabara, até o montante de Cr$3 bilhões, para aquisição de equipamentos, realização de obras e instalações a cargo do seu governo".
[31] Segundo conta Lacerda em *Depoimento*, Sette Câmara aceitou o seu pedido quando ainda era candidato ao governo para reservar algo em torno de Cr$1 bilhão para investimentos a serem realizados pelo próximo governo eleito. Cf. Lacerda (1977: p. 257-58).

ria um novo encaminhamento. Nesse meio-tempo, mesmo com a devida autorização, não seria incomum que faltasse caixa. Com tudo isso, a obra, que fora talvez apenas iniciada, ficava parada por falta de pagamento e sem previsão para ser retomada. Na melhor das hipóteses, descartando acordos escusos, as empreiteiras, acostumadas com o calote, se dirigiam para novas negociações com o preço superfaturado na esperança de, ao receberem parcelas, poderem obter a quantia de direito. Dentro dessa linha, ia um dos pareceres da Comissão de Justiça da Câmara:

> Há uma grande evasão de dinheiro público na execução de obras e nas compras de material. Tudo feito para a prefeitura fica muito mais caro, duas vezes, três vezes mais caro, e tudo é demoradíssimo. [...] Nossa administração local tem levantado vários recordes mundiais de lentidão.[32]

Se a mudança fiscal produzida nos últimos dez anos não foi suficiente para obter os efeitos desejados, é preciso reconhecer que foi possível realizar uma importante diminuição da dívida fundada.[33] Não foi possível encontrar dados que explicassem com mais profundidade como foi realizado esse saneamento, dada a crise financeira que se vivia. O que se sabe é que a dívida fundada em 1946 respondia por 136% da receita, diminuindo em 1952 para 30% e em 1959 para 9%. O fardo da dívida seria poupado ao Executivo no início do novo estado.

5. OS PROJETOS QUE NÃO SAÍAM DO PAPEL

Com o intuito de ampliar nossa análise administrativa sobre o período, dirigir-nos-emos com mais atenção para alguns dos projetos pertinentes à prefeitura.

---

[32] Parecer da Comissão de Justiça, Segurança e Turismo à Mensagem nº 53/57 do Chefe do Executivo do Distrito Federal, p. 16, 14-10-1957. Arquivo da Câmara de Vereadores.
[33] Dívida fundada: montante total das obrigações financeiras assumidas em virtude de leis, contratos, operações de crédito etc. para amortização em prazo superior a 12 meses.

Na administração de pessoal, o Distrito Federal possuía um número elevado de funcionários, que em 1960 totalizavam em torno de 75 mil servidores. Segundo o geógrafo Pedro Lamego, estudioso do Distrito Federal e do estado do Rio, entrevistado na série de reportagens "O que será do Rio?", 90% da arrecadação destinavam-se ao pagamento do funcionalismo.[34] Um parecer da Comissão de Justiça da Câmara também aponta para o mesmo percentual.[35] Já o documento elaborado pelo governo Sette Câmara afirma que em 1959 o gasto com pessoal teria ficado em 72% da receita.[36] É bem possível que ambos os índices estejam corretos na medida em que nos anos em que houve aumento dos servidores federais — em geral a cada dois anos —, devido à lei de equiparação, os gastos de pessoal na prefeitura assumiam valores vertiginosos. De qualquer forma, mesmo o patamar inferior de 72% já indica um gasto excessivo.

Mais grave que o inchaço no funcionalismo era o critério adotado para admissão. Conhecido até hoje como "pistolão", o funcionário admitido por indicação de políticos e não por competência era nefasto para o funcionamento eficaz dos órgãos públicos. Um exemplo notório era o corpo de procuradores, posto cobiçado devido ao alto salário e prestígio da posição, usado habitualmente como moeda do jogo político, chegando a ter vaga ocupada por filho de um governador de outro estado.[37] Como conseqüência, Célio Borja recorda que quase todas as causas no período foram perdidas pelo poder público.[38] Essa informação é ratificada por

---

[34] *Correio da Manhã*, "O que será do Rio?", 19 de julho de 1958, p. 1.
[35] Parecer da Comissão de Justiça, Segurança e Turismo à Mensagem nº 53/57 do Chefe do Executivo do Distrito Federal, 14-10-1957. Arquivo da Câmara de Vereadores.
[36] Guanabara (1960: p. 28). Cálculos feitos pelo autor com base nos dados presentes no texto.
[37] Jornal *Correio da Manhã*, Suplemento Especial Fórum Paulo de Frontin, 1960, p. 35.
[38] Borja, Célio. Entrevista concedida ao autor em 23-3-2004. O entrevistado acrescentou que, com a instituição de concurso e a entrada de novos procuradores, a situação se inverteu no governo Lacerda.

Sette Câmara, que apresenta uma sucinta relação das despesas determinadas por sentenças judiciais: até 1952, a prefeitura teve de pagar Cr$50 milhões e, de 1953 a 1959, essa quantia subiu para Cr$1,415 bilhão[39]. Mesmo descontando a inflação do período, permanece um acréscimo acentuado.

Se o funcionário entrava por "pistolão", ele não iria para qualquer cargo ou para qualquer lugar. A distribuição de pessoal feita dessa forma acarretava novos problemas para a administração local. O próprio Sá Freire Alvim admitia numa das mensagens enviadas em 1959:

> [...] encontramos a prefeitura do Distrito Federal, ao assumir a direção do Executivo da cidade, em uma situação totalmente anômala, no que respeita à distribuição e lotação do pessoal. Na maioria dos casos, as tabelas existentes, se do ponto de vista quantitativo não apresentavam lacunas, no campo da adequação do servidor às diferentes especialidades, ao contrário, era deficiente o panorama com que nos deparávamos.[40]

Uma conseqüência direta dessa atitude era que o "pistolão" trabalhava no centro ou na zona sul da cidade, enquanto que os demais, independentemente do tempo ou dos méritos obtidos, permaneciam na periferia aguardando uma vaga para serem remanejados.

No entanto, havia nos órgãos públicos cariocas algumas ilhas de excelência, como era o caso do corpo de engenheiros, que concentrava um pessoal técnico altamente qualificado. Pela própria natureza da função, um pequeno número era suficiente para formular inúmeros e variados projetos envolvendo a construção de adutoras, abertura de túneis, vias expressas — como o posteriormente famoso túnel Rebouças —, aterros e até emissários submarinos para o despejo de esgoto. Considerando que os projetos

---

[39] Guanabara (1960: p. 28).
[40] Prefeitura do Distrito Federal. Mensagem à Câmara do Distrito Federal. 1959, p. 7.

não eram implementados por falta de recursos, a existência de um contexto politicamente fragmentado e fortemente clientelista, onde os critérios de promoção e as decisões a serem tomadas, embasados por motivos políticos, comumente colidiam com as soluções racionais, contribuía-se inegavelmente para uma perda de motivação por parte do corpo mais capacitado da administração pública local.

Outro setor que adquiriu uma grande importância dentro da prefeitura foi o Departamento de Águas, que tinha a difícil e importante tarefa de resolver o problema de abastecimento da cidade. Em 1945, já apresentando um déficit de adução diário de 180 milhões de litros, o serviço deixou de pertencer ao governo federal e passou para a prefeitura, que criou o Departamento de Águas e Esgotos, não como um órgão autônomo como era na administração federal, mas subordinado à Secretaria Geral de Viação. Tendo migrado por diversos órgãos do Executivo federal, e depois pela administração municipal, a coordenação das operações fora gravemente prejudicada. Nesse sentido, para compreender o modo como o departamento estava estruturado, é relevante o depoimento do engenheiro Ataulpho Coutinho, funcionário desse departamento por muitos anos, no Fórum Paulo de Frontin.

O Departamento de Águas tem conservado em linhas gerais uma organização de seus serviços na base da reforma de 1924, quando foi a antiga Repartição de Águas e Obras Públicas transformada na Inspetoria de Águas e Esgotos. Aquela organização, além de, na época, já não atender ao caráter tipicamente industrial do serviço de abastecimento d'água, foi posteriormente despojada de seus órgãos próprios de pessoal, material e transporte, perdendo, assim, a relativa autonomia administrativa que possuía. Realmente, em lugar de ser ampliada a sua estrutura interna, de modo a acompanhar o vertiginoso incremento de suas responsabilidades, o que se tem presenciado é um constante minguar de recursos administrativos e técnicos, que se revela publicamente através da ineficiência com que o atual Departamento de Águas se desincumbe de seus vastos e primordiais encargos para a vida da cidade. [...] Não só a parte admi-

nistrativa de sua organização propriamente dita é deficiente. O problema do pessoal também concorreu para prejudicá-la grandemente. Feliz, ou infelizmente, participei muito de perto do Departamento de Águas, do problema do seu pessoal. Senti, ao vivo, quão diferente deve ser a maneira de encarar o assunto e quão fácil seria resolvê-lo, em face de sua relevância.[41]

Além da deficiência administrativa, a estrutura tarifária era completamente fora dos padrões vigentes, sendo amplamente insuficiente para as necessidades do setor. Em 1960, a arrecadação resultante da taxa em vigor — mantida em Cr$0,50 por metro cúbico desde 1947 — cobria apenas 25% da estimativa orçamentária para as despesas de pessoal, manutenção e operação dos serviços. Se não havia receita para pagar os funcionários, ou para a simples manutenção do sistema existente, a possibilidade de conseguir realizar investimentos para ampliar a adução e distribuição com recursos do departamento era absolutamente nula. A tarifa era a mais baixa de todo o Brasil e de toda a América. A cidade de São Paulo cobrava Cr$5,00 por metro cúbico de água, valor dez vezes mais alto. Um dia de trabalho de um operário carioca que ganhasse um salário mínimo pagava 480 dias de água.[42]

O problema tarifário não ocorria somente com a água. Pelo modo como se encaminharam os contratos com as concessionárias de serviços públicos ao longo dos anos, as tarifas foram ficando completamente ultrapassadas. Impedidas de reajustar seus preços, sem condições para investir na reposição e ampliação, as empresas foram operando com equipamento obsoleto, depreciado e insuficiente. O relatório da Capes elaborado em 1959 apontava: "estradas de ferro sucateadas, carregando o dobro de passageiros permitidos; [...] bondes, ônibus e lotações em situação alarmante;

---

[41] Jornal *Correio da Manhã*, Suplemento Especial Fórum Paulo de Frontin, 1960, p. 11.
[42] Ibid., p. 11.

porto insuficiente e desaparelhado; graves problemas de energia elétrica."[43] Pode-se acrescentar a essa relação os telefones operando com poucos troncos a partir de centrais antigas.

O esgoto chegara à cidade em 1857 por concessão a uma empresa inglesa, a City. Esta instalara em 1863 a terceira estação de tratamento de esgotos do mundo e ampliara a rede de esgotos até o bairro do Encantado, na virada do século. Ao longo das últimas décadas também sofrera do mesmo mal tarifário e, em 1947, quando venceu a concessão e a prefeitura assumiu a direção, o sistema já estava gravemente deficiente. Em 1960, a rede ainda estava no Encantado, atendendo a 30% dos logradouros públicos, e a rede de tratamento ainda utilizava a mesma técnica do século XIX — enquanto a técnica sanitária já havia evoluído significativamente — e, por isso, despejava esgoto *in natura* no entorno do Pão de Açúcar. Segundo Enaldo Cravo Peixoto, diretor do Departamento de Esgotos Sanitários, "a análise colimétrica de nossas praias estarreceria qualquer técnico estrangeiro e, principalmente, americano"[44].

Os projetos da malha viária, juntamente com a adução de água, foram os prioritários para a prefeitura. Ao longo do nosso estudo foi possível constatar os esforços realizados nesse setor para obter recursos, os planos desenvolvidos, os avanços e recuos processados. Portanto, não sendo necessário expor novamente esses projetos, pretendemos apenas analisar de uma forma mais global o urbanismo carioca nos anos 1950,[45] considerando o que permaneceu na memória do carioca ao longo dos anos subseqüentes.

Em contraste com uma memória que hoje procura nos apresentar os anos 1950 no Rio de Janeiro como uma época de *glamour*,[46]

---

[43] Capes (1959: p. 57; 59; 62; 65-6; 69-70). O mesmo operário de salário mínimo ganhava por dia o suficiente para pagar 180 dias de energia elétrica para sua casa.
[44] Jornal *Correio da Manhã*, Suplemento Especial Fórum Paulo de Frontin, 1960, p. 10.
[45] Para uma visão dos especialistas e da imprensa, cf. a série "O que será do Rio?" e Fórum Paulo de Frontin, citados neste capítulo.
[46] Cf. reportagem de capa da revista *Veja* em 20 de abril de 2005 com a manchete: "Saudades do Rio... as fotos e as histórias do passado glorioso."

entendemos que o urbanismo nos anos 1950 tenha se caracterizado principalmente por um esforço, que ficou mais no papel do que no concreto, por acompanhar a acelerada mudança por que passava a capital do ponto de vista social e econômico. Caracterização que se originou a partir de uma série de obras, visíveis por toda a cidade, que se arrastaram por diversas administrações, sem serem concluídas. O plano da avenida Radial Oeste, por exemplo, foi elaborado ainda na administração Henrique Dodsworth, durante o Estado Novo, e passou pelos anos 1950 entre problemas com desapropriações e falta de caixa. O desmonte do morro Santo Antônio, que começou a ser gestionado em 1950, terminou somente em 1959 após quatro anos praticamente paralisado. O viaduto Ana Néri, obra que não oferecia maiores dificuldades, foi palco de várias inaugurações de pedra fundamental. A criação de um simples departamento como o de Engenharia de Tráfego, importante para a coordenação e solução de um trânsito que se tornara crítico, levou dois anos para ter o registro aprovado pelo Tribunal de Contas, em 1956, e somente começou a funcionar em 1959. O projeto de introduzir ônibus elétricos em alguns lugares da zona sul foi elaborado em 1955, começou a sair do papel no final de 1958 para logo a seguir ser paralisado e somente ser retomado em 1960, sem chegar a ser concluído.

Teoricamente, foram anos de um urbanismo racional, baseado em soluções de engenharia, com destaque para a abertura de vias expressas. Os anos 1960 terão exatamente o mesmo enfoque, no entanto as obras saíram do papel para a vida de forma mais extensa e intensa.

6. UM BALANÇO DA DÉCADA

A performance da prefeitura do Distrito Federal na sua última década deve ser avaliada e matizada por uma série de fatores que, sinteticamente, gostaríamos de apontar.

Primeiramente, encontramos nesse período um governo federal numa estrutura politicamente fragilizada. Basta recordar a crise política em torno de Vargas e a turbulência ocorrida até a posse de JK e comparar com a situação que havia em épocas anteriores, quando as reformas urbanas ocorreram com Pereira Passos ou Henrique Dodsworth. Economicamente, havia outras prioridades como a construção de Brasília e a instalação do parque industrial em São Paulo. A possibilidade, portanto, de contar com auxílios federais num volume capaz de anular os déficits de serviços públicos estava descartada.

Em segundo lugar, como não havia uma relação entre investimento em obras locais e voto, de forma especial para o governo federal, carecia-se de um incentivo que forçasse a sua atenção para a cidade.

Dentro do próprio Distrito Federal, o executivo local tinha de negociar a aprovação e realização de seus planos junto a um conturbado jogo de interesses com vereadores e senadores, além de enfrentar o rígido controle legal e contábil que havia sobre a administração pública.

O prefeito, demissível *ad nutum*, não dispunha de um mandato que lhe conferisse estabilidade e mesmo autoridade para governar. Como fruto dessa estrutura política *sui generis* e das crises nacionais — como o suicídio de Vargas, a novembrada de 1955 —, os prefeitos se revezaram no poder num tempo inferior a dois anos em média.[47] Isso significa que os planos e prioridades de uma gestão eram interrompidos ou alterados mal nasciam. Além da descontinuidade administrativa, o prefeito assumia com um orçamento elaborado pelo seu antecessor e, ao tempo de ter entregue a sua proposta para o exercício seguinte e conseguir a aprovação pelo Legislativo, era substituído por um novo nome. João Carlos Vital somente governou com seu próprio orçamento no ano de

---

[47] Foram quarenta prefeitos em 68 anos, sendo seis deles apenas nos anos 1950.

1952; Dulcídio Espírito Santo Cardoso em parte de 1954; Alim Pedro em nenhum ano; Negrão de Lima em 1957 e metade de 1958; Sá Freire Alvim no primeiro trimestre de 1960.

Conforme já mencionado, as taxas cobradas pelos serviços públicos desencorajavam investimentos por parte das concessionárias privadas e, para aqueles serviços que eram controlados pelo município, a situação chegava a ser absurda. Estes, por sua vez, não só careciam de recursos para investir como se tornavam um pesado ônus para as finanças públicas. Nas fontes pesquisadas, não encontramos nenhum indício de que tenha havido um esforço por parte da administração local para atualizar essas taxas. Segundo Hércules Correia[48], as taxas públicas eram congeladas atendendo à pressão de políticos locais. Ao mesmo tempo que se credenciavam com essas medidas de caráter popular, se beneficiavam provendo soluções pontuais às demandas de suas bases por melhores serviços públicos.

O esforço para obter mais recursos com aumento de impostos era minado por um acréscimo de despesa com pessoal, numa administração já saturada pelo excessivo contingente de servidores. Tendo obtido, de uma só vez, em apenas um ano, um aumento de 40% no principal tributo, o IVC, não se conseguiu alterar o quadro de estagnação dos investimentos públicos. A criação da Sursan, principalmente por ser um órgão da administração descentralizada, representou um avanço, acelerando os projetos em andamento. No entanto, devido à curta duração de sua gestão sob comando da prefeitura, torna-se impossível afirmar com maior exatidão se ela, por suas próprias virtudes, iria operar com o dinamismo que a caracterizou durante o estado da Guanabara, quando foi a realizadora direta de toda a reforma urbana.

---

[48] Hércules Correia, político carioca, comunista, filiado ao PTB, foi eleito deputado estadual em1960 e 1962, sendo cassado em 1964. Entrevista concedida ao autor em 19-8-2004.

O Banco da Prefeitura, que poderia ter sido um importante agente de financiamento, era um banco apagado, com pouquíssimas agências e pequeno volume de depósitos. Não ocupava a lista dos cem maiores bancos do país e tornara-se um instrumento do jogo político para lotação de pessoal e concessão de financiamentos por indicação. Tampouco houve a busca de crédito junto a instituições nacionais ou estrangeiras que surgiram nesse período com o intuito de fornecer capital para financiamento de projetos, como o BNDE, a CEF ou o Banco Mundial. Torna-se relevante acrescentar que, dentro da pesquisa realizada pelo governo Sette Câmara, que gerou os "Subsídios para análise e planejamento da ação administrativa", era unânime nos consultados o apelo pela revitalização do banco e pela obtenção de financiamento junto a essas instituições.

Foi um período fértil em planos, que podem ser qualificados como audaciosos, ao mesmo tempo que desenhados com base em um diagnóstico correto dos problemas e elaborados com competência. Tendo em conta que não havia uma planta cadastral, nem estatísticas sobre a cidade, com projetos feitos sem coordenação e sem um planejamento mais amplo, o mérito do acerto torna-se maior. A maior parte acabaria sendo executada ao longo dos 15 anos seguintes, tendo se tornado marcos da paisagem urbana carioca e obtido sucesso naquilo a que se propunham. Isso manifesta mais uma vez a existência de um corpo técnico de servidores qualificados insulados nos quadros da prefeitura.

Por outro lado, o tipo de política de forte clientelismo praticada no Distrito Federal foi altamente nocivo para a administração da cidade. Seja pelo excesso de pessoal, pela alocação inadequada dos mesmos ou pela desmotivação que gerava no corpo de servidores. Permitiu-se uma interferência sem limites na administração da coisa pública, atingindo órgãos vitais para o seu funcionamento sadio. A política da troca de voto pelo emprego, do favor pessoal, alheia e contrária aos interesses específicos da cidade, tem o seu pior efeito em torno dos fatores intangíveis. São fatores difíceis de serem medidos, sutis, mas não por isso menos importantes. Dentre eles queremos destacar dois, que nos parecem extremamente relevantes na análise desse período: a ausência de uma liderança moral e a falta de eficiência.

Por liderança moral não nos referimos a um tipo de liderança carismática, mas à própria essência do seu conceito, enquanto fenômeno que permite influenciar e mudar uma estrutura organizacional, apoiado principalmente na exemplaridade. Com efeito, com um prefeito não eleito pelo voto e passível de demissão *ad nutum*, espremido entre os interesses da política local e federal, participando ativamente do processo clientelista, como refrear o empreguismo e outros tipos de pressões? Como catalisar as energias necessárias para superar os obstáculos difíceis que se antepunham? Como liderar?

Conexa a essa realidade apontamos também a baixa eficiência da máquina pública. Ela é causa e efeito de um mesmo processo, quando se abandona a lógica racional administrativa em prol de uma lotação de pessoal feita *ad hoc* para senadores e vereadores, quando não se rompe uma estrutura de operações arcaica, que se mostra inadequada para iniciar ou manter obras em andamento. No Fórum Paulo de Frontin, Eugenio Gudin chama atenção para este aspecto, que ele intitula inicialmente de produtividade e depois, equivocadamente, de técnica de administração, quando o termo mais correto seria o de eficácia ou eficiência.

> *O fato é que há um terceiro fator, além do capital e do trabalho, que tem uma grande contribuição para a formação e o incremento do produto. Esse fator, podemos chamá-lo produtividade; mas seria mais exato chamá-lo de técnica de administração. Os senhores, que são homens práticos, muitos já viram fábricas que estavam em estado de decadência e que, passadas às mãos de grandes administradores, ou de uma equipe de capacidade técnica administrativa, se reergueram em pouco tempo e voltaram ao estado de prosperidade. Quando comecei a minha carreira na prefeitura do Distrito Federal, ao tempo de Pereira Passos, com quem tive a honra de trabalhar, quando S. Exª. tomou conta da prefeitura do*

> *Distrito Federal, não havia quem acreditasse possível, com o funcionalismo municipal e nas condições em que se encontrava a administração, fazer boa administração. Fez; fez a maior que jamais foi realizada nesta cidade. O propósito de citar estes fatos é procurar pôr ênfase na questão da produtividade, na questão da formação de gente capaz de lhe ministrar, de técnicos capazes de obter resultado onde os outros incompetentes não obtêm.*[49]

Existiam ilhas de excelência no serviço público, mas por si só não bastavam para conferir eficiência à máquina pública, presas a uma estrutura deficiente, desprovidas do poder e da autoridade necessários para efetuar mudanças. É do conhecimento da ciência da administração que toda mudança organizacional exige, como condição prévia e necessária, um efetivo comprometimento por parte da alta administração.

Em resumo, é importante creditar à análise desse período da história da cidade o peso de uma estrutura política *sui generis*, de uma cultura clientelista profundamente arraigada e de uma administração pública extremamente ineficiente.

---

[49] Citado no jornal *Correio da Manhã*, 1-12-1960. Suplemento Especial Fórum Paulo de Frontin, p. 29.

CAPÍTULO III
ONDE LACERDA CONSEGUIU DINHEIRO PARA AS SUAS OBRAS?

1. CENÁRIO SOCIOECONÔMICO DA CIDADE EM 1960

De acordo com as três principais fontes, que consideramos como um termômetro da opinião pública naquela ocasião — a pesquisa recolhida em *Subsídios para análise e planejamento da ação administrativa*, realizada pelo governo Sette Câmara, a série de reportagens "O que será do Rio?" e o evento Fórum Guanabara, estes dois últimos organizados pelo jornal *Correio da Manhã* —, havia uma unanimidade no diagnóstico da cidade, nas causas dos problemas e nos remédios a serem aplicados. O que se pedia era um governo capaz de aplicá-los.

Dentre os problemas apontados podemos destacar o fraco desempenho da administração pública carioca, inchada de servidores; déficit elevado em quase todos os serviços públicos como água, esgoto, telefone, luz, escolas e hospitais; ausência de um banco ou de uma caixa estadual mais bem estruturados que oferecessem crédito; a falta de uma política clara e consistente para com a favela e o favelado; a necessidade de expandir uma malha viária que se encontrava completamente saturada. Numa palavra, havia a clara sensação de uma cidade desgastada, incapaz de atender às necessidades básicas de uma população que se orgulhava de viver na capital.

Célio Borja, secretário de governo da Guanabara, recorda a aflição que sentia na época:

A cidade havia chegado ao seu limite. Não havia água sequer para beber. Em 1959, com três filhos, eu precisava sair correndo para buscar água mineral até para lavar os dentes. Além disso, havia o problema da circulação na cidade. Ninguém andava mais na hora do rush. *Sair de manhã para trabalhar era uma aventura. Para chegar ao centro da cidade, de bonde, gastavam-se duas horas. De ônibus, a mesma coisa; o ônibus não andava, porque o bonde atravancava. [...] Em matéria de escola, ou de saneamento, ou de abastecimento de água, ou de assistência médica, era a mesma coisa. [...] Os prefeitos Mendes de Morais e Negrão de Lima já haviam alertado para a falência da cidade.*[1]

Segundo o tradicional discurso dos políticos cariocas, que se colocavam como legítimos representantes do sentimento do carioca, o governo federal, ao longo dos anos em que usufruíra o Rio como capital, não estivera atento aos problemas locais, cuidara mal da cidade e se despedira deixando-a com perdas que exigiam uma indenização.

O discurso de Lacerda na convenção da UDN que o lançou como candidato ao governo da Guanabara era um retrato dessa visão sobre a cidade. Para ele o carioca estava insatisfeito, com a sensação de estar vivendo numa cidade suja, desorganizada e sem dinamismo. Com o título *A cidade devastada e sua reconstrução*[2], o candidato traçava todo um panorama da crise, recheando cada tópico com números e estatísticas que davam a escala da situação. Lacerda se aproveitou desse quadro para construir sua campanha, prometendo transformar a *cidade ingovernável* numa cidade digna do *status* de capital e pronta para enfrentar as vicissitudes do futuro. A partir daí desenhava o seu programa de governo, indicando

---

[1] Motta (1999: p. 92-3). Cf. também o depoimento de Paulo Duque citado em Sarmento (1998: p. 82-3).

[2] Cf. Lacerda (1963: p. 145-167). Discurso em 30-7-1960.

as soluções que seriam aplicadas para cada problema. Ao comparar com a agenda proposta nos debates daqueles anos fica patente a similitude. Essa agenda propunha maciços investimentos em infra-estrutura urbana e uma política de desenvolvimento econômico local, tendo como instrumento propulsor uma máquina pública moderna e eficiente.

Em 1960, a cidade do Rio de Janeiro, com cerca de 3,3 milhões de habitantes, crescera quase 40% nos últimos dez anos[3] devido sobretudo a uma forte imigração. Com uma densidade populacional de 2,8 mil habitantes por quilômetro quadrado — sendo que na zona sul esse índice subia para 26,14 mil —, era permeada por 147 favelas que compunham 10% da população carioca, ou seja, 337 mil pessoas vivendo em 72 mil barracos. Era ao mesmo tempo a cidade que possuía o melhor índice de alfabetização do país (88%, sendo que a média nacional era de 54%) e o segundo maior parque industrial do Brasil. Um lugar não só de contrastes, mas também de especificidades. Sua população ativa se distribuía de forma única no país, como efeito evidente da sua condição de capital ao longo de duzentos anos: 73% da mão-de-obra pertenciam ao setor terciário e, destes, quase 17% trabalhavam no setor público, enquanto que o setor primário, num estado-cidade, tinha um peso desprezível, responsável por apenas 1,2% da renda.

A situação econômica do Brasil, e conseqüentemente da Guanabara, se ressentia de uma inflação que crescia a níveis nunca antes observados, passando da faixa de 30% anuais no início da década para a faixa de 90% no ano de 1964. Sem ter uma economia indexada, os valores previstos no orçamento para investimentos ficavam com freqüência completamente defasados em poucos meses, resultando em obras interrompidas por falta de dinheiro ou mesmo não iniciadas. O dólar também acompanhou a escalada inflacionária: desde o início do governo Lacerda, em janeiro

---

[3] População do Rio de Janeiro — 1920: 1.158.000; 1940: 1.764.000; 1950: 2.377.000; 1960: 3.307.163.

de 1961, a cotação subiu de Cr$224,00 para Cr$1.655,00 em dezembro de 1964, num aumento de 638%. O salário mínimo, no mesmo período, passou de Cr$9.600,00 para Cr$42.000,00, num aumento de 337%. A execução financeira da União era problemática, com os gastos públicos fora de controle, apresentando déficits superiores a 30% da despesa. O PIB caiu de 6,6% em 1962 para 0,6% em 1963, seu mais baixo nível desde o início da Segunda Guerra Mundial.[4]

A crise econômica era alavancada também pela crise política. E começou cedo, com a crise de agosto de 1961. Lacerda fora convidado a ir a Brasília conversar com Jânio Quadros. O presidente e seu ministro da Justiça sondaram-no e fizeram comentários que despertaram nele a convicção de que Jânio preparava uma manobra para governar com mais poderes, livre das amarras de um Congresso que não estava preparado para as reformas que pretendia implementar. De fato, Jânio chegou a perguntar pelo documento do "regime de exceção" que redigira em 1955.

Pouco após o retorno ao Rio, no dia 24 de agosto, Lacerda vai à televisão e faz um pronunciamento denunciando o que ele chamava de "golpe de gabinete". No dia seguinte, Jânio renuncia. Começava a crise de legalidade, com o país dividido entre os que aceitavam ou não a posse do vice-presidente João Goulart, e que só terminou no dia 7 de setembro com a aprovação de um regime parlamentar.

Com o governo Jango, sobretudo a partir de 1963, foi-se acirrando uma polarização entre os políticos de esquerda e as estruturas tradicionais de poder. Os discursos e os projetos de reforma se revestiam com cores de radicalismo. Com isso, os investimentos que dependiam de recursos externos ficavam congelados à espera de um futuro mais promissor. O anúncio de uma nova lei que limitava a remessa de lucros para o exterior, por exemplo, teve a sua

---

[4] Para mais dados, cf. Abreu (1990).

assinatura prorrogada até janeiro de 1964 — quando então se determinou o limite de remessa a apenas 10% do capital estrangeiro registrado. Essa expectativa prejudicou as economias dos estados mais industrializados.

Na Guanabara, a tensão se intensificava diante do forte antagonismo entre Lacerda e Jango. Em um momento era a crise de abastecimento da Guanabara, quando alimentos deixaram de ser entregues, depois houve a ameaça de intervenção no estado e de decretação do estado de sítio,[5] e até mesmo um destacamento militar chegou a ser enviado para tentar prender Lacerda. Somente em 1963 houve 57 greves na Guanabara, isto é, mais de uma por semana. Greves de cunho notadamente político e que apresentaram seus resultados na economia do estado: uma queda no consumo de energia elétrica de 9,3%. E a produção industrial, que em 1962 obtivera um crescimento de 5,4%, termina o ano de 1963 com apenas 2%.

Com o início do governo Castello Branco, o cenário econômico não apresentou melhorias para a economia da Guanabara. Durante os anos de 1964 e 1965, o Paeg conseguiu reverter a trajetória da inflação, mas com uma política econômica recessiva que afetou de modo especial a economia carioca. Houve uma perda de valor do salário mínimo[6] e um arrocho no crédito que afetou o parque industrial e o comércio.[7] Para o governo estadual, isso se traduziu numa sensível queda na arrecadação dos impostos.[8]

---

[5] Cf. em Motta, Marly Silva da. *A estratégia da ameaça: as relações entre o governo federal e a Guanabara durante o governo Carlos Lacerda (1960-1965)*. Texto CPDOC nº 25, 1997.

[6] Em fevereiro de 1964, o índice do salário mínimo real era de 126; em março de 1965, caiu para 103, e em março de 1966 baixou para 91. Cf. Abreu (1990), p. 217.

[7] O produto industrial caiu 4,7% em 1965, com relação ao ano anterior. As falências e concordatas triplicaram entre 1964 e 1966 no setor de vestuário, alimentos e construção civil (os dois primeiros eram setores-chave na economia carioca). Abreu (1990: p. 223).

[8] Cf. Estado da Guanabara. Magalhães, Dulce. *Contas da Gestão Financeiro-Patrimonial do Exercício de 1965*, 1966.

2. NOVO RIO: A CIDADE EM 1965

Em 5 de dezembro de 1960, Carlos Lacerda tomava posse no governo do estado da Guanabara. Ganhara uma eleição apertada, com apenas 35,7% dos votos, a 2,3% do segundo colocado, Sérgio Magalhães.

O campo político carioca se caracterizava pela intensa polarização entre a UDN e o PTB, relegando para os demais partidos, inclusive o PSD, uma representação secundária. Dentro desse cenário, os candidatos que mais se destacavam eram Lacerda pela UDN e Sérgio Magalhães pelo PTB.

No início da campanha, Lacerda disparou na frente graças ao seu eleitorado fiel. Mas à medida que as eleições se aproximavam, toda a máquina política que o PTB controlava, sobretudo nos bairros de classes C e D, foi angariando votos para Sérgio. E teria ganho, não fosse a candidatura do pitoresco Tenório Cavalcanti, imortalizado como "o homem da capa preta", na qual escondia a sua metralhadora, a "Lurdinha". Tenório crescera, ganhara fama e poder em Duque de Caxias, onde possuía um jornal local. Seu estilo único, as histórias que o envolviam em brigas e vinganças, seus discursos sensacionalistas contribuíram para lhe dar uma grande popularidade entre os cariocas de mais baixa renda. De fato, conseguiu um resultado expressivo, ficando em terceiro na disputa, com 22% dos votos e roubando a parcela de votos de que o petebista necessitava.

Precisamente nesse cenário, pouco convidativo para empreendimentos, foi que o governo da Guanabara obteve uma série de realizações que estão até hoje presentes na memória do carioca. Façamos aqui uma breve relação das melhorias mais significativas para que possamos compreender melhor o propósito deste capítulo. Ativemo-nos apenas aos aspectos mensuráveis, sem entrar no campo qualitativo, cuja apreciação é mais subjetiva.

No período de dezembro de 1960 a dezembro de 1965 foram obtidos os seguintes resultados: a construção de cerca de duzentas escolas primárias, correspondendo a 65% das escolas existentes até então; a construção e o crescimento em 30% da rede hospitalar; a edificação de cerca de 12 mil casas populares que receberam os moradores das favelas removidas; a abertura da adutora do Guandu, que exigiu a perfuração de um túnel na rocha com 43 quilômetros de extensão e permitiu a expansão da rede de água em novecentos quilômetros; a instalação de seiscentos quilômetros de esgotos, correspondendo a 60% do total que já fora instalado; a inauguração de 19 viadutos na cidade e a perfuração de 5,6 quilômetros de túneis; a remoção dos bondes e a introdução de seiscentos novos ônibus pela Companhia de Transportes Coletivos; a instalação de três usinas de coleta de lixo; a entrega do parque do Flamengo ao carioca.

Sem entrar no mérito da conveniência ou do acerto dessas realizações, podemos evidenciar um elemento comum: todos esses projetos exigiram grande soma de capital. De onde vieram esses recursos? O problema a ser discutido neste capítulo, com posse dos dados que foram conservados, sobretudo os resultados econômicos da gestão, é a procura de uma resposta menos ideológica e mais fidedigna de como o governo Lacerda conseguiu fazer esse volume de melhorias a ponto de se tornar um referencial na história da administração pública no Brasil.

3. PESQUISANDO A GUANABARA

A principal fonte que utilizamos neste capítulo é um conjunto de documentos intitulado "Mensagem à Assembléia Legislativa: programa de governo" e "Estudos cariocas". As "Mensagens" que pudemos consultar foram editadas entre 1962 e 1965, sempre em agosto, quando o Executivo apresentava à Assembléia sua proposta de orçamento. Havia duas versões: uma delas era a "Mensagem" propriamente dita, primorosamente impressa com sugestivos quadros e tabelas em cores, e a outra era um volume grosseiramente impresso conhecido como "Anteprojeto de lei".

O texto das "Mensagens" começava invariavelmente com uma carta do governador dirigida aos deputados, onde se fazia um resumo da gestão do governo e era pedida — no costumeiro tom contundente e desafiador — a colaboração dos legisladores para que aprovassem o orçamento. Numa forma alarmante, frisava a gravidade dos problemas do estado em setores como educação, habitação, esgotos, transporte e água. A parte narrativa, especialmente no que se referia ao desenvolvimento social e econômico, era muito ilustrativa: para cada setor havia um programa e propostas financeiras específicas, além de exposições detalhadas e com muitos gráficos do que fora feito desde o início do governo. O tom era claramente promocional.

Os "Estudos cariocas" foram elaborados pela Comissão de Planos e Orçamentos em 1965, dentro do programa de publicações do quarto centenário da cidade. Compostos de seis volumes, trazem estudos sobre as contas do governo, a situação da indústria e do comércio, estatísticas demográficas, análise do orçamento-programa e outros pontos de interesse do governo.

O uso dessas fontes requer uma crítica cuidadosa. Muito comuns nesses documentos são as tabelas com números da gestão econômica transportadas para gráficos muito bonitos, possibilitando a visualização espacial e instantânea de uma determinada informação que se quer destacar. No entanto, notamos que vários desses gráficos são traçados de tal forma — usando determinadas escalas — que escamoteiam certos aspectos menos interessantes para o governo e superdimensionam outros aspectos positivos.

O emprego de números requer também um cuidado especial por parte do historiador. Tanto as sentenças e os documentos como as equações e as estatísticas possuem o mesmo potencial para mentir ou pelo menos para ocultar fatos indesejáveis. É muito fácil usar índices, legítimos e verídicos, que jogam luz sobre um determinado aspecto e colocam uma sombra sobre muitos outros.

A alta inflação do período também requer cuidados, já que mascara qualquer comparação entre números de anos diferentes. Em diversas análises que fizemos foi necessário transportar os valores deflacionando-os para um período comum a fim de se chegar a uma conclusão com menos distorção. Cabe acrescentar também que a inflação impactava, de uma maneira que é difícil mensurar, na arrecadação dos impostos, no poder aquisitivo da população, nas operações de crédito etc.

Desde o início do governo, boa parte dos investimentos realizados se deu por meio de órgãos da administração descentralizada que são as autarquias, as fundações, as empresas públicas e as sociedades de economia mista, principalmente depois da reforma administrativa de dezembro de 1962. Essas instituições apresentavam um orçamento e uma contabilidade próprios. Não é possível analisar os investimentos realizados pelo governo nesse período sem levar em conta a contribuição desses órgãos. Dessa forma, sempre que utilizarmos números sobre despesas e investimentos, procuraremos assinalar se levam em conta somente a administração centralizada ou se incorporam também os dados da administração descentralizada.

A análise do orçamento de cada ano exige a diferenciação entre valores propostos pelo Executivo, valores aprovados pela Assembléia para o orçamento e os valores efetivamente arrecadados e gastos. Além disso, o orçamento somente se aplica na administração centralizada, e por isso os empréstimos recebidos do BID, cuja destinação recaía sobre os órgãos da administração descentralizada, não estão presentes nos resultados do orçamento do governo. Felizmente, em boa parte das análises elaboradas nos "Estudos cariocas" foram incluídos os valores da administração descentralizada, o que permitiu uma análise mais apurada.

O Executivo podia, por sua vez, com aprovação da Assembléia, promover operações de crédito, negociar títulos do Tesouro, realizar antecipação de receita, entre outras atividades com agentes financeiros, num regime extra-orçamentário. Nos exercícios de 1964 e 1965, as receitas e despesas extra-orçamentárias totalizavam entre 50% e 60% dos respectivos valores orçados. Esse tipo de operação visava fundamentalmente gerar caixa, diminuir o déficit previsto já no orçamento aprovado e contrabalançar os efeitos inflacionários.

Foi possível levantar dois relatórios junto ao Tribunal de Contas do Estado, contendo a análise das contas do governo da Guanabara nos exercícios de 1964 e 1965. Este tipo de fonte possui o viés próprio do ministro responsável pelo relatório e, portanto, pode-se observar nos relatórios o grau de simpatia ou antipatia que o autor nutria pela gestão Lacerda. De qualquer forma, é uma fonte oficial útil para fazer o contraste com os dados contidos nas "Mensagens" e nos "Estudos cariocas". As contas do exercício de 1965, apuradas no início de 1966, são sobremaneira importantes, já que por este ser o último ano do mandato, elas estão apenas esboçadas em "Mensagens" e permitem ver o comportamento financeiro no apagar das luzes do governo.

Podemos perceber que, apesar do esforço realizado na coleta de dados, alguns relatórios, como por exemplo as contas de autarquias e companhias estaduais, estão perdidos. Com a fusão da Guanabara e do estado do Rio, os arquivos e bibliotecas de órgãos públicos estaduais e municipais foram reorganizados e diversos documentos infelizmente descartados. Temos um quebra-cabeça no qual faltam algumas peças,[9] mas é possível ver a figura resultante e tirar algumas conclusões. É isso que pretendemos fazer a seguir.

4. AS HISTÓRIAS QUE TENTAM EXPLICAR

Ao ver a sua cidade virar um imenso canteiro de obras, o carioca, como é natural, não deixou de levantar hipóteses para a origem do dinheiro. Muito menos o jornal *Última Hora*, que tinha contas a ajustar desde 1954, e sobretudo o principal partido de oposição, o PTB. No radicalizado campo de luta política da Guanabara, Lacerda representava, para alguns, por tudo o que ocorrera na sua tra-

---

[9] Apesar de não possuirmos o balanço das autarquias, temos o montante recebido por elas dos empréstimos feitos no exterior e o montante investido em obras.

jetória, pela sua projeção nacional, o inimigo número um, aquele que era preciso ser abatido de qualquer maneira. Não era possível separar o governador do político. As ações do governo eram, antes de mais nada, ações políticas, ou seja, as questões locais eram freqüentemente inseparáveis do jogo político nacional. Conforme afirma um dos seus maiores opositores, Hércules Correia, sempre que havia uma questão com reflexo federal "tínhamos que ser do contra. Tentamos rejeitar suas contas porque isso era um problema federal, para torná-lo inelegível"[10]. E como as obras do governo eram o carro-chefe de uma campanha para o Planalto, elas precisavam ser combatidas ou, pelo menos, desvalorizadas.

Some-se a isso o antigetulismo, o anticomunismo e sua participação nos acontecimentos de 1964, que o tornaram ao longo das décadas seguintes uma *persona non grata*, e entenderemos melhor por que a sua fama de administrador foi posta em dúvida numa série de versões que tentam explicar como obteve recursos.

Entre as explicações mais comuns para a realização de grande número de obras destacam-se: a ajuda financeira que os EUA prestaram à Guanabara, por meio da Aliança para o Progresso, como um modo de prestigiar o governador que encabeçava a oposição ao temido governo de esquerda de Jango;[11] a dupla tributação es-

---

[10] Correia, Hércules. Entrevista concedida ao autor em 19-8-2004.
[11] Segundo o verbete "Carlos Lacerda" do *Dicionário histórico-biográfico brasileiro, pós-1930*. Abreu, Alzira Alves de; Beloch, Israel; Weltman, Fernando e Lamarca, Sergio Tadeu de Niemeyer (orgs.). Ed. FGV, 2ª ed., 2000, vol. III, p. 2.984 e 2.985:

> Assim como outros governadores hostis a Goulart, Lacerda recebeu substanciais auxílios financeiros do governo norte-americano. Com o progressivo deterioramento das relações dos Estados Unidos com o governo brasileiro, o presidente John Kennedy suspendeu todas as verbas da Aliança para o Progresso que pudessem ser utilizadas para financiar o déficit do balanço de pagamentos do Brasil. Além disso, a embaixada norte-americana passou a firmar acordos apenas com os governadores e prefeitos simpáticos às posições daquele país.

> Confira também o discurso de Lacerda em 8-11-1964: "No estado da Guanabara, cujas obras e serviços no meu governo, por assim dizer, acusados de serem financiados pelos americanos, convém que se saiba, [...]" Lacerda (1965: p. 24).

tadual e municipal, que teria beneficiado a Guanabara pelo fato de ser estado sem municípios; a ajuda do governo Castello Branco nos dois últimos anos de governo, período em que teriam sido impulsionadas e concluídas as obras mais conhecidas; o grande aumento dos impostos, que teriam onerado pesadamente o carioca; a consecução de empréstimos, que teria comprometido financeiramente gestões futuras. Essas respostas se sustentam quando confrontadas com os dados disponíveis? São capazes de explicar as realizações desse governo? Procuraremos analisar separadamente as diversas hipóteses.

a) Ajuda estrangeira à Guanabara

Simultaneamente à posse de Jânio e Lacerda, Kennedy assumiu o governo dos EUA e destinou um montante de recursos a serem aplicados em programas sociais nos países subdesenvolvidos e em desenvolvimento. O governo Lacerda, desde o seu início, apresentou diversos projetos junto ao Banco Mundial e ao longo do mandato conseguiu obter essa ajuda.

O total dos empréstimos concedidos, convertendo-se para cruzeiros, estaria, *grosso modo*, em torno de Cr$50 bilhões. Cerca de 60% foram obtidos para trazer água para a cidade através da construção da adutora do Guandu, 20% para a ampliação da rede de esgotos e o restante para a construção de hospitais e outros investimentos de menor porte.

Os primeiros contratos foram assinados em meados de 1962 e os últimos no fim de 1964 e início de 1965. Os empréstimos obtidos cobravam uma taxa de juros em torno de 4%, bem abaixo do padrão comercial internacional vigente — a Caixa Econômica, por exemplo, emprestava com juros de 16% —, e a cobrança da dívida se distribuía ao longo dos trinta anos seguintes, permitindo parcelas anuais menores. Além disso, o desembolso não era feito imediatamente, mas em parcelas, à medida que as obras avançavam, e, pelo contrato assinado, cabia ao governo entrar com, pelo menos, a mesma quantia, formando uma parceria com a entidade estrangeira.

Além desses empréstimos, houve também doações que se deram basicamente por intermédio da AID e do Fundo do Trigo,[12] e que representaram cerca de 10% do total de empréstimos recebidos. Foram obtidos no início do governo e aplicados basicamente na construção de escolas e na urbanização e remoção de algumas favelas.

A decisão de se socorrer desses empréstimos advinha de uma série de fatores interligados. Como veremos adiante, o governo já tinha reajustado as alíquotas dos impostos; não tinha acesso, devido aos atritos e radicalismos com o governo federal, a uma linha de crédito interno fornecida por instituições comprometidas com esse fim, como era o caso do BNDE, da Caixa Econômica, do Instituto de Resseguros, dos Institutos de Previdência e do Banco do Brasil; o problema da água, principal programa beneficiado com os empréstimos, era um problema grave que afetava diretamente o cidadão e cuja solução era extremamente dispendiosa; as obras planejadas exigiam do governo gerar um caixa todos os meses a fim de honrar compromissos com as empreiteiras, que não hesitariam em paralisar as obras por falta de pagamento; resolver o problema da falta de água era um ponto importante da campanha de Lacerda ao governo da Guanabara e trampolim para a candidatura à presidência, isto é, estavam em jogo também importantes interesses políticos.

---

[12] AID: criada em 1961, foi uma repartição do Departamento de Estado dos EUA e reunia em torno de si todos os organismos desse país que tratavam do auxílio ao exterior. Dentro da natureza de empréstimos, a AID possuía diversas atividades: desenvolvimento econômico, cooperação técnica, ajuda privada e a Aliança para o Progresso, que promovia a cooperação técnica e financeira entre as repúblicas americanas através de programas de desenvolvimento econômico e social. Uma dessas linhas de empréstimo era a lei nº 480, que regulamentava os empréstimos ou as doações de recursos originados da comercialização dos excedentes agrícolas norte-americanos (Fundo do Trigo).

No entanto, as parcelas dos empréstimos que foram efetivamente recebidas, incluindo-se também as doações, até dezembro de 1964, ou seja, quase no final do mandato, foram de apenas 50% do valor total contratado.

Composição da ajuda externa direta à Guanabara efetivamente recebida Janeiro 1961 – dezembro 1964 (em mil cruzeiros)

Entidade beneficiada	Natureza do projeto	Agência beneficiadora	Cruzeiros
Sursan	Água e esgoto	Fundo do Trigo (D)	848.650
Cohab	Casas populares	Fundo do Trigo (D)	1.000.000
Cocea	Construção de mercados	Fundo do Trigo (D)	97.319
Secretaria de Educação	Construção de escolas	Fundo do Trigo (D)	2.300.000
Fundação Leão XIII	Melhorias em favelas	AID (D)	424.000
Cohab	Casas populares	AID (E)	1.750.000
Sursan	Água e esgoto	BID (E)	21.922.096
Total			28.342.065

(D) — Doações; (E) — Empréstimos.
Coordenação de Planos e Orçamentos — Comissão de Estudos Econômicos.
Fonte: Guanabara (1965a) — dados da Usaid e contabilidade da Sursan e do BEG.

Na prática, a ajuda estrangeira representou 42,7% do total desembolsado nas obras com a água, tendo o governo entrado com 57,3% dos gastos. Com as obras de esgoto, a ajuda estrangeira representou apenas 20% do total desembolsado, ficando os 80% restantes a cargo do setor público. Ambos formam apenas uma parcela específica dos projetos desenvolvidos pelo governo. O setor de Viação e Obras Públicas, por exemplo, que foi o mais dispendioso, não recebeu nenhum recurso externo.

Podemos fazer um comparativo entre os investimentos externos, os investimentos públicos e o total da despesa efetuada no período.

Investimentos públicos e empréstimos externos aplicados na Guanabara (em milhares de cruzeiros)

Anos	(A) Despesa realizada	(B) Investimentos	(C) Empréstimos externos	B/A (%)	C/A (%)	C/B (%)
1961	38.506.906	7.460.923	—	19,38	0,00	0,00
1962	71.946.195	15.135.240	2.618.373	21,04	3,64	17,30
1963	152.405.870	49.569.710	5.049.041	32,52	3,31	10,19
1964	323.286.040	112.280.239	20.674.691	34,73	6,40	18,41
61/64	**586.145.011**	**184.446.112**	**28.342.105**	**31,47**	**4,84**	**15,37**

(A) Inclui o total de despesa dos órgãos da administração central e descentralizada.
(B) Inclui todos os dispêndios de investimentos realizados no período. Dados extraídos dos balanços dos órgãos centrais e dos órgãos da Administração Descentralizada.
(C) Inclui o montante da ajuda efetivamente recebida do Fundo do Trigo, do BID e da AID. Dados da Usaid e contabilidade da Sursan e do BEG.
Fonte: Guanabara (1965a).

A tabela indica que a ajuda externa representou, no período 1961-1964, 4,84% da despesa efetuada e 15,37% dos investimentos públicos realizados. Se por um lado foi uma ajuda inestimável, em especial para o projeto da água, fica a dever como fator relevante para efetuar as melhorias promovidas no período.

Também é comum se dizer que a Guanabara teria sido privilegiada ao canalizar parte considerável dos recursos que o governo Kennedy dispunha para a América Latina. Segundo essa visão, os EUA facilitariam o dinheiro da Aliança para o Progresso para aqueles estados que faziam oposição ao governo Jango, como era o caso da Guanabara, onde Lacerda era o líder moral da oposição ao governo federal. No entanto, uma análise dos dados da Usaid permite concluir que apenas 4,88% da ajuda americana para o Brasil foi destinada à Guanabara e, dessa parte, cerca de 70% teriam sido sob a forma de empréstimo para água e esgoto, não considerando neste caso as parcelas ainda não recebidas.

Além disso, a autoridade federal era o intermediário obrigatório entre os projetos dos estados e as autoridades norte-americanas, e ela não estava interessada em facilitar os projetos de um governo da oposição, antes teria criado dificuldades para aprovar os acordos.[13] Lacerda, em discurso para a Câmara de Comércio Americana em junho de 1963, referindo-se aos recursos da Aliança para o Progresso, recordou que US$41 milhões tinham sido destinados para estradas no Paraná, US$38 milhões em água e esgoto para São Paulo, US$13 milhões em energia elétrica para Minas Gerais, US$15 milhões para Belém, US$80 milhões destinados ao Nordeste e US$57 milhões para a Estrada de Ferro Sorocabana, enquanto que a Guanabara tinha recebido US$36 milhões para água e esgoto.

Parece mais razoável crer que se a ajuda americana era um instrumento político, por outro lado ela estava atrelada também à qualidade e à importância dos projetos apresentados, bem como à efetiva realização dos mesmos dentro do cronograma estipulado. Se a Guanabara apresentava projetos relevantes, viáveis e cumpria o cronograma, era razoável que recebesse esses recursos.

Sobre este aspecto é ilustrativo o episódio narrado pelo então vice-governador Raphael de Almeida Magalhães numa conferência em junho de 1964:

Com a educação houve esta coisa inconcebível: nós tínhamos um financiamento concedido para educação no valor de 6 bilhões de cruzeiros [...] foi aprovado pela AID, foi aprovado pela Comissão Coordenadora da Aliança para o Progresso (Cocap), que funcionava junto ao gabinete do sr. presidente da República, dr. João Goulart, que aprovou o projeto. O dr. João Goulart nunca permitiu o processo de financiamento [...] O primeiro projeto que a Cocap analisou e aprovou foi o da Guanabara, destinado à Copeg. O segundo projeto [...] era também da Guanabara, destinado à educação. O presidente da Cocap [...] me chamou e disse: "Não posso aprovar o seu em segundo lugar." Eu perguntei: "Por quê?" "Dois da Guanabara fica feio." Tornei a perguntar: "O que é que você tem aí?" "Um de Goiás, um de não

---

[13] Cf. Lacerda (1963: p. 262).

sei o quê..." "Como é que estão?" "Estão péssimos." "Então passa para cá que eu preparo, ponho na frente, para poder ser o quarto o da Guanabara." Nós chegamos a preparar o projeto de educação de Goiás e do Rio Grande do Norte, para que o da Guanabara fosse o quarto a passar pela Cocap. Mesmo assim não saiu... mas saíram o de Goiás e o do Rio Grande do Norte.[14]

Do ponto de vista do BID, uma instituição que começava sua carreira e tinha necessidade de justificar seu papel, um projeto social numa cidade com a visibilidade internacional que o Rio de Janeiro desfrutava era muito conveniente. De fato, ao longo de toda a execução dos projetos, manteve uma equipe de técnicos no local, garantindo a consecução do seu objetivo.

b) O aumento da carga tributária na Guanabara

A parcela principal dos recursos de qualquer governo está estipulada dentro do orçamento. A receita prevista no orçamento anual da Guanabara era dividida em várias categorias:
- receita tributária: composta dos diversos impostos estaduais e municipais. Os principais eram o Imposto de Venda e Consignações (IVC) — correspondente ao atual ICMS — e o Imposto Predial;
- receita patrimonial: composta de receitas imobiliárias e patrimoniais;
- receita industrial: composta basicamente das taxas de água e esgoto;
- transferências correntes: compostas da cota-parte de impostos federais[15] e de contribuições da União;

---

[14] Magalhães. Citado em UEG, "O problema das favelas cariocas e sua solução", 1964, p. 27-28.

[15] Esses impostos federais formavam normalmente um fundo que repassava parte da arrecadação anual para projetos específicos de estados e municípios. O Fundo Rodoviário, por exemplo, era composto da arrecadação de impostos sobre combustíveis. Cada estado e município, de acordo com o tamanho e a população respectivos, tinha direito a uma cota para ser aplicada exclusivamente na construção de estradas federais.

- receitas diversas: compostas de multas, indenizações e restituições;
- receita de capital: composta de operações de crédito, venda de títulos públicos, empréstimos, auxílios da União e alienação de bens imóveis.

Começaremos nossa análise pela receita total, considerando sua evolução ao longo da década de 1950 e ao longo do governo Lacerda. Como o valor nominal incorpora o efeito inflacionário, utilizaremos o valor deflacionado, que nos permite realizar comparações com uma distorção menor e, portanto, chegar a algumas conclusões.

Receita total (1953-1964)

Anos	Valores nominais em mil cruzeiros	Valores deflacionados em mil cruzeiros	Variações anuais
1953	5.296.828	5.296.828	—
1954	6.172.572	4.860.293	-8,2%
1955	7.656.738	5.173.472	6,4%
1956	10.160.760	5.740.542	11,0%
1957	12.102.053	5.991.115	4,4%
1958	16.283.734	7.110.801	18,7%
1959	18.474.313	5.339.397	-24,9%
1960	26.250.100	6.449.656	20,8%
1961	33.598.882	6.010.533	-6,8%
1962	65.440.417	7.717.030	28,4%
1963	112.467.516	7.635.269	-1,1%
1964	240.209.682	8.545.346	11,9%

Inclui todas as classes de receita (tributária, patrimonial, industrial, transferências correntes, parafiscal, operações de crédito, transferências de capital etc.).
Deflator: índice geral de preços da FGV.
Fonte: Guanabara (1965a) e dados organizados pelo autor.

Os fortes decréscimos de receita registrados nos anos de 1954 e 1959 que podem ser observados na coluna "Variações anuais" são devidos ao fato de se tomar como medida a receita deflacionada. Em todos os anos houve aumento da receita, mas nem sempre acima da inflação anual. Enquanto no ano de 1953 o Índice de Preços ao Consumidor no Rio de Janeiro assinalava um aumento médio anual de 14,3%, em 1954 subiu para 22,6%. O segundo salto na inflação ocorreu em 1959: enquanto no ano anterior o índice registrava 14,8%, nesse ano o aumento foi de 39,2%.[16]

O fato de o IVC não ter sobrepujado nesses anos o índice da inflação pode ser explicado provavelmente pelas variações no crescimento da economia da Guanabara.

Ao longo dos 12 anos observados, a receita obteve um crescimento real de 61,33% a uma taxa média de 4% ao ano. Se pinçarmos o período 1954-1958, quando não houve um *boom* de projetos e obras, mas duas reformas tributárias, observaremos um aumento de 46% na receita total, um crescimento maior do que o registrado em 1961-1964, que corresponde a 42%. Se considerarmos o período completo, isto é, 1961-1965, o aumento da receita fica em torno de 33%. Isto significa que o aumento da arrecadação não ocorreu a partir da gestão do governo Lacerda, mas era um processo que tinha suas origens na década anterior. Também não houve nos anos 1960 um salto abrupto, já que as maiores variações se registraram também nos anos 1950.

É necessário recordar que o aumento da arrecadação não tinha como única origem o aumento de impostos e taxas, mas provinha também do comportamento da economia local e nacional. Um exemplo evidente dessa realidade é o município de São Bernardo do Campo, que teve nessa mesma época uma expansão extremamente forte na sua receita, devido à instalação das fábricas de veículos automotores durante o governo JK. Como veremos adiante, no caso da Guanabara, o aumento da arrecadação ocorreu sobretudo pelos ajustes ocorridos nas alíquotas de impostos.

---

[16] Abreu (1992: p. 406).

Se examinarmos a composição da receita entre 1962 e 1965, veremos que a receita tributária era responsável por cerca de 80% da arrecadação total. Em segundo lugar, com cerca de apenas 6%, vinha a receita industrial (taxas de água e esgoto). Isto significa claramente que a arrecadação do estado provinha basicamente dos impostos. Portanto, o estudo da receita tributária e dos principais impostos é fundamental para se compreender melhor o comportamento da receita carioca.

A evolução da receita tributária ao longo dos anos 1950 e 1960 indica um grande paralelismo com a receita total, conforme era esperado, já que a receita tributária é o seu componente majoritário. As grandes variações reais anuais negativas ocorreram inclusive nos mesmos anos (1954 e 1959).

Prosseguindo no mesmo raciocínio, analisamos os componentes da receita tributária entre 1953 e 1964.

Contribuição percentual dos diversos tributos arrecadados na receita tributária

Anos	Predial	IVC	Transmissões Intervivos	Taxas e serv. municipais	Indústria e profissões	Outros
1953	12,40	54,57	7,84	5,14	2,85	17,20
1954	12,61	57,74	7,10	5,12	4,36	13,07
1955	12,61	57,46	5,63	5,35	6,75	12,20
1956	10,97	70,74	4,69	3,68	3,60	6,32
1957	12,09	69,10	4,92	3,98	3,43	6,48
1958	9,76	67,51	5,97	3,08	4,44	9,24
1959	10,49	67,35	7,25	3,17	2,70	9,04
1960	9,77	72,20	3,49	3,11	3,05	8,38
1961	9,13	73,72	3,00	2,71	2,94	8,50
1962	7,05	79,66	1,71	2,37	4,16	5,05
1963	5,86	82,52	1,28	2,25	3,52	4,56
1964	5,03	81,64	1,15	1,78	2,70	7,70

Fonte: Guanabara (1965a) e dados organizados pelo autor.

O Imposto de Vendas e Consignação (IVC),[17] um tributo de natureza estadual, teve sua posição de destaque sendo configurada ao longo da década de 1950, quando teve sua participação aumentada de 54% para 72% e amplificada pelo novo governo, que passou sua contribuição na composição dos tributos de 73% para a faixa dos 80%. Constitui-se num processo de concentração e simplificação da carga tributária para o contribuinte e de controle mais fácil por parte do Executivo.

---

[17] *Em 1922, a lei nº 4.625 atribuiu às duplicatas a natureza de título cambiário, passando o então Imposto do Selo a ser denominado Imposto sobre Vendas Mercantis. Regulado por lei federal, cobrado, inicialmente, pela União, veio a ser transferido pela Constituição de 1934 para os estados; já na Constituição de 1937, o campo de incidência deste novo imposto foi aumentado ao tributar a consignação (ato de promessa de venda), e a partir de então é constituído o Imposto sobre Vendas e Consignações (IVC).*

O IVC implicou a uniformização do sistema de tributação, sem distinção de procedência, o que atendia aos reclamos do Centro Industrial do Brasil verificados no primeiro quartel do século, consagrando a livre circulação de bens e pessoas pelo território nacional.

Pela Constituição de 1946, o IVC novamente é ratificado como o elemento decisivo para dinamizar as relações interestaduais de forma a coibir distinções quanto à procedência e ao destino de mercadorias e pessoas.

O IVC representou durante quarenta anos a principal fonte de recursos para os estados, com exceção daqueles que ainda dispunham de uma forte economia agroexportadora, na qual a participação no imposto sobre exportação contribuía fortemente para os cofres públicos. [...]

No entanto, se o IVC correspondeu a um momento de sistematização do processo tributário no Brasil, vindo a regularizar o acesso dos estados a um determinado volume de recursos sem tornarem-se pendentes das quantias oferecidas graciosamente pelo poder central, tal como ocorria no tempo do Império e início da República, esse imposto tinha um caráter pernicioso para as atividades econômicas, qual seja, pois incidia sobre o ato jurídico e não sobre o comportamento econômico da mercadoria, ou seja, a cada processo de venda, independentemente de ter sido acrescentado valor ou não ao produto, o imposto incidia novamente sobre a operação. Sendo assim, o imposto tinha um caráter cumulativo que afetava fortemente os preços finais dos produtos, o que despertava junto às empresas uma forte reação.
(Citado em Evangelista, Helio de Araújo. "A fusão dos estados da Guanabara e do Rio de Janeiro segundo uma perspectiva de análise geográfica". Tese de doutorado, CCMN/PPGG/UFF, 1998. Niterói, p. 87-8.)

A partir de 1967, o IVC passaria a se intitular ICMS.

Já o Imposto Predial, que é de caráter municipal, responsável pela segunda maior parcela da composição tributária, foi objeto, no período em que estamos estudando, de uma forte diminuição das alíquotas,[18] acarretando uma sensível perda de arrecadação.

Dessa forma, se queremos analisar a receita tributária, podemos nos concentrar apenas no estudo do IVC, que teve no aumento das alíquotas a sua mola propulsora. A primeira alteração na alíquota, de 2,7% para 4%, aprovada na gestão Alim Pedro, em 1955, teve um aumento de 48,15%, o que representou um acréscimo maior do que o registrado durante o governo Lacerda em 1962, de 4% para 5%, portanto da ordem de 25%.

Não é difícil perceber que, em termos tributários, o primeiro governo da Guanabara não só não aumenta, como diminui o ritmo de crescimento que vinha da década anterior.

Por último, ao compararmos a carga tributária guanabarina com a dos outros estados da Federação, analisando as alíquotas de IVC, também concluímos que não havia na Guanabara uma supertarifação, já que, na verdade, ela possuía a alíquota mais baixa dos estados mais importantes do Sul, Sudeste e Nordeste do país.

c) O aumento da taxa de água e o financiamento da adutora do Guandu

A receita industrial, uma das categorias que compõem a arrecadação do estado, era constituída basicamente pelas taxas de água e de esgoto. Como vimos no capítulo anterior, as taxas cobradas na cidade cobriam apenas 25% das despesas de pessoal e manutenção e era necessário que outras fontes de receita fossem alocadas para cobrir o déficit operacional. O último aumento autorizado fora em 1947, e, com a inflação registrada no período, o valor cobrado tornara-se meramente simbólico. Para cobrir esse déficit,

---

[18] O Imposto Predial possuía diversas alíquotas, de acordo com o tamanho e a localização do terreno.

para obter a aprovação do projeto da adutora do Guandu junto ao Banco Mundial, que por disposição contratual exigia uma inversão por parte do estado de 50% do valor da obra, e para realizar a ampliação da rede de esgoto pela cidade, foi aprovado em 1961[19] um aumento expressivo do valor do metro cúbico de água. Ainda que não recuperasse os níveis reais de 1947, ficando na metade do valor real daquela época, significava um acréscimo de 1.700% de uma só vez. Ainda de acordo com o projeto aprovado, o novo valor ficaria indexado aos sucessivos aumentos do salário mínimo, preservando-o de futuras defasagens.

Na prática, esse aumento não tornava a taxa de água um problema sério para a parca economia doméstica do carioca. Em 1965, cerca de mil litros custavam Cr$46,00, ou seja, a terça parte de uma passagem de ônibus, metade de uma passagem de trem na Central do Brasil, metade do preço de um jornal, terça parte do preço de uma garrafa de água mineral, pouco mais que um cafezinho.[20]

A taxa de esgoto ficava embutida na de água e era idêntica no valor. Para efeito de comparação, em 1962 a taxa cobrada em Belo Horizonte era de 30% do montante de água, e em São Paulo de 150%.

Se por um lado podemos considerar que a atualização dessa taxa era importante para a realização das obras de saneamento, ela representava apenas 5% da receita total, no mesmo patamar de outras categorias de receita tais como a receita de capital e transferências correntes. No entanto, é preciso notar que, ao contrário da receita de capital, obtida por exemplo com a venda de títulos públicos, de natureza complexa e pouco palatável para o entendimento de deputados e jornalistas, a taxa de água tinha muita "visibilidade" — aparecia na conta mensal que todo carioca rece-

---

[19] As leis nºs 72 e 134 de 1961 reforçaram a receita orçamentária com a alteração das alíquotas do IVC, modificação do Imposto de Indústria e Profissões, atualização de normas para o Imposto Predial e alteração das tarifas de água e esgoto.
[20] Guanabara (1965a: p. 207).

bia em casa —, e o aumento súbito foi um prato cheio para o uso político por parte da oposição, que acusava o governo de arrochar os impostos.

No entanto, do ponto de vista social, o aumento da taxa proporcionava uma distribuição da "mais justa" carga fiscal. Com a taxa simbólica que vigorava, os recursos empregados nos programas de água e esgoto provinham do IVC, obrigando os moradores de favelas e do subúrbio a pagar, ao comprarem produtos e serviços, por um serviço que não recebiam. Com a taxa reajustada, somente pagava, a princípio, quem recebia água, e na proporção em que a consumia.

d) Comparando a tributação carioca com a União e os outros estados
O bolso do cidadão é sensível e ele percebe quando está sendo esvaziado, mas não é capaz de distinguir se quem está levando o dinheiro é o estado ou a União. A carga tributária do carioca não era exercida somente pela Guanabara. Na realidade, os impostos federais eram os que mais oneravam: de cada cem cruzeiros pagos em impostos pelo carioca, 67 eram cobrados pela União e 33 pelo estado.

Podemos ainda acrescentar à análise a taxa de crescimento da receita tributária orçada da União e de estados da mesma região geoeconômica. *A priori*, essa comparação requer extremo cuidado, especialmente quando tratamos da Guanabara, um estado-cidade, sem campo e sem municípios, inserido numa realidade distinta do resto da Federação. Neste caso, como a comparação é feita em cima da taxa de aumento da carga fiscal e não está expressa em valores absolutos, ou mesmo em índices *per capita*, acreditamos que esta comparação seja válida. Nesse sentido, os dados disponíveis indicam que o quociente do aumento dos impostos na Guanabara nos anos 1960 foi inferior ao dos estados de São Paulo, Rio de Janeiro e da própria União em cerca de 40%.

As análises econômicas para efeito comparativo das receitas são comumente realizadas em cima do índice *per capita*, procurando medir quanto incide de carga fiscal sobre cada indivíduo. Evitamos esse tipo de tratamento porque leva a uma distorção significativa no caso da cidade-estado. Em primeiro lugar, a Guanabara carecia de zona rural, onde a riqueza gerada — e portanto o tributo cobrado — por habitante é muito menor em relação à zona urbana. Em segundo lugar, a cidade do Rio de Janeiro recebia um grande contingente de mão-de-obra da Baixada Fluminense, gente que trabalhava, recebia salário e pagava imposto num estado e residia em outro. Em terceiro lugar, o favelado era um habitante especial, que não pagava Imposto Predial, taxa de água e esgoto, mas entrava no índice *per capita*, da mesma forma que um morador de Copacabana.

O que nos parece mais importante é perceber que a sensibilidade das pessoas não incorpora facilmente considerações técnicas. A sensibilidade do carioca se dá no bolso, e é aí que se encontra o termômetro. Ele percebe que os impostos aumentam e as ruas estão em obras, mas não percebe se o aumento segue a taxa de crescimento dos últimos dez anos, se em outros estados se pagam mais impostos ou, ainda, se o imposto que paga é estadual ou federal. Portanto, é preciso distinguir a análise econômica da subjetividade das impressões, das opiniões e dos discursos do cotidiano. Não que estes careçam de importância ou sejam por natureza equivocados; ao contrário, é dessa esfera subjetiva que se alimenta a política e a partir dela que se tomam decisões. Dentro do contexto da época, as questões de cunho administrativo e econômico concorriam com as questões de tipo ideológico na pauta política: além de discutir se uma obra era oportuna para a cidade, havia outros elementos tão ou mais importantes — como a luta "direita" contra "esquerda", PTB contra UDN, janguistas-getulistas contra lacerdistas —, e qualquer dado ou circunstância era usado para alimentar essa disputa. Muito mais importante do que entender a evolução tributária, o deputado e o jornalista estavam interessados em defender ou atacar o governo, ou seja, em defender ou atacar o político Carlos Lacerda com tudo que ele representava e defendia. Dessa forma, o que se pretende fazer com esta análise é somar, trazer para o cenário do nosso estudo todo esse rico material que a perspectiva econômica pode aportar, o seu olhar peculiar de uma realidade, de forma a enriquecer a visão que devemos ter do período considerado.

Com a exposição dessas informações não é possível continuar a afirmar que o aumento da carga tributária seja a explicação para as realizações desta administração pública. Esse aumento não foi maior que o realizado ao longo da década anterior, e não foi maior que em outros estados. É mais razoável concordar que o aumento dos impostos, em especial do IVC, e, no caso do Guandu, a indexação da taxa de água foram necessários e muito importantes para alavancar as obras públicas, mas que não são suficientes para explicar por si só a realização das mesmas.

Num amplo estudo econômico realizado em 1967, por encomenda do governo Negrão de Lima, extremamente crítico do governo anterior por questões políticas, encontra-se uma opinião que confirma essa visão. Segundo a opinião de diversos especialistas que participaram do documento, ao contrário de um arrocho, havia um nível de tributação abaixo do necessário para promover os investimentos necessários ao desenvolvimento econômico da região.

Antes da sua autonomia, a Guanabara se caracterizava por um nível de impostos e taxas relativamente baixo. Sob certos aspectos, tal situação pode ser apresentada como favorável. A análise moderna mostra, porém, que um esforço de desenvolvimento vem normalmente precedido de um aumento de tributação que demonstra a vontade do governo de criar a infra-estrutura e reunir as poupanças reclamadas pelo desenvolvimento. Os baixos níveis tributários do estado da Guanabara perdiam sua significação na ausência de uma política de promoção do desenvolvimento. Posto que uma política de desenvolvimento seja incompatível com elevados tributos, parece fora de dúvida que a Guanabara teria ganho com a combinação de impostos ligeiramente mais altos destinados a apoiar uma ativa política de desenvolvimento.[21]

e) A questão da dupla receita como estado e município
É razoável e lógico julgar que a criação de um estado sem municípios levou a Guanabara a se beneficiar com uma tributação dupla de caráter municipal e estadual. Portanto, este é também um argumento comumente invocado para tentar explicar como o governo Lacerda obteve recursos para realizar seus projetos. É necessário, no entanto, pesar esse julgamento com outros fatores.

Como Distrito Federal, o Rio de Janeiro já gozava de idêntica situação fiscal. Não houve uma mudança a partir de 1960, e, se queremos atribuir essa facilidade tributária aos três governos da Guanabara, teremos de atribuí-la também às duas décadas anteriores, marcadas por um número menor de realizações.

Se havia tributação dupla, havia também encargos duplos. A Guanabara teria de resolver por si só problemas estaduais, como telefone, água, esgoto e ensino médio, bem como os problemas municipais, por exemplo o transporte coletivo, a coleta do lixo, a pavimentação de ruas e o ensino primário. A antiga prefeitura tinha as despesas com iluminação pública, polícias Civil e Militar, Justiça e Corpo de Bombeiros cobertas pelos cofres da União. No entanto, embora parte desses serviços continuasse sendo coberta, o setor mais dispendioso — polícia e bombeiros — teve de ser assumido pelo estado em 1963, quando a guerra política entre Lacerda e Jango levou o Planalto a conseguir que a quase totalidade desses funcionários se transferisse para o serviço federal, a fim de colocar os dispositivos de segurança fora do alcance do governador. Isso significou, na prática, a contratação de vários milhares de novos funcionários para suprir essa lacuna.

---

[21] Guanabara (1967: vol. II., p. 405).

Outro fator, de maior relevância, que se deve levar em consideração é a alteração no peso específico que a contribuição municipal representava na composição tributária. Ao longo de toda a década de 1950 pode-se contemplar um processo de "estadualização fiscal", ou seja, a progressiva hegemonia do IVC — imposto estadual — e a sensível queda na participação do Imposto Predial e demais impostos municipais na composição da receita.[22]

Se no início da década de 1950 a participação tributária municipal era de cerca de 50% da receita tributária, no início do governo Lacerda, essa mesma participação já havia caído para cerca de 25% e chega a 15% no ano de 1964. Em relação à receita total, a participação municipal representa apenas 9,81% nesse mesmo ano. Isto significa que a receita municipal no Rio de Janeiro, provavelmente devido a sua situação peculiar de capital, não seguia o comportamento normal de uma cidade comum, onde lhe cabia fazer frente aos encargos ordinários. O Rio não foi uma cidade com uma carga fiscal municipal plena que, ao se tornar estado, ganhou toda uma receita estadual de presente. O que havia era uma composição que ano a ano foi sendo ajustada, levando-se em consideração as necessidades específicas do local.

A vantagem de ser estado e município existia em outro âmbito. Alguns impostos federais eram distribuídos em cotas pelos estados e municípios.[23] Como município, a Guanabara tinha direito a cotas da União no Imposto de Combustíveis e Lubrificantes e no Imposto de Energia Elétrica. A cota municipal era de 25% da Cota Estadual para Imposto de Combustíveis e de 20% da Cota Estadual para Imposto de Energia Elétrica. No entanto, em termos de valores absolutos, isso era muito pouco. O total arrecadado pela Guanabara com esses impostos federais por ser um município no

---

[22] Cf. tabela "Contribuição percentual dos diversos tributos arrecadados na receita tributária 1953-64".
[23] A distribuição levava em conta a superfície, a população e a arrecadação local, entre outros fatores de menor peso.

ano de 1964 representa apenas 6% da arrecadação dos impostos municipais nesse mesmo ano.[24] Esses valores arrecadados tinham ainda uma destinação específica obrigatória, que no caso era a malha viária e a de energia.

Em definitivo, a dupla tributação parece ter sua força apenas no nome, nunca chegando a ser uma fonte de recursos que merecesse maior atenção, seja para a antiga prefeitura, seja para o novo estado que nascia.

f) O endividamento do estado no final do mandato
Comumente pensamos que um governo com muitas obras é um governo que se endividou, ou que pelo menos deixou a gestão seguinte sem dinheiro. Os empréstimos tomados no exterior, os auxílios recebidos do governo federal — sobretudo no último ano — e o atraso do pagamento do funcionalismo público em setembro de 1965 reforçaram a idéia de que a Guanabara não foi diferente dos casos tradicionais de gestão pública. Portanto, seria interessante que analisássemos alguns números do orçamento e do Tribunal de Contas para averiguar com mais profundidade a situação de endividamento do estado.

Pelos dados disponíveis, sabemos que a relação entre déficit e despesa nos anos 1951-60 esteve oscilando entre -2,3% e -16%, com exceção do ano de 1957, que, refletindo o aumento do IVC, conseguiu um superávit de 4,4%. No período do governo Lacerda, isto é, entre 1961 e 1965, o déficit oscilou entre -3,7% e -13%, ou seja, dentro da faixa que havia na década anterior, inclusive no último ano do mandato. Cálculos podem demonstrar que o déficit do qüinqüênio Lacerda foi ligeiramente menor que o déficit do qüinqüênio anterior.

Além disso, é preciso ter em conta também que esses déficits não eram algo incomum. Na verdade, já estavam previstos inclusi-

---

[24] Confira as tabelas do Imposto Único sobre Combustíveis e Lubrificantes e do Imposto de Energia Elétrica.

ve dentro da proposta orçamentária aprovada pelo Legislativo para cada ano. Procurava-se reduzi-los por meio das operações financeiras extra-orçamentárias. Um exemplo interessante ocorreu no exercício orçamentário de 1964, conforme indica o Tribunal de Contas. O resultado extra-orçamentário permitiu que um déficit de 3,4% se transformasse num superávit de 0,6%. Já com as contas do último ano, o extra-orçamentário diminuiu o déficit de -12,5% para apenas -0,3%.

O gasto com o funcionalismo do estado, que comumente era usado para fins clientelistas e ultrapassava o teto de despesa permitido, e que neste governo cresceu em volume a partir do momento em que a estrutura administrativa do novo estado foi implementada e as obras e os projetos foram sendo lançados, permaneceu controlado, dentro do limite constitucional de 60% da receita para esse tipo de gasto.[25]

Responsabilidade fiscal

Anos	Relação "despesa com pessoal" sobre "receita" (%)
1962	62
1963	55
1964	59

Fonte: Guanabara (1965i).

As contas do último ano de um governo ganham relevância pela tentação que supõe para o excesso de gastos, o endividamento e outras medidas que desequilibram o orçamento. De acordo com o Tribunal de Contas, o ano de 1965 apresentou os seguintes resultados:

---

[25] A lei nº 72/61 determinava um escalonamento para atingir o patamar previsto no texto constitucional. Ela autorizava o teto de 70% da receita total com despesas de pessoal em 1962 e que a cada ano esse índice diminuísse 2%, até chegar aos 60%.

Situação do orçamento no final do governo: exercício 1965

	Previsão orçada arrecadada	Realizada
Receita	466.785.000.000	384.902.754.513
Despesa	488.283.045.195	439.991.458.104
Saldo	-21.498.045.195	-55.088.703.591

De imediato, percebe-se que o déficit foi maior que o esperado devido a uma arrecadação bem menor que a prevista.[26] A explicação para a arrecadação menor se deve em parte ao plano Paeg, que afetou a Guanabara pelo tipo de composição econômica que possuía, representando um forte impacto na arrecadação do IVC. O orçamento contemplava ainda uma ajuda substancial do governo Castello Branco que não houve. Se houvesse recebido esse recurso, ou se a receita tributária ficasse no padrão que vigorou em anos anteriores, o déficit teria ficado no valor previsto originalmente.[27] Por sua vez, a falta de receita levou a uma despesa menor que a autorizada. Parece não haver dúvidas de que não houve uma sangria de gastos no apagar das luzes do governo.

Quanto ao endividamento repassado para o mandato seguinte, o total dos encargos decorrentes de empréstimos no exterior representou apenas 1,16% da receita prevista para 1966, e as demais obrigações a cargo do tesouro estadual (com a União e demais instituições), 2,1% da receita prevista. Portanto, o ônus do estado com os serviços da dívida totalizaram apenas 3,26% da receita esperada para 1966.

Se os empréstimos assumidos não sobrecarregaram o governo seguinte, a falta de caixa ao longo de todo o ano tornou insustentável manter ao mesmo tempo um funcionalismo com salário

---

[26] Receita — previsão como Receita de Capital: Cr$82 bilhões, e foram arrecadados somente Cr$13 bilhões; previsão como Receita Industrial: Cr$50 bilhões, e foram arrecadados somente Cr$25 bilhões.
[27] Cf. Relatório do Tribunal de Contas da Guanabara — exercício 1965, ministra Dulce Magalhães.

móvel, uma grande quantidade de obras por terminar e um ano eleitoral pela frente. Célio Borja, que era o secretário de governo nesse ano, recorda que

> os salários atrasaram diversas vezes em 1965 e provavelmente nas vésperas das eleições também. Atrasavam vinte, trinta dias. Atrasou também a fatura de empreiteiras, por um prazo maior que o dos servidores. A situação agravou-se no final e foram meses e meses de atraso. Mas o empreiteiro ia ao banco, conseguia desconto de títulos, principalmente no BEG — ciente de que a culpa era do governo, facilitava —, e conseguia se manter. Alguns quebraram, não sei se por isso ou por outros motivos.[28]

Privilegiando a continuidade das obras, além do servidor, que ficou sem salário na véspera das eleições, o grande sacrificado foi o BEG, que fechou o ano no vermelho.

Em 1966, pior do que a dívida com empreiteiras e com o funcionalismo foi o fortíssimo temporal que desabou sobre a cidade, causando inúmeras vítimas e grandes prejuízos. Esse desequilíbrio financeiro levou cerca de seis meses para ser contornado, mas não comprometeu o restante do governo Negrão de Lima.

g) A suposta ajuda do governo Castello Branco

Devido aos acontecimentos de 31 de março de 1964, seria lógico pensar que o governo Castello Branco dera todas as facilidades para que Lacerda, depois de um período difícil com o governo Jango, conseguisse levar adiante os seus projetos. Encontramos nos anos de 1964 e 1965 uma maior ajuda nas verbas de auxílio e empréstimos, mas esses valores são muito pequenos no contexto dos investimentos realizados. Em 1964 e 1965, os auxílios da União representaram 5% da receita. Se considerarmos os efeitos nocivos do plano econômico Bulhões–Campos na arrecadação estadual, o saldo desses auxílios fica na verdade negativo e teremos de concluir que a situação financeira do estado, por incrível que pareça, era mais cômoda no período Jango do que no período Castello Branco.

---

[28] Borja, Célio. Entrevista concedida ao autor em 23-3-2004.

Os investimentos que a União realizou no Rio de Janeiro não foram apenas pelo envio de verbas e repasse de impostos para o governo Lacerda. Houve também investimentos feitos diretamente, fora da esfera do governo estadual, em diversos setores da infra-estrutura da cidade. Esses investimentos se referem a empreendimentos que pertenciam à esfera federal, como o transporte ferroviário, usinas de energia elétrica, ensino superior, estrutura portuária, sistema de habitação, entre outros. Numa cidade que havia sido capital nos últimos duzentos anos, a presença federal era bastante acentuada.

O que os dados disponíveis demonstram é um acréscimo real desses investimentos durante o governo Goulart e uma queda justamente durante o primeiro ano do governo militar. Não obtivemos dados de 1965, mas a tabela já é um forte indicativo de que o governo Castello Branco não foi um fomentador das melhorias efetuadas na cidade do Rio de Janeiro, ao contrário do que inicialmente se pode presumir. A explicação para esse comportamento se deve ao teor do plano econômico do governo federal, que previa corte de gastos públicos para conter a demanda inflacionária.

Também se explica essa situação se considerarmos o aspecto político. Goulart, por mais oposição que fizesse a Lacerda, governava num ambiente democrático e se mantinha numa estrutura de poder extremamente fragilizada, enquanto que Castello, numa situação oposta, podia permitir-se o luxo de manter medidas econômicas impopulares e enfrentar a fúria do governador. Mesmo as tensas relações entre Jango e Lacerda não podem ser vistas de uma forma unívoca. De setembro de 1961 a janeiro de 1963 vigorou o parlamentarismo, e foi nesse período, vital para o governo da Guanabara, que foram implementadas as principais medidas e reformas necessárias para executar os objetivos do governo. Havia então uma composição ministerial que procurava abrigar várias tendências, com quatro ministros udenistas, além de tecnocratas na área financeira como Clemente Mariani, sogro do filho de Lacerda, e Moreira Salles, banqueiro. Foi nesse período que se obteve, entre outros, a autorização do governo federal para o recebimento de empréstimos externos, a utilização de verbas do Fundo Rodoviário Nacional na cidade e a aplicação do Fundo de Eletrificação na melhoria da malha de energia no estado. Isso não significa que não tenha havido atritos nesse período, mas foi a partir de 1963, com o presidencialismo, que o confronto entre Jango e Lacerda se tornou mais direto e ríspido, com radicalidades de ambas as partes.

5. AFINAL, DE ONDE VEIO O DINHEIRO?

Após uma análise das diversas versões que foram tentando explicar a origem dos recursos empregados para mudar a paisagem da cidade naqueles anos, torna-se agora necessário tentar chegar a alguma explicação mais consistente. Essa explicação precisa ter como referência e padrão de comparação a situação imediatamente anterior, ou seja, a situação da cidade como Distrito Federal nos anos 1950.

No estudo dedicado àquele período constatamos que a prefeitura do Distrito Federal dispunha do terceiro maior orçamento do país e, ao mesmo tempo, de um excesso de despesa com pessoal, ficando a parcela de investimentos bastante comprometida. Partimos da projeção mais otimista, que coloca a relação gastos com funcionalismo/receita em 70%. Como sabemos, com o surgimento da Guanabara, criaram-se novos órgãos públicos, os que já existiam expandiram-se, foram contratados novos funcionários — com destaque para professores e policiais —, introduziu-se o salário móvel — com aumento atrelado ao IVC — e foram aprovadas melhorias salariais tanto para ativos como para inativos, o que elevou os gastos totais com pessoal em cerca de 15%, segundo os nossos cálculos. Com um pouco de matemática, percebemos que se houve aumento de despesa com pessoal, a relação funcionalismo/receita deveria ter se agravado mais ainda. No entanto, os dados do Tribunal de Contas indicam que esse índice ficou dentro do limite constitucional de 60%. Portanto, como única alternativa lógica, conclui-se que houve um aumento da receita no período em torno de 30%.[29]

Como coadunar essa conclusão com a afirmação reiterada inicialmente neste capítulo de que não houve um arrocho tributário na Guanabara? Primeiramente porque o acréscimo de 30% está abaixo do aumento decorrente das reformas tributárias realizadas no Distrito Federal. Em segundo lugar, mesmo com esse acréscimo, a carga tributária da Guanabara ainda era a mais baixa dos estados mais desenvolvidos do país.[30] Como vimos, esse aumento foi realizado basicamente com o aumento da alíquota do IVC, em menor escala com a semi-recuperação da taxa de água, com a modernização do aparelho arrecadador e melhor fiscalização fazendária.[31]

Com relação à distribuição da despesa, os dados disponíveis indicam que nesse período as despesas gerais cresceram 8,5 vezes, os gastos com pessoal e o custeio total oito vezes, enquanto que os investimentos 16 vezes. Fica patente que houve uma notável racionalização na gestão das despesas públicas. Como os investimentos foram traduzidos num acentuado volume de obras, a eficiência por cruzeiro investido foi incrementada.

Do ponto de vista fiscal, a Guanabara herdou uma estrutura tributária que foi preparada no Distrito Federal, concentrando a arrecadação em torno do IVC. Com o governo Lacerda houve uma po-

---

[29] Estimativa que está de acordo com os cálculos elaborados anteriormente em cima da receita, que aponta para um aumento no período em torno de 33%.
[30] Em 1967, a reforma tributária federal realizou uma uniformização das diferentes alíquotas de impostos cobrados nos estados, o que beneficiou sobremaneira a Guanabara.
[31] Segundo Raphael de Almeida Magalhães, a fiscalização limitou o seu foco e foi rigorosa com o pequeno grupo de grandes contribuintes que eram responsáveis pela maior parte da arrecadação. Essa medida teria reduzido significativamente a sonegação. Entrevista concedida ao autor em 13-7-2004.

tencialização dessas condições, seguindo as tendências anteriores. Corrigiu-se a taxa de água para financiar a adutora do Guandu e, principalmente, aumentou-se em 20% a alíquota do IVC, mantendo-se a estrutura vigente. Não houve novos impostos agregados.

Com isso, o governo alavancou cerca de 90% dos seus recursos com dinheiro oriundo do próprio estado. A receita obtida por meio de empréstimos externos representou cerca de 5%, e o restante veio de auxílios e operações de crédito. Perde força, portanto, a versão comum na literatura existente de que o governo Lacerda teria realizado seus empreendimentos com a ajuda fácil do dinheiro americano, com a bitributação e o auxílio do governo militar.

Com a inflação crescente, começou na Guanabara um processo de indexação da economia que seria adotado mais tarde pelo governo Castello Branco no âmbito federal. Indexaram o salário do servidor, a taxa de água e a prestação da compra de casas populares em função do aumento do IVC ou do salário mínimo.

O Banco do Estado da Guanabara foi de grande importância, tornando-se fundamental para as realizações efetuadas. Existia o Banco da Prefeitura na época do Distrito Federal, mas era um banco pequeno e de papel quase irrelevante na economia local. Aqui sim podemos falar de uma mudança estrutural, que transformou o banco do estado num instrumento dinâmico, agente financiador do setor público. Em outro capítulo será explicado como se deu essa mudança e de que forma ela contribuiu para desenvolver a cidade, mas convém ressaltar o seu papel se quisermos compreender como se efetuou a alavancagem econômica da Guanabara.

Além dos aspectos tributário, jurídico e administrativo, houve mudanças na estrutura política carioca a partir de 1960. A tutela do presidente e do Senado, a predominância das redes clientelistas, a alta rotatividade dos prefeitos e outros fatores dificultaram a realização de uma administração eficiente no Rio de Janeiro. Lacerda era o primeiro "prefeito", após 15 anos, a permanecer durante cinco anos no cargo e o primeiro — se ignorarmos a curta experiência de Pedro Ernesto — a não depender do beneplácito político do presidente para assumir o governo. Pela primeira vez se poderia elaborar um plano de governo e trabalhar para pô-lo em prática com um mínimo de estabilidade. Não se receberia uma ajuda econômica do porte que um Pereira Passos e um Henrique Dodsworth receberam, mas também não seria mais preciso cruzar os braços nos períodos em que o governo federal fechasse as torneiras para a cidade.

Se esse contexto explica em grande parte a dificuldade para administrar com eficiência o Rio de Janeiro nos anos 1950, quando se quer explicar o outro lado da moeda, ou seja, como se conseguiu levar adiante um número grande e oneroso de projetos naqueles cinco anos, é preciso reconhecer também que, se em 1960 alguns obstáculos estruturais foram removidos, era preciso, de qualquer forma, pôr mãos à obra e fazer algo.

Recursos não significam eficácia nem eficiência. Podem ser bem empregados ou malbaratados. A administração Lacerda ficou reconhecida justamente pela eficácia e eficiência demonstradas. Delegações de governos de outros estados vinham à Guanabara para ver de perto o que estava sendo feito. Com isso, pretendemos defender que um peso importante para explicar esse fenômeno tenha sido justamente a implementação de uma eficiente estrutura administrativa, num verdadeiro processo de reforma que, na maior parte das vezes, foi inspirado em experiências recentes bem-sucedidas no Brasil e, em alguns aspectos, em experiências pioneiras. No próximo capítulo, procuraremos analisar em que consistia e como foi implementada essa reforma. Analisaremos a instalação de uma máquina racional, mecanizada, uma nova política de pessoal, a adoção do orçamento-programa como instrumento de trabalho e as principais leis aprovadas que modernizaram o aparelho público.

CAPÍTULO IV
A REFORMA ADMINISTRATIVA DO GOVERNO LACERDA:
UMA NOVA CARA PARA UM NOVO ESTADO

1. UM CENÁRIO QUE JUSTIFICAVA UMA REFORMA

As realizações do governo Lacerda não se deram apenas com um sistema tributário que proporcionava recursos ao estado. O momento era especial — a criação de um novo estado —, e era preciso criar uma estrutura administrativa que possibilitasse tirar a cidade do osso. Para tornar real o projeto de governo seria preciso previamente desenhar e dar vida aos instrumentos — à máquina administrativa —, programando-a para executar com eficácia e eficiência os diversos projetos concebidos.

Mal tomou posse, a nova gestão iniciou o processo de montagem dessa máquina racional, dando-lhe um perfil capaz de colocar em prática um novo conceito para a cidade do Rio de Janeiro, intitulado *Novo Rio*. Esse bordão significava para Lacerda o esforço pela manutenção do *status* do Rio como capital de fato do país, apostando que Brasília permaneceria como capital *de jure*. Ele via o Rio de Janeiro como uma cidade que é a "soma de todos os povos do Brasil; vocação atlântica que lhe dá um sentido universal da política [...],"[1] síntese do Brasil, porta do Brasil para o mundo e vera imagem que ele faz de nós"[2]. Significava uma cidade governada por um "gover-

---
[1] Lacerda *apud* Debert (1979: p. 181).
[2] Lacerda (1963: p. 167).

no austero e no entanto otimista, um governo severo e no entanto humano"[3], isto é, uma cidade da ordem, da disciplina, do trabalho, da organização, da limpeza, em contrapartida à imagem da cidade do malandro e da improvisação, que lhe era profundamente avessa. Significava uma cidade moderna, no sentido dos viadutos e vias expressas, de transportes de massa, planejada por meio de um plano diretor. Significava também desenvolvimentismo, dinamismo econômico, vigor industrial, progresso.

Um exemplo dessa mentalidade, um exemplo pequeno, mas muito gráfico, foi o tratamento que deu ao estádio do Maracanã. Na época do início da sua construção, em 1947, o vereador Lacerda sugeriu que o erguessem em Jacarepaguá, que era uma zona deserta e de difícil acesso. Conseguiu a alcunha de "Inimigo do esporte". De fato, em termos pessoais era completamente desinteressado pelo tema. No entanto, ao assumir o governo, reparou, surpreendido, que o estádio estava incompleto e malconservado. Havia até um presídio no seu interior, destinado a policiais condenados. Com uma obra dispendiosa, foi o seu governo que acabou a construção, tal como fora prevista nos seus projetos, e pôs ordem no seu funcionamento. Se usarmos os estereótipos conhecidos, era como se a Bahia passasse a ser governada por alemães.

Mesmo antes de tomar posse, o candidato ao governo já demonstrara uma preocupação com o ordenamento administrativo da cidade. No discurso preparado com a ajuda de Sandra Cavalcanti, Hamilton Nogueira e Hélio Beltrão — especialista em administração pública —, proferido na convenção da UDN em julho de 1960, afirmava que tomaria "a descentralização como tema central da nossa reforma administrativa. [...] Não devemos nem permitir que a Constituição do Estado consagre a atual centralização, absurda e inoperante"[4]. Mais tarde, no discurso de posse, procurou

---

[3] Lacerda *apud* Debert (1979: p. 183).
[4] Lacerda (1963: p. 145).

deixar claro o que entendia por governar: "Somos um governo [...] que acredita na eficiência através da técnica e do planejamento."[5] Com razão, a preocupação com a descentralização e o planejamento são dois temas fortemente presentes ao longo de todo o período desse governo. Na verdade, são bastante característicos desse período da história da administração pública brasileira.

2. O PENSAMENTO ADMINISTRATIVO BRASILEIRO

Desde a proclamação da República, pode-se identificar na administração pública brasileira alguns períodos que marcam, por assim dizer, a evolução do seu pensamento e da sua prática.[6] O primeiro período, que predominou até o início da era Vargas, se identificava basicamente com as possibilidades da estrutura jurídica e, com isso, o pensamento administrativo se subordinava completamente ao direito administrativo. Posteriormente, com o começo do estudo sistemático da administração, vista já como uma ciência, e os avanços de cunho teórico e prático obtidos principalmente nos EUA e sua crescente difusão em nosso meio, essa visão foi sendo superada. Compreendeu-se então que a solução dos problemas administrativos não estava apenas em encontrar uma solução jurídica, já que esta era apenas uma das suas facetas e não a principal, e que era possível encontrar soluções no próprio campo da ciência administrativa.

Com a criação do Departamento de Administração do Serviço Público (Dasp), instituído em 1938 para ser a escola de profissionalização do funcionalismo público no governo Vargas — período em que ocorreu uma estruturação e expansão estatal —, foi incor-

---

[5] Lacerda apud Debert (1979: p. 183).
[6] Cf. Keinert, Tania M. "Os paradigmas da administração pública no Brasil, 1900-1992". In: *Revista de Administração de Empresas*. São Paulo, vol. 34, nº 3, p. 41-8.

porada a chamada Escola Clássica, a partir dos trabalhos de Taylor, Fayol e outros teóricos do início do século XX. Essa escola era marcada fortemente pela idéia da racionalização, e ajudou a elaborar o conceito predominante na época, segundo o qual "governar é administrar"[7], diminuindo o peso do componente jurídico e ignorando o peso político. As circunstâncias vividas naquele momento — o Estado Novo — também colaboravam para formar esse tipo de visão. Por sinal, a visão dessa nova geração era, curiosamente, ou precisamente, a de Carlos Lacerda.

No período entre 1946 e 1964, pode-se distinguir um outro momento da administração pública, marcada então pela ideologia desenvolvimentista. Segundo Keinert,

a idéia desenvolvimentista fundamentou-se, por um lado, no desejo de os países ricos criarem, nos países pobres, pré-condições para investimentos; e, de outro, nas evidentes necessidades de os novos estados transformarem suas burocracias de tipo colonial em instrumentos de mudança social.[8]

Com isto, se pensava na administração como uma ferramenta que deveria se tornar eficaz, profissionalizada, já que essas condições eram absolutamente necessárias para implementar os planos de desenvolvimento da nação. Foi nessa época que surgiram os diversos projetos de cooperação internacional e, como fruto deles, a criação e o aperfeiçoamento das escolas de administração no Brasil.[9]

---

[7] *Revista do Serviço Público*. Editorial. RSP, ano I, vol. 3, nº 2, agosto de 1938.
[8] Keinert (1994: p. 44).
[9] Um dos acordos foi o Programa de Ensino em Administração Pública e de Empresas, firmado em 1959, destinado a formar técnicos para repartições públicas e privadas. Para tal, diversos professores foram encaminhados para cursos de pós-graduação nos EUA, o que possibilitou a criação de cursos de graduação em outros estados do país como o Rio Grande do Sul e a Bahia, bem como o aperfeiçoamento da Ebap e da Eaesp, pertencentes à FGV. Esses convênios, como o que dera origem à FGV em 1943/1944, marcaram a presença norte-americana no pensamento e na prática da administração brasileira, como ocorre até hoje.

3. A VISÃO DA ADMINISTRAÇÃO COMO MÁQUINA

Para compreendermos melhor a estrutura que se criou no estado da Guanabara, procuraremos descrever com mais profundidade essa cultura organizacional e administrativa de cunho racional.

Gareth Morgan (1996) procura interpretar as organizações a partir de metáforas, comparando-as a representações que permitem vê-las ora como máquinas, ora como organismos vivos, ora como cérebros, para citar as principais. Usar uma metáfora implica um modo de pensar e uma forma de ver que permeia a maneira pela qual entendemos o nosso mundo. Usamo-la sempre que tentamos compreender um elemento da nossa experiência em função do outro.

Vivia-se então na crença de que os problemas sociais e econômicos poderiam ser solucionados com planejamento e controle. As considerações sociológicas, culturais e antropológicas não tinham o peso que posteriormente viriam a ter. A metáfora que atribui a uma organização a imagem de *máquina* pode ser de especial proveito, pois nela se encaixam algumas características da administração que Lacerda foi desenhando e montando ao longo do seu mandato. Na verdade, o próprio uso de verbos como "desenhar" e "montar" já nos remete ao mundo dessa metáfora, prova de como ela exerce influência sobre a nossa linguagem e sobre a nossa forma de pensar.

Deve-se ter em conta também que a forma mecânica de administrar está tão arraigada até hoje na nossa cultura e, de forma especial, no setor público que é muito difícil gerir uma organização complexa de outra forma. O próprio conceito "organização" é comumente visto como um estado de relações ordenadas entre partes claramente definidas que possuem alguma ordem determinada, ou seja, é visto como um conjunto de relações mecânicas.

O principal objetivo da organização-máquina é, em primeiro lugar, a busca pela eficácia, e, para tal, organiza-se o trabalho de forma rotineira (com esquemas rígidos), confiável e padronizada, sem dar margens às variabilidades próprias do ser humano. Isso não significa que funcione como se espera, já que esse sistema ignora variáveis humanas que não raramente empanam todo o esforço colocado.

Quando os administradores pensam nas organizações como máquinas, tendem a administrá-las e planejá-las como máquinas feitas de partes que se interligam, cada uma desempenhando um papel claramente definido no funcionamento do todo. Enquanto algumas vezes isso pode se comprovar altamente eficaz, outras vezes pode ter resultados desastrosos.[10]

Somente no início do século XX é que as idéias e o desenvolvimento do mecanicismo foram sintetizados numa teoria abrangente de organização e de administração. A contribuição mais importante deve-se ao sociólogo alemão Max Weber. Weber percebeu que assim como a máquina torna rotineira a produção, a burocracia torna rotineira a administração.[11] A burocracia, ao perseguir a rapidez, a precisão, a regularidade e a eficiência, necessita criar divisões de tarefas, supervisão e regras detalhadas. Viu também que o enfoque burocrático levado às últimas conseqüências tinha poder para afogar o espírito e a capacidade de iniciativa do ser humano.

Na realidade, com a experiência obtida, as organizações-máquina, no decorrer dos anos, comportaram-se dentro de diversas modalidades e se afastaram de um mecanicismo rígido. O espírito de iniciativa, a flexibilidade e a qualidade de vida foram se incorporando a esse modelo, não por espírito de compaixão com o ser humano, mas em nome da própria produtividade e eficácia do sistema.

Diversos teóricos da administração contribuíram para formar a Teoria Clássica da Administração. A crença básica dessa sistema-

---

[10] Morgan (1996: p. 17).
[11] Cf. Weber (2000: p. 141).

tização se resume no processo de planejar, organizar, dirigir, coordenar e controlar. A partir dessa matriz surgiram muitos outros subsistemas, tais como a programação de orçamentos e a administração por objetivos, extremamente usados nos setores privado e público. A ênfase dessas técnicas sobre o planejamento e o controle racional é antiga e encontra suas raízes no estudo dos princípios militares e no desenvolvimento da engenharia, que passou a trabalhar com sistemas mais complexos.

Outros princípios presentes nesse modelo permitem compreender melhor como funciona uma organização desse feitio: hierarquia, divisão do trabalho, disciplina, empenho e subordinação dos interesses individuais aos interesses gerais.

Estabelecidos na primeira metade do século XX, esses princípios foram rapidamente difundidos em todo o mundo ocidental devido aos significativos resultados que podem produzir a curto prazo. Logicamente, a implementação desses princípios não é trivial e está sujeita aos desgastes naturais do tempo, de uma mudança pouco feliz na direção, da falta de competência do líder etc. Nesse sentido, fala-se de máquinas mal ajustadas, emperradas, onde falta comando, planejamento e controle adequado, e onde as ordens, expedidas de cima, não fluem pela organização de forma a produzir o efeito desejado.

Esses princípios são básicos tanto para a máquina centralizada como para as formas modificadas, nas quais várias unidades são autorizadas a operar de modo semi-autônomo.

Assim como os militares introduziram a descentralização para lidar com as dificuldades das situações de combate, os teóricos da administração clássica reconheceram a necessidade de conciliar os requisitos contraditórios da centralização e da descentralização para preservar a flexibilidade apropriada nos diferentes setores de grandes organizações.[12]

---

[12] Morgan (1996: p. 29).

Uma outra importante contribuição à organização-máquina provém de Frederick Taylor, pai da administração científica. Apesar de ter ganho por ocasião da sua morte, em 1915, a reputação de "o maior inimigo do trabalhador", devido ao fato de a aplicação da sua teoria levar o operário a um tipo de trabalho desmotivante e comumente desumano, os princípios que defendeu marcaram fortemente a administração das organizações ao longo do século XX. Resumidamente, os conceitos que mais dizem respeito ao setor público podem ser representados como: uso de métodos científicos para determinar a forma mais eficiente de fazer o trabalho; seleção de pessoal; treinamento; fiscalização.

Um ponto ilustrativo dessa mentalidade racionalista e mecanicista presente no governo Lacerda é a aplicação da técnica Pert. Trata-se de uma técnica que permite otimizar o tempo de execução de um projeto qualquer. Analisa-se o tipo de relacionamento existente entre as diversas tarefas que compõem o projeto a ser executado e se indica o momento em que cada ação deve ser iniciada, de modo a não ocorrerem demoras desnecessárias. Foi trazido para a Guanabara a partir da experiência norte-americana e implementado pelo Corpo de Engenheiros do estado e pela Assessoria de Controle da Execução Orçamentária, pertencente à Coordenação de Planos e Orçamentos. Esta técnica, inovadora no campo público brasileiro,[13] foi testada inicialmente na obra mais importante e complexa do governo, que era a construção da adutora do Guandu. Posteriormente foi aplicada no cronograma de outras obras e também no controle da execução orçamentária, a fim de disciplinar o cronograma de desembolsos e reduzir despesas. O Pert é, em resumo, uma ferramenta de racionalização do trabalho, introduzida na Guanabara por duas das equipes mais técnicas: a de engenheiros e a de contadores.

---

[13] Esta nova técnica substituiu o então tradicional sistema Gantt.

Para que o enfoque mecanicista seja bem-sucedido é necessário, entre outros fatores igualmente importantes, que as partes humanas da máquina sejam submissas e comportem-se como planejado. Ingenuidades à parte, a realidade é que as pessoas têm projetos pessoais que colidem com terceiros, como o plano de carreira, a defesa de interesses de certos departamentos e secretarias, invejas, brigas e outros problemas que comprometem os resultados como um todo. A organização passa então a obter efeitos bastante contrários aos objetivos estabelecidos no planejamento original. Se não há mecanismos de controle rígidos associados a um fino tato para com os empregados, a chance de que os efeitos colaterais ocorram é muito grande. Essa situação se verifica claramente em organizações públicas,[14] e não se estranha que já seja proverbial a visão da administração pública como algo ineficaz e desorganizado. É a imagem do paquiderme, grande, pesado e lento. O funcionário público acaba sendo caracterizado por ser alguém que despende horas diárias num trabalho que não valoriza nem aprecia, e o governo perde as contribuições criativas e inteligentes que a maioria desses funcionários é capaz de fazer quando devidamente incentivada.

Por outro lado, se a máquina "possui um corpo de pessoas que se comportam de acordo com interesses formais e aspirações da organização total, 'servindo a ela' em lugar de se servir da organização para outros propósitos, então isso pode não ocorrer"[15]. Levando-se em conta o carisma presente em Lacerda, o fenômeno do lacerdismo, os depoimentos prestados por pessoas que trabalharam no governo[16] e o comportamento que tiveram nesse período,

---

[14] Estabilidade no emprego, interesses políticos particulares acima dos coletivos, "falta de dono" com a coisa pública, entre outros fatores, fomentam indiretamente esse tipo de situação.
[15] Morgan (1996: p. 41).
[16] Cf. Motta, Marly. "As bases mitológicas do lacerdismo". In: *Os desafios contemporâneos da História Oral*. Simson, Olga Rodrigues de Moraes von (org.). Unicamp, 1996. Cf. também Dulles (2000: p. 18-9).

podemos deduzir, com segurança, que essas condições se deram na Guanabara. E esse ponto — abstrair de interesses individuais em prol da coisa pública — foi o fator mais importante para que a máquina administrativa de Lacerda funcionasse e produzisse os resultados que a fixaram na memória política carioca.

Lacerda é considerado um homem público que soube conjugar o carisma político com o administrador racional. Na verdade, acreditamos que o segundo não existiria sem o primeiro: sem carisma, sem liderança, sem ser mito, Lacerda não conseguiria — ou ao menos teria sido muito mais difícil — impulsionar a máquina do estado. Foi preciso reunir um grupo de homens que, ao mesmo tempo que eram tecnicamente competentes, estavam identificados com as bandeiras empunhadas por Lacerda, em maior ou menor grau magnetizados pelo mito. Afinal, valores como a moralidade pública, o serviço ao país e, sobretudo, a oportunidade de colocar os talentos em prol de uma causa que se considera valiosa são e sempre foram motivos muito gratificantes e estimulantes para certo tipo de indivíduo. Por outro lado, o racional serviu também como estímulo para o carisma, isto é, os feitos da administração na Guanabara fortaleceram a chama do lacerdismo. Essas duas facetas presentes em Lacerda são mutuamente dependentes.

Mesmo para os não-lacerdistas, a atmosfera que se conseguiu criar foi um verdadeiro incentivo. É conhecido o bom nível do corpo técnico de alguns órgãos do antigo Distrito Federal, porém, num estudo administrativo realizado em 1966, pode-se constatar e afirmar a existência de "outro nível moral entre cerca de dez mil funcionários transferidos do Serviço Público Federal — antigo DF — para o Estadual"[17]. Isso se torna compreensível quando o funcionário público, acostumado a ver o elemento político interferir negativamente na esfera administrativa, acostumado a ver os quadros da prefeitura serem mexidos a cada dois anos por interesses

---

[17] Sherwood (1966: p. 9).

clientelistas, encontra um terreno mais favorável e mais estável para desenvolver os seus projetos.

A máquina que Lacerda reestruturou pode e deve ser analisada por dois ângulos. Por um lado, considerando o que poderíamos chamar de *aspectos intangíveis*: o espírito de liderança, a motivação, o carisma, o estilo de trabalhar, entre outros fatores. Por outro lado, encontramos os *aspectos tangíveis*: a organização jurídica e administrativa, as técnicas, a estrutura governamental, as ferramentas. É sobre estes aspectos que vamos nos debruçar agora.

4. A ELABORAÇÃO DA CONSTITUIÇÃO ESTADUAL

Em abril de 1960 foi promulgada a lei nº 3.752 criando o estado da Guanabara, com os limites geográficos do antigo Distrito Federal, e marcando a eleição do governador e dos membros da Assembléia Legislativa para outubro de 1960. Os deputados, em número de trinta, deveriam primeiramente elaborar a Constituição do estado e, cumprindo esta missão, atuar como legisladores até as eleições de 1962.

Após um longo período sem desfrutar uma autonomia política, os cariocas iriam, por meio do voto direto, redigir a primeira Constituição do novo estado. A tradicional polarização entre candidatos do PTB e da UDN deu o tom, com a UDN elegendo mais deputados do que o rival, como já havia ocorrido dois anos antes nas eleições para o Senado. A UDN obteve nove deputados contra seis do PTB, quatro do PSD, sendo que os 11 restantes ficaram divididos em partidos pequenos. Na verdade, esses partidos pequenos faziam o papel de fiel da balança, uma vez que ao render apoio a propostas da situação ou da oposição formavam a contagem necessária para se obter a maioria na Assembléia. Além disso, como a Câmara dos Vereadores ainda vigorava por ocasião das eleições para a Assembléia, muitos vereadores não se candidataram e a nova composição caracterizou-se por um viés menos localista.

Posteriormente, com a extinção da Câmara de Vereadores e as novas eleições em 1962, houve a volta desse tipo de político.

Enquanto se lançava como candidato ao governo pela UDN, Lacerda já se preocupara em formar uma bancada de deputados fiéis que serviriam de suporte na Assembléia durante a elaboração da Constituição e ao longo do seu mandato. Por isso trabalhou para que se candidatassem e fossem eleitos especialistas, professores de direito com grande projeção e experiência. O primeiro deles era Aliomar Baleeiro, cuja obra sobre finanças públicas constituía leitura obrigatória nas universidades brasileiras. Ele era um dos fundadores da UDN em 1945, presidira o partido entre 1949 e 1951, fora constituinte de 1946 e deputado federal de 1946 a 1951 e de 1955 a 1959. O segundo era Themístocles Cavalcanti, professor universitário, sem nenhuma experiência na carreira política, mas autor de diversas obras de referência sobre as leis administrativas brasileiras, um especialista em constituições, cuja opinião valeria peso de ouro nos trabalhos da Assembléia. Themístocles era um símbolo do perfil de político que a classe média udenista queria para o novo estado: competência profissional comprovada, seriedade e honestidade em detrimento do político tradicional. Apoiado pelo peso da terceira maior votação, com quase 16 mil votos, foi indicado e tornou-se o presidente da Comissão Constitucional.

Logo no início dos trabalhos dois temas fomentaram os debates dos constituintes: o papel da Câmara dos Vereadores, eleita em 1958 e com mandato até 1962, e a questão da existência ou não de municípios dentro da Guanabara. Como era previsível, a luta de interesses e a polarização ideológica acirrou os debates. Do ponto de vista da governabilidade, a presença de duas Câmaras e a existência de municípios dentro da cidade eram dois fatores complicadores. A unidade era um elemento importante para conseguir que se fizessem as reformas na infra-estrutura da cidade, tidas por Lacerda como de cunho emergencial. Caso contrário, o papel do governador se esvaziaria, ou pelo menos perderia força, já que se veria cercado por vários prefeitos e duas assembléias.

Não por acaso Lacerda enviou, quatro dias após tomar posse, o Ato Constitucional nº 1, propondo a extinção da Câmara dos Vereadores e a adição do poder Legislativo para a Assembléia Constituinte recém-empossada. No dia 29 de dezembro de 1960 o Ato foi aprovado e, depois de apelar para o Supremo Tribunal Federal, os vereadores tiveram, por um voto, sua Câmara extinta no dia 16 de março de 1961. Quanto à questão dos municípios, ficou determinada a formação de um plebiscito, no qual se consultaria a população sobre o tema. No dia 21 de abril de 1963, por esmagadora vitória, os cariocas ratificaram nas urnas a continuação da cidade-estado, isto é, a existência do município único.

O desafio dos constituintes, no aspecto político, estava na possibilidade de tornar o novo estado um a mais na Federação, centrando-se nas questões locais, ou manter o seu papel de destaque no cenário do país, tornando-o palco das questões de interesse nacional.

No campo econômico, se por um lado havia o desejo de tornar a Guanabara economicamente viável, de demonstrar ao país que poderia, da mesma forma que os outros estados da Federação, subsistir e se desenvolver, havia, por outro lado, o discurso de reclamar a "indenização" que a União deveria pagar pelo modo como largara a antiga capital, requisitando-se auxílios mais substanciais. Já no aspecto administrativo, o desafio dos constituintes era criar um arcabouço jurídico que desse condições para substituir a administração emperrada, obsoleta e inadequada do Distrito Federal por uma outra, estadual, moderna e dinâmica.

No dia 27 de março de 1961, após quatro meses de trabalho, foi promulgada a nova Constituição. Na redação do texto final, que fixava em linhas gerais o funcionamento do novo governo, percebe-se que a bancada udenista conseguiu forjar uma carta que favorecia o governador na sua intenção de ditar as regras do jogo e fazer valer seus projetos. Isto porque o texto constitucional fortalecia o Poder Executivo, conferindo-lhe uma maior autonomia frente aos outros poderes. Confiava ao governador, por exemplo, o direito de veto parcial ou "por item" dos projetos aprovados,[18] e com esse artifício ele podia evitar as emendas de uma lei que fossem contrárias aos seus interesses sem que fosse necessário o desgaste de rejeitar um projeto como um todo, o que seria piorar o já tenso relacionamento com a Assembléia. Além disso, era de competência exclusiva do governador a iniciativa de propor projetos de lei que criassem cargos e funções em serviços existentes ou aumentassem a qualquer título vencimentos de qualquer natureza.[19]

Havia também uma cláusula bastante estrita quanto ao *quorum* da Câmara, exigindo uma maioria absoluta como mínimo para muitas decisões e dois terços de presença em várias outras. Isto implicava que qualquer alteração, fosse a favor, fosse contra o governo, não poderia ser feita sem chamar a atenção de um Legislativo, por demais polêmico e polarizado, alimentando ainda mais as disputas entre os grupos envolvidos e o poder de barganha dos partidos pequenos.

A Constituição manteve o Tribunal de Contas como principal órgão fiscalizador do governo, seguindo assim o exemplo do governo federal e do Distrito Federal. O Tribunal era composto de nove ministros, nomeados a título vitalício pelo governador, com aprovação da Assembléia Legislativa, e que recebiam os mesmos vencimentos dos invejados ministros do Tribunal de Contas da União.

O Tribunal de Contas da antiga prefeitura do Distrito Federal contava com apenas cinco membros, indicados na sua maioria a partir da aliança PTB-PSD. Desse grupo destacavam-se os minis-

---

[18] Constituição Estadual da Guanabara. Título I, cap. II, sec. IV, art. 12: O governador, no prazo de dez dias a contar daquele em que receber, vetará total ou parcialmente o projeto que julgar, no todo ou em parte, inconstitucional ou contrário aos interesses do Estado, e no mesmo prazo comunicará ao presidente da Assembléia as razões do veto.
§II O presidente da Assembléia remeterá à Comissão competente, nos termos do Regimento Interno, a matéria vetada para emitir parecer, a qual será votada em sessão única.
§III Considerar-se-á aprovado o projeto que obtiver o voto de dois terços dos deputados presentes.

[19] Cf. Constituição Estadual da Guanabara. Título I, cap. II, sec. III, art. 7º, §I.

tros João Lyra e Gama Filho, cujo filho era deputado estadual pelo PSD. Com a ascensão do grupo lacerdista, os deputados udenistas conseguiram ampliar o número de ministros, abrindo quatro vagas que foram preenchidas com os seus indicados no intuito de tentar equilibrar a balança de poder dentro desse órgão. Entre os nomeados encontrava-se a ministra Dulce Magalhães, que fora vereadora pelo PDC, e Café Filho, ex-presidente, que se aproximara de Lacerda por ocasião dos acontecimentos de 1954.

Começaria aqui uma longa história de atritos entre o Executivo e o Tribunal: o primeiro procurou ao longo dos cinco anos criar mecanismos que mitigassem o controle do Tribunal, alegando que a sua inércia fiscalizadora e a sua suposta coligação com elementos da oposição impediam a continuidade das obras e das reformas empreendidas em detrimento dos interesses da população carioca; o segundo alegava que tinha autoridade para fiscalizar apenas uma parcela ínfima das transações totais do estado e que o Executivo estava operando uma verdadeira "privatização do estado", ao criar autarquias e sociedades de economia mista que operavam fora do controle do Tribunal.

A questão governabilidade *versus* controlabilidade é antiga, permanece até hoje e envolve um equilíbrio muito delicado entre ter condições de administrar com eficiência a coisa pública e o perigo de se agir fraudulenta, isolada ou até mesmo nocivamente. De alguma forma, as tensões que surgiram ao longo desse conflito acabaram por permitir a elaboração de leis que procuravam atender aos interesses dos dois lados.[20] Célio Borja recorda que

---

[20] Concretamente, os órgãos autônomos ficaram sob a fiscalização do Tribunal de Contas, pelo decreto nº 1.201, de 9 de novembro de 1962, art. 1. "A julgar pela lei, o Tribunal de Contas dispunha de instrumentos para o exercício da função fiscalizadora, no que tocava aos órgãos descentralizados, embora apregoasse que apenas fiscalizava 5% dos contratos assinados pelo Estado. É o caso, pois, de se perguntar: Com quem estaria a razão? Com o Tribunal, que se dizia lesado na sua prerrogativa de órgão controlador a quem o Executivo ia, pouco a pouco, subtraindo os seus atos financeiros, ou com o Executivo, que apregoava estar ele a entravar o progresso do Estado com a demora no registro dos contratos vitais à realização das obras exigidas para a concretização dos objetivos do governo?" Oliveira (1967: p. 5-6).

uma das medidas elaboradas para contornar esse conflito, e que foi bem-sucedida, foi a instalação de um minitribunal, com um ministro e vários auditores dentro de uma autarquia como a Sursan. Tinham um valor teto para autorizar de imediato, o que agilizava a tramitação. Posteriormente, esses valores eram levados à sessão plenária do Tribunal.[21]

Como reflexo da presença de Aliomar Baleeiro, a Constituição tratou de forma minuciosa as questões orçamentárias e financeiras. Destaca-se em concreto a preocupação dos constituintes de evitar o descontrole das contas do estado, numa configuração que se situa tipicamente dentro da conhecida frente udenista em defesa da moralidade na administração pública. Dentre os pontos existentes na carta podemos sublinhar:

- a proibição de deliberar sobre matérias pertinentes a servidores públicos nos cento e oitenta dias que antecedem as eleições estaduais;[22]
- a proibição do Legislativo de alterar a receita para menos e as autorizações de despesa para mais no total da proposta orçamentária oriunda do Poder Executivo;[23]
- todo aumento de despesa só poderia ser autorizado mediante a majoração proporcional das alíquotas dos impostos, que deveriam cobrir os gastos respectivos.[24] Esses aumentos deveriam ser sancionados antes da aprovação do orçamento para o ano seguinte, quando então poderiam ser cobrados;
- o estado não poderia gastar com o funcionalismo público mais de 60% da sua receita.[25]

Havia ainda outros pontos que refletiam a questão da eficiência administrativa e que levavam em conta a experiência negativa

---

[21] Borja, Célio. Entrevista concedida ao autor em 23-3-2004.
[22] Cf. Constituição Estadual da Guanabara. Título I, cap. II, seção III, art. 10a.
[23] Cf. op. cit. Título I, cap. II, seção III, art. 10b.
[24] Cf. op. cit. Título I, cap. II, seção VI, art. 19, XII.
[25] Cf. op. cit. Título I, cap. II, seção VI, art. 19, XIV.

das antigas prefeituras: investidura em cargos públicos somente mediante prestação de concursos; proibição de efetivação de interinos; declaração de bens anual e obrigatória para secretários, assistentes do governador, presidente e diretores do banco do estado, diretores de autarquias, entre outros.

Finalmente, na seção da Constituição que tratava da organização administrativa, foi desenhado o dispositivo que possibilitou a grande reforma administrativa de dezembro de 1962. Essa reforma teve um papel importante para acelerar o desenvolvimento e a implementação dos projetos do Executivo e é considerada um divisor de águas na administração do governo Lacerda. No texto constitucional, lê-se que:

Os serviços públicos essenciais serão prestados pelo estado por administração direta ou mediante organismos autárquicos, paraestatais ou sociedades de economia mista, nas quais o estado, por si ou em associação com outros estados ou com a União, tenha sempre 51% das ações com direito de voto e cujos demais acionistas, inclusive os detentores de ações preferenciais, sejam brasileiros ou estrangeiros radicados no país, ou pessoas jurídicas constituídas exclusivamente por sócios ou acionistas que satisfaçam estas condições.[26]

Ficava aberta juridicamente, portanto, a possibilidade de se constituírem empresas públicas que permitiriam ao Executivo fugir das condições rígidas e morosas estabelecidas para os órgãos da administração centralizada.

5. AS PRIMEIRAS MEDIDAS DO GOVERNO

Para Lacerda, a origem dos males da cidade tinha nome e sobrenome: o principal responsável era o governo federal, cujo descaso para com a cidade do Rio de Janeiro deixara a ex-capital com um

---

[26] Cf. Título III, cap. II, sec. I, art. 45, §III.

grande déficit de serviços públicos; o segundo responsável era o *mau político e sua má política*, que colocavam os interesses particulares na frente dos interesses do estado; em terceiro lugar estava a obsolescência da administração pública viciada pelo clientelismo e o favoritismo. A solução para os problemas se daria em duas frentes que deveriam ser trabalhadas simultaneamente. Por um lado, a pressão junto à União para obter os recursos que, segundo Lacerda, seriam uma *indenização*. Inicialmente animado com as perspectivas de ajuda que foram sinalizadas por ocasião da primeira reunião de governadores com o presidente Jânio, Lacerda viu suas pretensões serem descartadas com a confirmação da posse de Jango em setembro de 1961. Por outro lado, confiava na capacidade da equipe que formara: um grupo de juristas, administradores e engenheiros que implementariam uma gestão racional e alavancariam a construção da nova Guanabara.

De fato, essa foi a tônica que seguiu ao escolher o seu secretariado. Nele não havia nomes de importância da política local ou nacional. Lacerda, ignorando as reivindicações partidárias e centralizando as decisões na sua pessoa, escolheu os nomes da sua equipe a partir de sua plataforma política (racionalidade administrativa) e não na tradição clientelista. A composição inicial contava com Mario Lorenzo Fernandez, ex-diretor do Banco da Prefeitura, na Secretaria de Finanças; Edgar Flexa Ribeiro, proprietário de colégio particular, como secretário de Educação; Luís Carlos Mancini, administrador público de carreira na Secretaria de Administração; Hélio Beltrão, administrador público dos quadros da União, como secretário do Interior; Marcelo Garcia, médico, na Secretaria de Saúde; Antônio Arlindo Laviola, engenheiro e amigo de infância, na Secretaria de Viação e Obras Públicas; José Cândido Moreira de Souza, empresário, como secretário de Agricultura, Indústria e Comércio; Raphael de Almeida Magalhães, advogado, como chefe de gabinete do governador; Sizeno Sarmento, general do Exército, na Secretaria de Segurança; José Arthur Rios, sociólogo, como coordenador de Serviços Sociais.

Com pressa para reestruturar o estado, o governo procurou logo nos primeiros meses dar início às mudanças desejadas. Hélio Mamede, diretor de Urbanização, recorda que encontrou ao assumir o cargo gavetas cheias de projetos ignorados para o desenvolvimento da Guanabara, e que, com a chegada de Lacerda, deu-se uma "explosão", em virtude das decisões de implementar muitos desses planos.[27]

Uma das questões pendentes era a divisão administrativa da cidade, um assunto que tinha como referência obrigatória — indicada na Constituição estadual — o futuro plebiscito de janeiro de 1963, quando o carioca iria decidir se preferia a Guanabara com um único município ou dividida em vários. Lacerda, já na campanha eleitoral, indicava a sua preferência pela primeira opção ao defender a criação das regiões administrativas: "A solução que preconizamos é a da administração local, grupando bairros em regiões administrativas, regidas por um administrador."[28] Como vimos, a criação de municípios seria um complicador para o seu projeto político, já que significaria o envolvimento em mais uma campanha eleitoral, exigiria uma contínua e articulada negociação com os prefeitos,[29] diluiria o poder efetivo do governador, exigiria uma nova legislação tributária com o acerto da divisão e dos repasses de impostos federais e estaduais e complicaria, evidentemente, a implementação dos projetos do governo estadual.

Adiantando-se ao desfecho desta polêmica, logo em junho de 1961 começou a pôr em prática a sua opção preferida com a inauguração da 1ª Região Administrativa em Campo Grande. O administrador regional — o prefeitinho — era indicado pelo governa-

---

[27] Dulles (2000: p. 18).
[28] Lacerda (1963: p. 148). Convenção da UDN, 30-7-1960.
[29] Provavelmente vários desses "prefeitos de bairro" seriam petebistas, sobretudo na região suburbana, onde políticos desse partido tinham suas bases e dominavam o jogo político.

dor, que procurava designar uma pessoa da sua confiança e que, ao mesmo tempo, tivesse uma proximidade com os moradores da região. Para a 1ª Região, por exemplo, foi indicado o médico Romeu H. Loures, diretor do Hospital Rocha Faria, onde já trabalhava há mais de dez anos.[30]

O conceito de Região Administrativa estava dentro de um conjunto de medidas de descentralização do poder público. Do ponto de vista administrativo, o objetivo era diminuir a concentração de poder na esfera do secretariado e delegá-lo para quem estava mais próximo do problema, capaz de proporcionar uma solução mais acertada e em menor tempo, já que se conseguia reduzir o caminho dos processos e a quantidade de papéis. Nesse sentido, as regiões administrativas passaram a representar diversos órgãos da administração pública, tramitando assuntos relacionados com edificações, fiscalização sanitária, coletoria de impostos etc.

Até 1960 o governador despachava uma média de cinqüenta processos diariamente, e o seu secretariado, em torno de duzentos processos, drenando a atenção e o tempo de quem deveria comandar e planejar o estado para funções meramente burocráticas. Romper esse esquema, com a ajuda da delegação de poderes, era um fator motivante para Lacerda, que possuía um tipo de temperamento que o impulsionava a sair do gabinete arrastando consigo seus secretários para as ruas. Era comum acordar alguém no meio da madrugada para irem vistoriar alguma obra em andamento. Procurando governar a cidade a partir da cidade, conseguia uma melhor visibilidade nos dois sentidos, dele para os problemas locais e do cidadão e da mídia para ele, isto é, conseguia ganho administrativo e ganho político.

A designação do local das três primeiras regiões administrativas foi feita a partir de critérios técnicos. Campo Grande era então uma região basicamente rural, a região da Lagoa era um típico bairro residencial da zona sul e São Cristóvão era um bairro *sui ge-*

---

[30] *Tribuna da Imprensa*, 3-6-1961.

neris, ao possuir indústrias ao lado de residências e por estar perto do Centro. Dessa forma, pelo amplo leque de situações que essas regiões abrigavam, constituíam um campo válido para servir de experiência antes de se expandir por toda a cidade a nova estrutura administrativa que se estava esboçando.[31]

No final de 1961 já haviam sido criadas seis novas regiões: São Cristóvão, Lagoa, Vila Isabel, Paquetá, Bangu e Jacarepaguá. Em 1963 ficaram estabelecidas as 21 regiões administrativas, para efeito de organização e administração dos serviços públicos.[32]

Mesmo partindo de decisões técnicas, as regiões administrativas também tinham conotações políticas. Lacerda pretendia também substituir o controle de locais que estavam na mão da oposição, inserindo, através da máquina pública, nomes leais a ele. Com o tempo, esperava formar desses núcleos novos quadros políticos que poderiam suplantar o tradicional predomínio petebista na política local. Como vários deputados tinham bases distritais, a criação da administração regional retirava-lhes o poder de porta-voz da comunidade. Ao se abrir um canal de comunicação do cidadão diretamente com os administradores, ele deixava de ter de acudir os legisladores para resolver seus problemas. Se por um lado esses políticos davam boas-vindas às obras do governo pela cidade, na medida em que podiam se apropriar delas ante o seu eleitorado, por outro lado colocaram dificuldades para que as regiões administrativas prosperassem.

A idéia original previa uma autonomia maior para essas regiões, dotando-as de uma unidade orçamentária própria. Dessa forma, uma rede de saúde básica, uma escola ou outro serviço de certo porte nasceria e seria implementado a partir da própria região administrativa. Essas medidas nunca foram para a frente porque foram sistematicamente sabotadas em prol da manutenção do curral eleitoral de certos deputados.

---

[31] Cf. entrevista com Raphael de Almeida Magalhães, 13-8-2003.
[32] Cf. tabela no fim do capítulo.

Simultaneamente, Lacerda punha em andamento vários projetos como a ampliação da rede pública de ensino, a solução do problema da água e do esgoto sanitário e a reformulação do espaço urbano. Para realizá-los, o governo tinha consciência da importância de conseguir a aprovação por parte do Legislativo de vários pontos da reforma administrativa pleiteada. Um desses pontos foi obtido no final de 1961, quando foram aprovadas as leis nº 72/61 e nº 134/61, que concediam aumento para as taxas de água e esgoto e, principalmente, o reajuste da alíquota do IVC.

Ainda no fim do ano, Lacerda transferiu o Departamento de Águas, sob direção do engenheiro Veiga Brito, da Secretaria de Obras Públicas para a Sursan e nomeou como diretor desta Enaldo Cravo Peixoto. Era um detalhe que faria uma grande diferença, já que a Sursan, ao contrário dos tradicionais departamentos da administração centralizada, era uma autarquia ágil e dotada de verbas substanciais.

Outro elemento importante para o processo de mudança foi a reestruturação do Banco do Estado da Guanabara (BEG) como instrumento de capitalização e financiamento dos projetos do estado. Era herdeiro de um desprestigiado Banco da Prefeitura, conhecido cabide de emprego e fonte de empréstimos para políticos da capital. Em 1960 contava com sete agências na cidade e um capital de Cr$100 milhões, não figurando entre os cem primeiros bancos do país. Em 1965, o banco se tornara o oitavo maior do país, com 38 agências e um capital de Cr$7,8 bilhões de cruzeiros, num aumento de 7.700%. O número de acionistas cresceu nesse período na ordem de 65% e o aumento de depósitos foi em torno de 34 vezes. Os principais responsáveis pela reestruturação foram os seus dois presidentes, o advogado Dario Almeida Magalhães e o financista Antônio Carlos de Almeida Braga.

Como ocorreu essa transformação? Ela se tornou possível principalmente por meio da implementação de uma série de medidas:
- O presidente da Sumoc, órgão que fazia na época o papel de Banco Central, Otávio Gouvêa de Bulhões, concedeu mais

de trinta cartas patentes necessárias para se abrirem novas agências.
- Todo o pagamento do funcionalismo estadual foi transferido para o banco. Isso porque, até então, o servidor recebia o salário mensal *in cash*, em mãos, através de um processo complexo que exigia um elevado número de pessoas para operá-lo com segurança. Foi preciso vencer a resistência das pessoas empregadas nessa sistemática para implementar o novo sistema, que permitiu expandir fortemente o volume de depósitos do banco.
- Pela primeira vez no país foi implementado o Cheque Verde, nome de fantasia do cheque especial, garantido contra falta de fundos. Este produto, sendo inovador, envolvia um risco: não se sabia como o mercado reagiria e temiam-se efeitos colaterais não previstos. Portanto, era um risco que somente valia a pena ser enfrentado por um banco que ainda era muito pequeno, como era o caso do BEG. Com o sucesso da operação, que ocasionou um forte impacto no comércio ao aderir prontamente ao produto que o banco oferecia, os depósitos tiveram um bom crescimento.
- Foi aprovado um projeto de lei federal permitindo que o depósito judicial a longo prazo, obrigatório para os bancos, fosse realizado não somente no Banco do Brasil ou na Caixa Econômica, mas também em bancos estaduais.
- Passou a ser obrigatório para todo fornecedor e contratante do estado abrir uma conta no BEG.
- Foi realizado um aumento de capital, adquirido por sua vez quase que exclusivamente pelos próprios funcionários. Estes passaram a ser acionistas do banco e recebiam 14 salários mais dividendos.

Todas essas medidas permitiram ao BEG ter um aumento espantoso no volume de recursos disponíveis. Além disso, foi fundamental uma outra decisão, menos monetária, mas não menos importante, para alavancar o banco: a mudança na política de pessoal, a introdução de uma cultura de absoluta intransigência para com favores pessoais. Dario Almeida Magalhães, recordando esse tempo, assegura que Lacerda jamais lhe indicou que concedesse empréstimo para amigos, empresários ou políticos. Mais significativo ainda, o secretário de Obras Públicas Enaldo Cravo Peixoto teve um enfarte e, como morava no quarto andar de um prédio sem elevador, foi proibido pelo médico de subir escadas. Pensou, então, em pedir um empréstimo ao BEG para poder instalar um elevador. Era o secretário que gerenciava o maior volume de verbas e lidava diretamente com o banco, que financiava as obras, mas teve sua proposta de empréstimo rejeitada.

No esforço de encontrar soluções para financiar os projetos foram feitas diversas tentativas que ajudaram em maior ou menor medida. Uma delas, típica de um governo de engenheiros e administradores, foi a elaboração de um novo título público. Os títulos públicos emitidos pelos governos estaduais a fim de levantar financiamento para as obras públicas eram um instrumento corriqueiro na mão do Poder Executivo, mas tinham perdido todo o poder de atratividade nos últimos anos e se tornado uma carta fora do baralho. Isto porque havia um surto inflacionário, superando os 50% anuais, e uma lei federal que limitava os juros a 12% ao ano. Para superar essa dificuldade, Mario Lorenzo Fernandez, secretário de Finanças, e Rego Monteiro, da Coordenação de Planos e Orçamentos, elaboraram um novo tipo de título público, conhecido como Título de Renda Progressiva. A solução encontrada foi indexar o título ao IVC, ou seja, o título continuava pagando apenas 1% de juro ao mês, mas em cima de um valor que se elevaria em proporção direta ao aumento da arrecadação do IVC (que por sua vez crescia à medida que a inflação aumentava o preço das mercadorias vendidas). Os donos dos títulos se tornavam de certa forma sócios do estado na arrecadação de impostos e colaboravam para o desenvolvimento estadual. O projeto foi enviado à Assembléia em agosto de 1962, pouco antes do término do prazo para a apresentação pelo governo do orçamento para 1963. Conforme indicava a Constituição Estadual, somente os impostos e operações de crédito aprovados antes da homologação do orçamento poderiam ser aplicados no próximo ano fiscal. Obtida a aprovação para emitir Cr$4 bilhões em títulos, observou-se em 1963 a boa atratividade desses papéis e não foi difícil vendê-los, já que davam proteção contra a inflação. No entanto, devido à baixa liquidez desses papéis e à alta atratividade das ações da Bolsa de Valores, não chegou a constituir uma fonte de receita significativa para o governo.

6. A INTRODUÇÃO DO ORÇAMENTO-PROGRAMA

Os orçamentos públicos haviam se transformado com o decorrer do tempo num inventário de despesas, apreciáveis apenas por especialistas, e, apesar de importantes, estavam feitos de tal forma que, na prática, ficavam sem nenhuma conexão com os projetos formulados pelo Executivo. A Constituição de 1946 indicava que o orçamento "deveria mencionar não somente os objetivos fiscais, como também os efeitos da política financeira que provavelmente resultarão"[33], mas desde então os esforços para implementar essa normativa estavam ainda em fase de estudos.

O professor Aliomar Baleeiro, especialista em orçamentos e deputado constituinte na Guanabara, participara também da Constituinte Federal de 1946 e, visitando os EUA em 1960, se interessara vivamente pela experiência que alguns estados americanos haviam tido com um novo tipo de orçamento intitulado "orçamento-programa"[34].

Lacerda também queria uma forma diferente para o orçamento e Hélio Beltrão pediu a José Roberto Rego Monteiro, diretor do

---

[33] Constituição de 1946: art. 19, §V.
[34] Cf. Sherwood (1966: p. 17).

então Núcleo de Planejamento[35], que preparasse um orçamento que servisse de plano de trabalho, reunindo as despesas de acordo com os projetos e fornecendo esclarecimentos sobre os objetivos da administração. Rego Monteiro e sua equipe de 25 técnicos elaboraram o primeiro orçamento-programa adotado por um estado brasileiro.[36]

O orçamento-programa introduzido na proposta para o ano de 1963 foi aprimorado em 1964 e consolidado na proposta elaborada para o ano de 1965. Foi especialmente acertado que a organização do novo orçamento ficasse sob a responsabilidade do Núcleo de Planejamento (embrião da futura Coordenação de Planos e Orçamento), permitindo que o orçamento se tornasse uma ferramenta de planejamento do governo. Durante a elaboração foi vital também a aquisição de computadores, que permitiram conjugar e processar os inúmeros dados provenientes das diversas secretarias e órgãos públicos.

Apesar das dificuldades com os deputados da oposição, e principalmente com o Tribunal de Contas do Estado, o novo modelo agradou à Comissão de Secretários de Finanças Estaduais que trabalhavam com o veterano industrial Valentim Bolças para padronizar os métodos de contadoria e orçamentários. A comissão, com a cooperação da equipe da Guanabara, produziu antecipadamente o que veio a se tornar a lei federal nº 4.320 de 17 de março de 1964, exigindo o orçamento-programa para a União, os estados, os municípios e o Distrito Federal.[37]

Para compreender a mudança ocorrida, convém conhecer como era o orçamento na sua forma clássica.

---

[35] Criado em 2-1-1961 e inicialmente integrado à Secretaria do Interior e Segurança, foi renomeado como Coordenação de Planos e Orçamentos e integrado à Secretaria de Governo em 1963.
[36] Uma experiência quase concomitante ocorreu no estado do Rio Grande do Sul.
[37] Cf. Dulles (2000: p. 22).

Na sistemática orçamentária anterior, as despesas eram classificadas entre pessoal, material e diversos. Os deputados tinham que se virar para deduzir qual a política governamental nas várias propostas de despesas. Algumas vezes, as despesas vinculadas a uma secretaria criavam uma visão completamente falsa dos seus verdadeiros gastos. Por exemplo, toda a despesa com inativos e pensionistas era creditada à Secretaria de Finanças.[38]

Classificar receitas e despesas é um tema bastante controverso, e não existe um sistema ótimo ou perfeito. Se num aspecto um certo esquema é vantajoso, em outras circunstâncias revela-se inadequado. No caso presente, o que se pretendia fazer era transformar o orçamento num plano de ação, isto é, que passasse a traduzir o plano de realizações do governo, atrelando uma despesa a um dos programas de desenvolvimento do estado. Deveria demonstrar o que o governo propunha: número de escolas, quilômetros de estrada e de tubulação de esgotos, permitindo saber o custo total de cada atividade e programa, em vez de se utilizar da visão tradicional que indicava apenas os meios empregados para a realização dos objetivos como um todo, ou seja, o valor total dos salários pagos aos funcionários, o valor total gasto na aquisição de material e equipamentos etc.

O orçamento-programa procurava exprimir, racional e objetivamente, todo o plano de trabalho da administração dos serviços e dos poderes públicos. Permitia ainda o controle da execução desse programa e a aferição dos resultados. Do ponto de vista do planejamento, o orçamento-programa traduzia os planos de longo prazo em programas anuais, detalhando as atividades a serem desenvolvidas e os objetivos a serem alcançados.

De forma sintética, o orçamento-programa divide-se em cinco anexos. O primeiro representa a receita estimada para o ano; o terceiro representa as despesas que se processam sem uma contra-

---

[38] Sherwood (1966: p. 27).

prestação direta em bens ou serviços ao estado (a parcela mais significativa dessa despesa se compõe do pagamento de inativos e pensionistas e do pagamento da dívida interna); o quinto é um fundo de contingência e, segundo a lei vigente, deveria contar com pelo menos 5% da receita estimada. A parte central e mais significativa fica em torno do segundo e quarto anexos. Nestes dois anexos as verbas e as consignações possuem a mesma identificação. A diferença é que o Anexo II só admite, por exemplo, despesas de pessoal civil ou com obras, se correspondem aos cuidados com a administração pública, isto é, com gastos que se fazem necessários à máquina administrativa, enquanto que no Anexo IV são debitadas despesas de pessoal civil ou com obras somente no caso de espelharem gastos com o desenvolvimento econômico e social, isto é, os dispêndios que se fazem necessários para o atendimento à população. De forma resumida, o Anexo II trabalha com atividades-meio e o Anexo IV com atividades-fim. Cada um incluía diversos projetos que, por sua vez, eram desdobrados em 62 programas. Eram estes programas que davam nome a esse tipo de orçamento.

Com a classificação de atividades-fim e meio, o governo procurava também se promover afirmando que conseguia devolver em obras e melhorias ao cidadão carioca boa parte do que ele pagava em impostos. As contas do estado referentes a 1965[39] indicam que 60% da despesa realizada era destinada às atividades-fim. Usando a metodologia antiga, os investimentos passam a representar aproximadamente 35% da despesa total. A diferença se explica pelo fato de que enquanto o novo orçamento via o salário da professora como investimento, o que é razoável, o antigo mantinha-o como parte do custeio.

---

[39] Relatório da ministra Dulce Magalhães. Tribunal de Contas da Guanabara, 1966.

Outra novidade implementada no governo Lacerda na máquina administrativa estadual, e bem típica de um governo de engenheiros e administradores, foi a instituição do orçamento de caixa. Introduzido em janeiro de 1964 como complemento do orçamento-programa, o orçamento de caixa era uma ferramenta contábil-administrativa que fornecia ao administrador um panorama e uma previsão mês a mês da receita e da despesa do estado. Possuía ainda outros objetivos: garantir a execução dos programas prioritários, permitir um melhor equilíbrio mensal de caixa, desburocratizar e simplificar a execução dos programas, permitir a obtenção de preços vantajosos para o Estado por meio da pronta liquidação de seus débitos e, sobretudo, dar maior responsabilidade e liberdade para cada secretário no aspecto financeiro, com um real controle dos seus recursos. Sua aplicação se deu tanto nos órgãos da administração centralizada como na descentralizada. Era uma iniciativa que também antecipava a lei federal nº 4.320, de 1964, que indicava esse procedimento para os demais estados da Federação.

Trocando em miúdos, era no fundo uma técnica de descentralização financeira que proporcionava, por parte de cada órgão do governo, um melhor controle do fluxo de caixa ao longo do ano dos programas que estavam sendo desenvolvidos; controle esse que era dificultado no sistema anterior devido ao fato de que os recursos ficavam dispersos em diversos fundos e contas.

Dois pontos sobre a questão orçamentária precisam ser ainda esclarecidos. Primeiramente, deve-se ter em conta que havia uma série de leis que vinculavam a receita arrecadada a alguma finalidade predeterminada. Todas essas vinculações, muito justificáveis, foram se acumulando ao longo dos anos e adquiriram um certo irrealismo, visto que se tornava impossível cumpri-las no seu conjunto. Assim, a lei nº 899/58 vinculava 10% da receita tributária para a Sursan, a lei nº 305/48 vinculava 5% da receita para o DER, a Constituição estadual vinculava 22% da receita tributária para a educação, 2,5% para a Universidade Estadual e 3% para a habitação popular. Somando-se todos os itens previstos por lei, chegava-se a algo em torno de 100% da receita total. Ficava-se, portanto, no dilema entre cumprir as exigências legais ou ficar sem verba para os diversos projetos e setores que vivem do Estado. A solução prática encontrada se enquadrava no proverbial esquema brasileiro da "flexibilidade", ou seja, nada deveria ser cumprido à risca.

Em segundo lugar, queremos chamar atenção para certas pequenas verbas presentes no orçamento e que esclarecem alguns pontos importantes. A Constituição estadual proibia expressamente ao Legislativo aumentar despesas previstas no projeto de orçamento enviado pelo Executivo, podendo apenas substituir algumas verbas por outras. Sem poder contar com essa manobra para atender aos interesses dos deputados e desfrutar nomeações para cargos, expressamente vedadas por Lacerda, restava ao Legislativo, como poder de barganha, a possibilidade de vetar a proposta de orçamento enviada pelo Executivo. No caso de isso acontecer, passando a data-limite para aprovação, a lei indicava que continuaria a vigorar o orçamento do ano anterior. Com a inflação existente, o esquema de salário móvel dos servidores e as obras ainda pela metade em toda a cidade, essa medida significaria o caos completo. Para atender, portanto, aos seus interesses e obter a aprovação desejada, o Legislativo exigia tradicionalmente algumas dotações orçamentárias estratégicas, dotações que na sistemática orçamentária anterior ficavam escondidas, mas que na nova revelavam com clareza o esquema montado.

O orçamento antigo, em vigor em 1962, não revelava nada sobre as escalas de doações especiais e auxílios que o Estado concedia a uma ampla gama de clubes, sociedades, grupos e organizações. Já na nova esquemática ficava fácil constatar que a Secretaria de Educação e Cultura e a de Saúde deveriam conceder fundos a mais de mil organizações diferentes, no valor de Cr$600 milhões. O estado contribuía com 45 conselhos estudantis nas várias faculdades das três universidades do Rio com *quantias que chegavam a Cr$1 milhão. O Touring Clube recebia Cr$2 milhões, a Sociedade Religiosa Talmud Torah recebia Cr$200 mil.*[40]

Além disso, havia também uma tradição de reservar uma determinada quantia no orçamento para os projetos de interesse de cada deputado, tais como calçamento de ruas, eletricidade, escolas, assistência a instituições etc. A quantia e o modo de distribuir entre os trinta deputados eram um ponto crítico na luta política, e o relator do orçamento era o responsável por levar adiante essa complexa e delicada operação.

Essas verbas ilustram como o processo de negociação política se desenvolvia, sendo utilizadas pelo Executivo para amenizar o apetite clientelista de políticos. No entanto, como o orçamento no Brasil é apenas autorizador, isto é, sua aprovação indica apenas o limite mas não impõe a obrigação de despender os valores estabelecidos, o governo comumente ignorava subvenções e projetos das emendas dos deputados que não estavam dentro da linha de investimentos planejados. Em conseqüência, a aprovação dos orçamentos subseqüentes tornava-se mais difícil e somente nas propostas para 1965 e 1966, quando a principal bancada oposicionista já fora cassada, é que as pressões diminuíram.

No caso concreto de 1962, no dia 26 de novembro, o governo conseguira aprovar o novo orçamento-programa. Para isso teve de atender a diversas exigências dos deputados oposicionistas: a retirada de uma cláusula do projeto orçamentário delegando excessiva autonomia ao Executivo para realizar despesas; a aprovação de um decreto que permitia ao Tribunal de Contas fiscalizar os órgãos autônomos (como fundações e autarquias); a redução das alíquotas dos impostos predial e territorial. Mesmo com esses

---

[40] Sherwood (1966: p. 33-4).

contratempos, o saldo era positivo para o Executivo, que dera um passo importante no esforço por colocar em prática, a tempo, os planos desenhados para a cidade.

Com relação às verbas previstas para atender a interesses particulares de alguns deputados, Lacerda entendia que "bandido não precisa ser tratado com ética", e elas então eram ignoradas. Essa atitude, logicamente, aumentava bastante a tensão, já elevada, na Assembléia Legislativa. Mas não era algo que surpreendesse os deputados oposicionistas. De fato, Lacerda costumava chamar um certo grupo de parlamentares de "sindicato de ladrões" e, certa vez, quando lhe falaram de José Talarico, um dos mais destacados deputados petebistas, respondeu: "Mas tem deputado com nome Talarico?"

Ainda no final de dezembro de 1962, o governo conseguia aprovar a lei nº 263 sobre a reestruturação administrativa do estado da Guanabara. Com essa vitória, Lacerda adquiriu o pacote completo com as ferramentas de que precisava.

7. A REFORMA ADMINISTRATIVA DO GOVERNO LACERDA

Assim que tomaram posse, os tecnocratas, presentes em abundância no governo, puseram-se a trabalhar e começaram por tomar o pulso da administração do novo estado. Hélio Beltrão, secretário do Interior, reuniu as diversas observações e experiências vividas nos diversos órgãos públicos, analisou-as e elaborou um projeto de reforma administrativa, enviado para a Assembléia Legislativa em junho de 1961, seis meses, portanto, após o início da gestão. Num relatório que acompanhou o projeto, intitulado "Exposição de motivos sobre a Reforma Administrativa", preparado no mês anterior, perfilou os principais pontos que deveriam ser atacados. Segundo o relatório, havia uma exagerada centralização administrativa; um conflito dentro da máquina quanto às atribuições de planejamento, orientação, supervisão e controle; inadequado grupamento de funções e descoordenação da estrutura regional do estado.[41]

Numa palestra proferida em 1965, Hélio Beltrão resumiu sua concepção da administração pública. Considerava a centralização de poderes, a tendência ao excesso de regulamentação e a deterioração do sistema de méritos como os principais problemas a serem enfrentados. Propunha um novo modelo no qual os órgãos centrais se limitariam a funções normativas e de supervisão, delegando responsabilidade de decisão e de operação a órgãos locais. Além disso, defendia uma maior participação da iniciativa privada na execução de projetos.

Mas como o setor privado freqüentemente não tinha a organização e a competência para a execução das tarefas mais técnicas que o governo pretendia lhe atribuir, as únicas alternativas eram o recurso a empresas privadas estrangeiras ou a criação de empresas nos moldes privados, mas com capital e controle públicos, e que pudessem agir sob a orientação de um órgão normativo superior. Esta combinação de órgãos normativos superiores, da administração direta, e órgãos executivos subordinados, organizados como fundações ou empresas estatais, passou a ser adotada em muitos setores da administração pública.[42]

Alguns dos vícios indicados no relatório de 1961, que dependiam apenas de medidas administrativas, foram sendo saneados ao longo dos meses. Dessa forma, enquanto o projeto de lei não era apreciado e votado, o governo criara por decreto diversas coordenadorias com o intuito de melhorar o desempenho do organograma do novo estado.

O pacote de reformas, conhecido como projeto de lei nº 75, vinha se arrastando há mais de um ano sem se chegar a um texto final para votação. A oposição barrava-o, apresentando diversos

---

[41] Guanabara (1965f: p. 216).
[42] Schwartzman (1984: p. 50).

projetos de lei substitutivos. Um certo dia, com o plenário vazio, a deputada Sandra Cavalcanti, relatora do projeto, solicitou ao deputado Lopo Coelho, que presidia a Câmara, que os projetos de lei apresentados pela oposição fossem considerados como emendas ao projeto de lei nº 75 e obteve aprovação para o pedido. Ao longo de mais quatro meses foram chegando novos projetos, que foram sendo recebidos como emendas.[43]

Chegando o final do ano de 1962, encontravam-se na Assembléia centenas de projetos de lei a serem apreciados e deliberados. Após as eleições de outubro, uma nova bancada iria tomar posse em janeiro, e havia uma certa pressa de se desfazer desses projetos engavetados. Sandra Cavalcanti, entendendo a importância da reforma administrativa — o projeto de lei nº 75 —, não poupou esforços para aprová-la a tempo.

Em dezembro, numa sessão em que a UDN estava com maioria, Sandra solicitou a votação do projeto com as emendas apresentadas. Seguiu-se a votação.

Em meio à torrente de leis aprovadas em 14 e 15 de dezembro, os últimos confusos dias da sessão, as emendas ao projeto de lei nº 75 foram lidas em voz alta, com pouca atenção dada à leitura e com o presidente dizendo: "Os senhores deputados que aprovam o projeto de lei assim emendado, queiram permanecer como se encontram." [...] Pouco depois, ao entrar na Câmara, o deputado da oposição Gama Filho foi surpreendido com a notícia: "O projeto nº 75 acaba de ser aprovado."[44]

Como o governador tinha poder de veto parcial, o projeto foi enviado no mesmo dia para o Diário Oficial contendo as emendas pró-governo e vetando as contrárias. Lacerda, que fora acordado de madrugada e ficara surpreso com a notícia, imediatamente assinou o que passava a ser a lei nº 263/62.

Aproveitando-se do descuido da oposição, numa manobra sutil, o governo conseguia com a aprovação dessa lei uma importante

---

[43] Cavalcanti, Sandra. Entrevista concedida ao autor em 4-11-2003.
[44] Dulles (2000: p. 126).

vitória. Primeiramente, ficava alterado o nome de algumas secretarias existentes e aprovada a criação de cinco novas: a Secretaria de Justiça, assumida por Alcindo Salazar; a Secretaria de Serviços Sociais, assumida pela própria Sandra Cavalcanti; a Secretaria de Serviços Públicos, chefiada pelo coronel Gustavo Borges; a Secretaria sem Pasta, confiada a Lopo Coelho, para realizar as articulações políticas; a Secretaria de Governo, assumida por Raphael de Almeida Magalhães, que deixava o cargo de chefe de gabinete do governador para Sérgio Lacerda. Criava-se, ainda, o Conselho de Desenvolvimento Econômico do Estado da Guanabara, destinado a estudar os problemas econômicos do estado, planejar seu desenvolvimento e controlar a execução dos planos aprovados.

Mas a medida mais importante aprovada pela nova lei foi permitir a criação, a partir de então, da Companhia de Habitação Popular (Cohab), Companhia Estadual de Águas da Guanabara (Cedag), Companhia Estadual de Telefones (Cetel) e Companhia de Limpeza Urbana (Celurb), quatro novas companhias públicas[45] que se somavam às já existentes: Companhia Progresso do Estado da Guanabara (Copeg), Companhia Central de Abastecimento (Cocea) e Companhia Estadual de Transportes Coletivos (CTC).

Para compreender o alcance dessas medidas, que à primeira vista podem parecer de pouca monta, é preciso ler nas entrelinhas da lei e enxergar as conseqüências advindas dessa aprovação: Lacerda conseguira montar a estrutura desejada para implementar seus projetos, e essa estrutura tinha um nome: administração descentralizada, ou também administração paralela.

Além da lógica clientelista, foi se acumulando ao longo dos anos um verdadeiro amontoado de controles e autorizações que iam além do objetivo inicial de evitar abusos e fraudes por parte

---

[45] Essas companhias, conforme indicava a Constituição estadual, eram administradas por uma diretoria composta de cinco membros eleitos pela assembléia geral de acionistas e um pelos trabalhadores da empresa. O presidente era escolhido pelo governador dentre os cinco diretores.

do Executivo. Acabavam amarrando e dificultando qualquer tentativa de sair de uma mera manutenção de rotinas administrativas. Como reação a essa situação foram sendo criadas novas estruturas jurídicas que são as fundações, autarquias, empresas públicas e sociedades de economia mista. O que elas têm em comum é o fato de terem uma personalidade jurídica própria, distintas portanto do Estado (que é pessoa política pública, capaz de criar o próprio direito), e, mais importante, gozarem de uma autonomia administrativa e financeira.[46] Com isso, essas entidades podem elaborar um orçamento próprio, ter um caixa próprio e, sobretudo, realizar a captação e aplicação direta de seus recursos sem passar pelas complicadas engrenagens do estado. Isso conferia uma rapidez e uma agilidade sem comparações ao tradicional sistema vinculado ao Legislativo e ao Tribunal de Contas.

A partir da reforma empreendida em fins de 1962, o governo conseguiu construir e canalizar a imensa maioria dos recursos destinados para investimentos por meio dos órgãos descentralizados, conforme pode ser observado nos dados disponíveis: em 1961, os investimentos realizados por intermédio da administração descentralizada perfaziam menos de 50% do total. Em 1964, esses

---

[46] Outras características entre essas estruturas são as seguintes:
- Ficam vinculadas às respectivas secretarias, sujeitas a controle e fiscalização interno e externo do Estado.
- Podem aplicar recursos no mercado aberto, por meio do Banco Oficial do Estado.

Diferenças entre os tipos de administração indireta:
- Autarquia:
  - Pessoa jurídica de direito público.
  - Criada para desempenhar funções do serviço público, podendo ser de diversos tipos: econômicas, para controle e incentivo à produção, circulação e consumo; de crédito, como as caixas econômicas; industriais, como as estradas de ferro; previdência e assistência; culturais, como as universidades.
- Fundação:
  - Pessoa jurídica de direito privado ou de direito público.
  - Possui uma dotação patrimonial, que pode ser pública ou semipública.
  - Desempenha atividades atribuídas ao Estado no âmbito social, tais como saúde, educação, cultura etc.

mesmos investimentos chegavam a 86,6% do total. Numa análise separada por área de investimento, essa mudança torna-se mais expressiva ainda. De 1961 para 1964, os investimentos pela administração descentralizada no setor da Saúde passaram de 0% para 98,2%; no setor de Bem-Estar Social (abastecimento, habitação etc.), passaram de 0,8% para 67,8%; no setor de Desenvolvimento Econômico (energia), de 0% para 92,7%; no setor de Saneamento do Meio (água, esgoto, limpeza urbana etc.), de 55,3% — presença da Sursan — para 100%; no setor de Urbanização, Viação e Comunicações, de 72,08% — Sursan novamente — para 90,1%. Somente os setores em que não fazia sentido essa descentralização, como o investimento na própria administração pública e na Educação, não sofreram alterações. As conseqüências podem ser vistas ao longo dos três anos seguintes, quando o volume de empreendimentos e realizações cresceu significativamente em relação aos dois primeiros anos do mandato e transformou-se efetivamente num trampolim para lançar Lacerda como candidato à presidência em 1965.

Essas novas companhias não contavam logicamente com o entusiasmo dos políticos da oposição, que as viam como manobras do Executivo para governar com autonomia frente ao Legislativo. Além disso, esvaziavam as disputadas verbas das secretarias e órgãos da administração centralizada, onde os deputados tinham mais chance de negociar, manobrar e indicar pessoas do seu interesse. O Tribunal de Contas tornou-se também o seu inimigo

- Empresa pública:
  - Pessoa jurídica de direito privado.
  - Sociedade mercantil-industrial com capital inteiramente público.
  - Destina-se a explorar atividades econômicas que o Estado seja levado a desempenhar em face do interesse coletivo.
- Sociedade de economia mista:
  - Distingue-se da empresa pública por exigir, na composição do seu capital, parcela de investimento particular.
  - Participação do poder público na gestão e organização sob forma de sociedade anônima.

direto, uma vez que, segundo acreditava, essas empresas públicas fugiam ao seu poder de fiscalização.

Dentro dos princípios racionais da administração, a reforma conjugava a centralização normativa, o planejamento central, com uma descentralização executiva, uma delegação operativa. Isto significa que continuava a existir, com mais poderes ainda, um centro nervoso, capaz de coordenar o plano com o orçamento, de controlar e acompanhar os projetos do governo. Esse centro nervoso era, num plano, Lacerda e seu secretariado, e, em outro, num nível mais técnico, a nova Secretaria de Governo, sob a qual se encontrava a Coordenação de Planos e Orçamentos.

A Coordenação de Planos e Orçamentos funcionava como elemento catalisador, dando unidade aos esforços do Executivo. Era um órgão promotor da mentalidade que via no planejamento a grande força propulsora do desenvolvimento econômico. Para essa equipe de técnicos, "governar quer dizer planejar e executar obras e empreendimentos ordenados segundo prioridades reais em face dos recursos efetivamente disponíveis".[47] Desse setor saíram as aplicações do plano Pert, o orçamento-programa e o orçamento-caixa.

Um exemplo típico desse modo de proceder está na criação da Divisão de Estatística e Geografia. Ao se depararem com a ausência de diversas séries estatísticas, os tecnocratas do governo se viam frustrados no seu desejo de conhecer os déficits de demanda e ofertas de serviços públicos e, assim, poderem elaborar um plano de ação mais exato. O objetivo dessa divisão não era nada modesto: procurava conhecer a dinâmica populacional, uma espécie de radiografia da cidade, em que se destacava hora a hora, em cada dia da semana, em cada bairro, onde se encontrava o carioca, como se deslocava, o que consumia, o que fazia.[48]

---

[47] Guanabara (1965e: p. 10).
[48] Outros estudos elaborados pela divisão: classificação setorial dos investimentos públicos federais e estaduais na Guanabara, dispêndios privados, análise econômica, mapas temáticos com a rede hospitalar, escolar, industrial etc. Ver nos anexos no fim do capítulo um mapa da cidade fruto desses estudos. Cf. Guanabara (1965a: p. 163 e seguintes).

A ampliação da administração descentralizada significou também a estatização de diversos serviços públicos, como ocorreu com o abastecimento, o transporte e o telefone. Não deixa de ser irônico para um político que era constantemente chamado de entreguista. Se por um lado havia o tradicional discurso liberal dos udenistas, discurso contraditório como mostra a história do liberalismo no Brasil, o que se viu no primeiro governo da Guanabara foi a aplicação de um modelo econômico bastante pragmático, com um sotaque keynesiano. O estado passava a tomar parte ativa na coordenação e no impulso do crescimento econômico. Os próprios técnicos da Coordenação de Planos e Orçamentos admitiam que

> *Keynes deflagrou o processo que abalou as clássicas concepções, tais como: impostos eram gastos improdutivos, os bens e serviços poderiam sempre aumentar mediante uma redução dos impostos, as funções públicas eram consideradas, em si mesmas, um mal necessário.*[49] *[...] Estamos desmentindo que o Estado não pode ser um bom administrador, tese tão falsa como aquela que pretende entregar ao Poder Público o controle de todos os setores de atividade social. Somos pela livre empresa, [...] mas somos também pela intervenção do Estado sempre que o bem público exigir, ou quando a prestação de um serviço indispensável só se tornar possível se executada diretamente pelo Poder Público. Não temos, nem devemos ter, preconceitos ideológicos nessa matéria.*[50]

Entendemos, portanto, que mesmo vivendo um momento de intensa polarização ideológica, tanto no campo político como no econômico, o que norteava as decisões eram as circunstâncias do momento, aplicando-se soluções, independentemente do arcabouço acadêmico a que pertenciam, conforme o caso em questão. Se Lacerda queria se apresentar nas eleições como bom administrador, os resultados teriam muito mais peso do que a coerência metodológica. No discurso de aceitação da candidatura na convenção da UDN ele explicita essa lógica:

---

[49] Guanabara (1965f: p. 27).
[50] Guanabara (1963: introdução).

Idealista prático, sou por uma política econômica eclética. Desconfio cada vez mais das receitas padronizadas de um Almanaque de Fórmulas para a organização da democracia, a luta contra o subdesenvolvimento ou a defesa contra a inflação.[51]

8. A REFORMA ADMINISTRATIVA DE JUSCELINO KUBITSCHEK

Para compreender o significado e o peso da reforma guanabarina convém ter presente o contexto prévio que foi a implementação do Plano de Metas pelo governo JK no qüinqüênio anterior (1956-1960). Conforme foi visto no primeiro capítulo, as diversas tentativas de realizar uma reforma no coração da administração pública federal tinham sido malogradas porque sempre foram de encontro a uma enraizada cultura política de cunho clientelista.

Se consideramos a burocracia racional weberiana,[52] compreenderemos que esta pretende responder de forma eficiente às demandas de um governo. Para isso seria preciso que se agisse colocando o bem público acima dos interesses particulares. Infelizmente, a prática universal demonstra que isso não ocorre, e o conceito de burocracia de Weber acabou ganhando o sinônimo de sistema complexo, desorganizado e ineficaz. Para conseguir gerar então uma máquina pública dinâmica, ordenada e produtiva é necessário repensar um novo sistema que tenha em si os incentivos que estimulem os indivíduos e grupos a atuarem dentro de uma forma esperada.

A resposta é que a burocracia modernizada consegue lealdade e dedicação da mesma forma que as diversas profissões modernas o fazem: através do desenvolvimento de uma ética profissional específica, vincu-

---

[51] Lacerda (1965: p. 17). Discurso realizado em 8-11-1964.
[52] Weber (2000: p. 145). "A administração puramente burocrática [...], considerada do ponto de vista formal, é, segundo toda a experiência, a forma mais racional de exercício de dominação, porque nela se alcança tecnicamente o máximo de rendimento em virtude da pressão, continuidade, disciplina, rigor e confiabilidade."

lada a um sistema satisfatório de gratificações materiais, e conduzindo a um reconhecimento social significativo. Nesta perspectiva o administrador seria um profissional equivalente ao médico, ou ao advogado: ele passaria por escolas próprias, seria membro de uma coletividade relativamente restrita onde todos compartem a mesma cultura, teria um código de ética e valores desenvolvido no seio dessa coletividade e seu sucesso profissional — sua promoção, suas responsabilidades, seu prestígio — dependeria de sua adesão a este código, combinado com um segundo elemento-chave: a competência. Pois, da mesma maneira que os outros profissionais, os administradores deveriam ser capazes de dominar um conjunto bastante amplo de conhecimentos úteis à tarefa administrativa, que tenderiam finalmente a se organizar como uma "ciência administrativa" própria.[53]

A solução prática encontrada para contornar a barreira administrativa e lograr alguns resultados, e que foi adotada em maior ou menor grau por diversos governos do período 1946-64, foi a criação e preservação de órgãos de excelência. Lugares onde se estabelecia a meritocracia, o plano de carreira, salários condizentes, maior autonomia financeira, estruturas flexíveis e ágeis, com perspectivas de empreendedorismo e onde se impedia ou minimizava a prática do clientelismo. Órgãos que abrigavam uma tecnocracia que concebeu, planejou e implementou o desenvolvimento nacional ao longo de várias décadas, em contraste com uma outra burocracia tradicional, acomodada, desmotivada, desqualificada, cabide de emprego, estruturada apenas para a rotina e a manutenção, com a qual a população tomava contato na prestação dos serviços públicos, formulando uma valoração negativa da máquina pública como um todo. Surgiu então a administração descentralizada, por pressão de um Poder Executivo que tinha de mostrar resultados a seus eleitores. Formou-se uma máquina paralela à "oficial", já que

---

[53] Schwartzman (1984: p. 47).

a primeira, apesar de viciada, precisava ser mantida para servir de sustentação política do governo.

Até meados dos anos 1950 esses órgãos de excelência não tinham sido articulados, nem submetidos a um plano coordenador de forma a produzir um resultado mais consistente. Quem irá fazer isso pela primeira vez será Juscelino.

Assim se entende que quando JK tomou posse, no início de 1956, procurou imediatamente organizar uma equipe de tecnocratas, liderada por Lucas Lopes e Roberto Campos, que formularam então as diretrizes do Plano de Metas dentro do escopo desenvolvimentista da época. A equipe, que em boa parte já estivera envolvida no segundo governo Vargas, encontrara então muitas dificuldades para conseguir traduzir em ações concretas as metas estabelecidas pela Comissão Mista. Ciente dessa realidade e de que o sucesso e a sobrevivência do seu governo dependiam de uma boa administração, abriam-se duas possibilidades para Juscelino. A primeira consistia em realizar a reforma da administração centralizada, que, sendo feita de forma integral, supunha pôr a mão num vespeiro clientelista sem dispor previamente de um sólido suporte político. As poucas tentativas feitas nesse sentido tinham sido malogradas e terminaram num esboço precário de reforma. A segunda opção, que acabou sendo adotada, era uma medida conciliatória muito dentro do seu estilo político. Manteve a estrutura vigente, que continuou a fazer o papel de "boi de piranha" das redes clientelistas, e investiu fortemente na administração descentralizada através da manutenção e criação de órgãos de excelência que garantiram a aplicação do Plano de Metas. Exemplos dessa força-tarefa pública eram os Grupos Executivos, o BNDE, a Petrobras, a Sumoc, a Cacex, o Banco do Brasil, entre outros.

O Plano de Metas possuía duas características que o viabilizavam politicamente: o fato de ser um plano setorial e o de que não empenhava todos os recursos orçamentários. Com uma ampla margem de recursos a serem disputados na aprovação anual do orçamento por deputados e senadores e sem tocar nos cargos tradicionais do serviço público federal, que também ficavam à mercê das alianças partidárias, o governo podia dar seguimento às suas prioridades.[54]

Para não ficar também à mercê do controle dos recursos previstos no orçamento, isto é, para não deixar que os investimentos ficassem retidos na malha do Congresso, JK lançou mão de um mecanismo previsto na Constituição de 1946: os Fundos Especiais. Criando alguns, mas sobretudo revigorando a maioria já existente — Fundo Rodoviário Nacional, Fundo de Eletrificação, Fundo Naval etc. —, procurou garantir o uso dos vultosos recursos disponíveis nesses fundos vinculando-os diretamente aos órgãos encarregados da implementação do Plano de Metas. As quantias eram depositadas, na maior parte dos casos, no BNDE, que se tornou o grande órgão financiador daquele governo. O emprego desses fundos foi decisivo para a consecução de duas das cinco áreas do Plano de Metas: Energia e Transporte, setores de infra-estrutura que eram considerados dois gargalos para o desenvolvimento econômico nacional e que responderam por 42,4% e 33,3%, respectivamente, dos investimentos efetuados.[55]

Ao final do mandato, tendo sido bem-sucedido na consecução do seu lema "50 anos em 5", Juscelino tornara-se uma referência na gestão pública. Portanto, ao analisarmos a reforma administrativa na Guanabara temos de levar em conta alguns fatores que formavam a agenda do momento: o desenvolvimentismo, a crença no planejamento e na tecnocracia tendo como cenário prático o governo JK.

9. JK E LACERDA: COMPARAÇÕES ENTRE OS DOIS MODELOS DE GESTÃO

No nosso entender há uma analogia, isto é, alguns pontos de contato e separação, entre os modelos empreendidos por JK e por La-

---
[54] Cf. Lafer (2002).
[55] Ibid.

cerda. É certo que procuramos previamente guardar as devidas proporções entre o âmbito federal e o âmbito estadual.

Juscelino parte de uma solução que o antecedia: a administração paralela, sobretudo através das autarquias que datam dos anos 1940, como o DER. Teve o mérito de saber tirar maior rendimento desse instrumento, sistematizando seu uso e pondo-o sob a função coordenadora do Plano de Metas. Os excelentes resultados obtidos certamente inspiraram Lacerda. Este adotou essa experiência contando também com uma estrutura já existente — a Sursan — e ampliou largamente o uso da administração paralela, tornando-a carro-chefe dos seus projetos. Enquanto JK apoiava-se em instrumentos típicos da esfera federal, como os fundos especiais e a Cacex, Lacerda utilizou-se principalmente do conceito de companhias públicas, compostas de capital estatal e privado.

Ambos desenvolveram um mecanismo de financiamento dos seus projetos. Para JK, o BNDE, que nascera poucos anos antes, tornou-se o órgão centralizador dos recursos do plano, recebendo os depósitos provenientes dos diversos fundos. No caso da Guanabara, quem assumiu esse papel foi o BEG, que, como vimos, teve uma forte expansão no seu capital e recebeu um grande volume de depósitos.

Das cinco áreas que abrangiam o Plano de Metas, 75,7% dos recursos foram destinados à energia e ao transporte,[56] setores que compunham a infra-estrutura. Com uma porcentagem semelhante foram destinados na Guanabara recursos para a infra-estrutura urbana (saneamento, malha viária etc.). Compreendia-se então que essas áreas eram prioritárias no esforço do desenvolvimento nacional e local.

Outro setor que recebeu forte atenção de JK, com 16,6% dos recursos do plano, foi o industrial, tornando-se inclusive um dos elementos marcantes na memória do seu governo. Como veremos

---

[56] Ibid., p. 93.

em outro capítulo, Lacerda também procurou alavancar o parque industrial carioca, mas os parcos recursos dispensados e um erro de diagnóstico não permitiram que houvesse um retorno satisfatório.

Ambos apoiaram-se na crença de que uma tecnocracia, investida de uma racionalidade, resguardada pela meritocracia, protegida do clientelismo, seria o caminho mais seguro para atingir os resultados desejados. Há uma diferença de relevo, no entanto, no modo como implementaram essa política que reside na própria especificidade do capital político de cada um.

A análise das políticas de pessoal nesse período, no entanto, revela claramente que JK foi compelido a aceitar as contingências do clientelismo ainda vigente e mesmo florescente. Essas contingências resultavam tanto das pressões da política de clientela como do próprio estilo conciliatório de JK na manipulação das bases de seu apoio político. Na verdade [...] persistiram as nomeações por apadrinhamento, os empregos de favor, típicos do já discutido Estado cartorial.[57]

O que JK não permitiu foi que isso ocorresse de forma predatória nos órgãos vitais do Plano de Metas. Por outro lado, o estilo de Lacerda não era nada conciliatório e, pela unanimidade dos depoimentos existentes, foi absolutamente radical no seu anticlientelismo. E radical não somente na forma, mas na extensão: ao contrário de JK, interferiu também no cerne da administração centralizada. Na Justiça, com os procuradores, na Educação, com as professoras, não importa qual fosse o órgão, investiu na implementação da meritocracia. Isso, obviamente, teve um custo político. Custo que é difícil de computar porque era indissociável do seu posicionamento ante o eleitorado e, além disso, possibilitava afastar da máquina pública carioca os adversários, sobretudo petebistas, que tradicionalmente estavam ali incrustados.

---

[57] Ibid., p. 107.

Para quem era avesso à negociação, no final do ano de 1962 Lacerda conseguira reunir os elementos necessários para viabilizar seu projeto de governo: aprovar o aumento da taxa de água e, em especial, do IVC, trouxera a ajuda externa do BID para o Guandu, expandira o capital do BEG e criara a estrutura de uma nova máquina administrativa descentralizada e ágil. Na verdade, se pessoalmente era avesso à negociação e olhava com maus olhos o político, foi graças à habilidade de negociar da sua equipe de políticos, e não somente aos seus técnicos ou à sua radicalidade, que conseguira boa parte dessas vitórias.

Como coadunar então a aparente contradição entre radicalidade e negociação desse governo? Primeiramente, havia uma diferença entre Lacerda e os lacerdistas. Erasmo Martins Pedro, que foi vereador, deputado e vice-governador nos anos 1970, traça um retrato da Câmara dos Vereadores no fim dos anos 1950 que pode ser aplicado sem dificuldade ao período que analisamos:

Os lacerdistas eram — não se pode negar isso — gente da melhor qualidade intelectual. Pelo menos eram os mais bem instruídos sobre os diversos aspectos dos atos do governo. Sempre combatiam o prefeito quando este nomeava um delegado fiscal ou fazia uma obra que eles achavam que era supérflua. Combatiam até para não dar o prestígio da obra ao político que não era do partido. Agora, é preciso reconhecer que nunca fizeram uma oposição de baixo nível. Lacerda era muito mais violento e contundente do que os seus vereadores. Havia uma certa convivência amigável entre todos. Não havia, por exemplo, um vereador inimigo do outro. É claro que de vez em quando surgia algum problema; a gente às vezes é obrigado a ficar contra uma pessoa por uma circunstância qualquer. Quem vivia aterrissando na Câmara era Amaral Neto. Isso também era reflexo da ação do Lacerda.[58]

Em segundo lugar, a radicalidade de Lacerda servia como parâmetro, indicando os limites do que era aceitável e do que não era.

---

[58] Motta (1998: p. 74). Lacerda dizia que Amaral Neto tinha o costume de imitar somente os seus defeitos.

Dentro dessa faixa, que era o seu projeto político, os deputados lacerdistas procuravam trabalhar de forma a conseguir as aprovações, os acordos necessários e, muitas vezes também, para aparar os estragos que o temperamento de Lacerda causava.

Com o estabelecimento do regime militar, ocorre uma nova expansão da administração paralela — autarquias, empresas públicas — no âmbito federal. O Estado reforçou a sua capacidade de intervenção e controle. Um marco desse período foi o decreto-lei nº 200 de 1967, elaborado pela Secretaria de Planejamento, sob o comando de Hélio Beltrão. Esse estatuto orientou a administração federal no período 1967-1978, quando houve o maior crescimento de empresas estatais. A exemplo da Coordenação de Planos e Orçamentos da Guanabara, Beltrão criou então a Secretaria de Planejamento (Seplan) e procurou implementar a cultura da meritocracia e racionalidade técnica.

Dentro da evolução histórica da administração pública e da cultura política brasileira, há uma linha comum, muito nítida, que passa pelo Dasp no Estado Novo, por JK com seu Plano de Metas e pela experiência que Beltrão teve na Guanabara e levou, finalmente, para os sucessivos governos militares.[59]

---

[59] "Esta desqualificação da função pública pela política está ligada, aparentemente, ao fato de que haveria, no Brasil, uma curiosa correlação entre regimes fortes e esforços de racionalizar, reorganizar e valorizar o serviço público, por um lado, e regimes abertos e o aviltamento da função pública por outro. Por exemplo, existe a idéia de que o Departamento Administrativo do Serviço Público — o Dasp —, criado em 1938, foi a primeira tentativa realmente séria de dar ao serviço público brasileiro uma organização racional baseada no mérito e na competência, em um período de grande concentração de poder no governo federal. A abertura democrática de 1945 teria introduzido, pouco a pouco, elementos de clientela e empreguismo na administração pública federal, diminuindo a capacidade de ação do Dasp e colocando em segundo plano todos os seus princípios de racionalização e eficiência. O processo de submissão do serviço público ao jogo político mais imediatista teria atingido seu auge na presidência de João Goulart, o que teria sido uma das causas mais importantes de sua queda. O sistema administrativo brasileiro é reorganizado novamente em 1967, através do decreto-lei nº 200, que introduz novos princípios e aumenta, mais uma vez, a eficiência do serviço público, até a crise que hoje parece existir novamente.

Nos anos 1980, com a recessão econômica prolongada, vem a decadência desse modelo, no qual a empresa pública deixa de ser agente de desenvolvimento e se torna aliada da crise.

Se a expansão da economia no início dos anos 1970 permitiu o florescimento deste tipo de empresas, os anos 1980 mostram que elas tenderam a se insular cada vez mais do setor privado, e a buscar um status especial dentro do setor público. As vantagens que elas ofereciam a seus funcionários nos anos de expansão — bons salários, estabilidade, benefícios secundários de vários tipos — passaram a se constituir em privilégios em uma economia em estagnação ou recesso. A lucratividade empresarial raramente é utilizada como critério efetivo de avaliação, já que existem sempre razões políticas e sociais que ditam as decisões de investimento, custos etc. E, finalmente, concessões especiais de crédito, monopólios e isenções fiscais fazem dos custos e da lucratividade destas empresas algo bastante fictício de um ponto de vista de mercado. Agora, estas empresas que haviam sido criadas fora do serviço público centralizado para proporcionar ao Estado maior agilidade, eficiência e economia passaram a ser apontadas como as principais responsáveis pelos grandes gastos, pela ineficiência e pelos privilégios indevidos da burocracia governamental.[60]

Além desse problema,

[...] é certo que surgiu uma burocracia pública de alta qualidade, bem preparada, bem paga, que teve um papel fundamental na execução dos

---

Se esta interpretação dos fatos fosse correta, ela nos confrontaria com um dilema, que colocaria de um lado a administração racional e técnica, associada aos regimes fortes e autoritários, e de outro a administração politizada, deficiente e desmoralizada, que pareceria ser um atributo da democracia e da participação social. No entanto, basta olharmos para os exemplos das democracias pluripartidárias européias para nos assegurarmos de que isto não tem por que ser assim. Na realidade, não existe nenhuma incompatibilidade, em princípio, entre sistemas políticos abertos e intensamente disputados e serviços públicos competentes, respeitados e dignificados em suas funções. Mais ainda, os serviços públicos dos países democráticos e pluripartidários são possivelmente os mais qualificados e competentes do mundo, quando vistos em comparação com as administrações públicas de outros regimes." Schwartzman (1984: p. 45).

[60] Ibid., p. 50.

projetos de desenvolvimento industrial de então. [...] Os novos administradores públicos eram principalmente engenheiros e economistas [...]. Os resultados que alcançaram em suas autarquias, fundações, empresas públicas e empresas de economia mista foram substanciais. As carreiras de Estado, entretanto, foram em grande parte abandonadas, exceto a magistratura, a diplomacia e as carreiras militares. Os concursos públicos espaçaram-se, os salários decaíram. Surgiu um grave problema de pessoal qualificado nas funções exclusivas de Estado.[61]

10. LACERDA E A ASSEMBLÉIA LEGISLATIVA

Coloquemos numa forma o desprezo que Lacerda tinha pelo político tradicional, o seu modo truculento, a forte rivalidade entre udenistas e petebistas na cidade, a fome que a oposição tinha por descontar todos os ataques da década anterior e o interesse do governo federal em desfavorecer a candidatura de Lacerda à presidência e teremos todos os ingredientes que compõem o indigesto bolo que o Palácio Guanabara e o plenário da Câmara cozinharam ao longo de cinco anos.

Não bastando tudo isso, o arranjo do Executivo e do Legislativo no primeiro mandato foi absolutamente único. O primeiro governador assumiu sem vice. Os vereadores tiveram seu mandato encerrado e o dos constituintes foi encurtado para dois anos. Em fins de 1962 houve novas eleições para deputados estaduais e para vice-governador. Eleições que esquentaram pelo predomínio de questões ideológicas e nacionais e pela injeção de dinheiro. O Instituto Brasileiro de Ação Democrática (Ibad) era a principal fonte dos candidatos de direita e o governo federal o financiador dos candidatos de esquerda. Com a apuração, o novo vice eleito foi Elói Dutra, petebista, o que criou dificuldades para Lacerda. De

---

[61] Bresser (2001: p. 14-16).

uma forma geral, a oposição saiu vencedora do pleito, ainda que a presidência da Aleg tenha ficado com Raul Brunini. Mas essa situação não duraria muito. Com a queda de Goulart, em 1964, a cassação de vários deputados do PTB e a mudança no campo federal, a situação se alterou significativamente. Um dos cassados foi o próprio Elói Dutra, e com isso o cargo de vice passou a ser ocupado por Raphael de Almeida Magalhães.

Dentro desse ambiente turbulento, dois episódios se destacam por serem bastante representativos da política carioca desses anos: o caso da morte dos mendigos e o julgamento das contas do governo Lacerda.

Em janeiro de 1963, uma mendiga, Olindina Jupiaçu, ferida, conseguiu escapar de uma tentativa de afogamento no rio da Guarda, próximo a Itaguaí. Não tiveram a mesma sorte outros cinco mendigos. Uma investigação do jornal *Última Hora* denunciou que o Serviço de Repressão à Mendicância (SRM) vinha praticando há meses o extermínio de mendigos. O SRM, ligado à Secretaria de Segurança, fora criado para devolver os miseráveis às suas cidades de origem pagando os gastos de transporte. Mas em pouco tempo se descobriu que não era isso que ocorria. O próprio subchefe confessou ter eliminado 14 mendigos entre outubro e dezembro.

O governo prendeu rapidamente alguns envolvidos e, após um mês, o próprio chefe do SRM, Alcindo Pinto Nunes. No entanto, o caso deixara de ser criminal para tornar-se político, e Lacerda demorou para perceber isso, deixando o incêndio se alastrar. Quando percebeu, já era tarde.

Abriu-se uma CPI, presidida por um pessedista, tendo na vice-presidência um petebista e na relatoria um deputado do PR. O objetivo da oposição era envolver e incriminar Lacerda, mas, apesar de ser maioria, e de tentar o *impeachment*, o relatório da CPI absolveu-o e, por recomendação de Hércules Correia, apenas sugeriu a demissão do delegado que chefiava a delegacia responsável pelo SRM. Posteriormente, os envolvidos no caso foram julgados e condenados. Além de toda a cobertura da imprensa, o bordão de "mata-mendigos" se alastrou com força e rapidez pelo país, em comícios, manifestações, e permaneceu por muitos anos. Nas eleições para governador, em 1982, o candidato Miro Teixeira acusou a lacerdista Sandra Cavalcanti de também ser mata-mendigo. Como ela nem havia assumido a Secretaria de Serviços Sociais que absorveu e extinguiu o SRM, não teve dificuldade em ganhar o processo por calúnia. Miro teve de se retratar, mas o incidente mostra a força do caso vinte anos depois.

O segundo episódio, menos marcante no tempo, porém muito mais significativo na época, foi a tentativa de rejeitar as contas do governo. A lei vigente determinava que a Assembléia Legislativa, contando com o parecer do Tribunal de Contas, analisasse e submetesse a votação a prestação anual de contas do Executivo. De acordo com a Constituição do Estado, a rejeição das contas permitia que o Legislativo, por maioria absoluta de votos, tornasse o governador inelegível para qualquer cargo público num período de cinco anos.

Em julho de 1963, o ministro-relator João Lyra Filho, que se posicionava publicamente contrário a Lacerda e a seu governo, apresentou o seu parecer final reprovando as contas referentes ao exercício do ano anterior. O ministro entendia que havia quatro irregularidades: o modo como fora recolhido o tributo do Jockey Club Brasileiro; o início das atividades da Loteria Estadual (cuja receita era utilizada basicamente na educação e na saúde) sem contar com a aprovação do Tribunal de Contas; a aplicação da receita proveniente de verbas federais e empréstimos diretamente nas autarquias e empresas de economia mista; a imprecisão da verba intitulada *Despesas Eventuais*.

As acusações não se davam no desvio ou no mal uso dos recursos públicos — Lacerda tinha consciência da sua fragilidade e não iria entregar à oposição, de bandeja, o seu baluarte da moralidade —, mas apenas em questões contábeis, tão discutíveis tecnicamente que outros dois ministros opuseram objeções ao parecer. Além de discutíveis, as observações eram tão mínimas, como no tributo do Jockey Club, que não é difícil perceber que o problema era puramente político. A evidência estava no fato de o Tribunal ter enviado o relatório para o governador no limite do prazo para que este o encaminhasse à Aleg.

Com efeito, Lacerda teve menos de 24 horas para esboçar uma reação. Prazo curto, temperamento à solta. Furioso, convocou a imprensa e afirmou que a reação dos ministros se explicava porque "em lugar de um prefeito que dê negócios aos seus sócios, encontraram um governador que vem à praça pública denunciar seus crimes e desonestidades"[62]. Lembrou ainda o caso do Hospital Miguel Couto, no qual a empresa que ganhara a licitação para ampliar o hospital desistira da construção após o Tribunal de Contas levar dois anos para dar aprovação ao contrato. Após esse tempo, o preço anteriormente previsto tornara-se insignificante.

Aterrissando na Aleg, o processo seguiu seu curso. O secretário de Finanças Mario Lorenzo e o ministro João Lyra Filho foram defender suas posições. Não adiantava. Ouvidos políticos eram impermeáveis às argumentações técnicas.

Os horizontes foram ficando negros para o governo. No dia 30 de outubro, a Comissão de Orçamento e Finanças rejeitou as contas por seis votos a três. Com duas derrotas seguidas e sem contar com maioria, a bancada udenista tinha somente duas arriscadas cartadas.

A primeira possibilidade era tentar angariar votos e vencer na votação que seria feita no plenário. A Aleg dividia-se então em vinte deputados governistas, 23 oposicionistas e 12 indecisos. Para convencer os últimos era preciso poder de barganha. Alguns deputados do PDC, PRT e MTR — os partidos pequenos tornaram-se o fiel da balança — pediram a chefia da Secretaria da Administração para um político do PDC. Mas isso era inegociável com Lacerda. Se o governo estadual não estava disposto a abrir os cofres e comprar

---

[62] *Correio da Manhã*, 18-7-1963.

os votos necessários, o mesmo não acontecia com o governo federal. Além da possibilidade de tornar Lacerda inelegível, a reprovação das contas abria espaço para o governo federal intervir na Guanabara — com base no artigo 7º, inciso VII, da Constituição federal. Retirariam a pedra do sapato que era o governador e colocariam no lugar o vice-governador, o petebista Elói Dutra. O *Jornal do Brasil* publicou que sete deputados do PTB ameaçavam aprovar as contas de Lacerda se não conseguissem emprego para seus amigos.[63] Quinze dias depois foram devidamente atendidos. Para cooptar os partidos pequenos, o Planalto ofereceu vagas para cinco oficiais administrativos, três médicos, um conferente do porto, um tesoureiro, um procurador e mais dez cargos menores.[64]

Com a presença pesada do governo federal, interessadíssimo no caso, a bancada udenista carioca partiu para a segunda cartada: impedir que o processo entrasse na ordem do dia para votação. Se chegasse o fim do ano e não houvesse votação, as contas ficavam automaticamente aprovadas. Para isso, o governo estadual contava com um trunfo: o lacerdista Raul Brunini ocupava a presidência da Aleg. Utilizando todos os procedimentos legais existentes, a votação foi sendo protelada. O tempo passava e o suspense aumentava. A oposição conseguiu esticar o encerramento dos trabalhos legislativos de 12 para 31 de dezembro. Mas parecia que não conseguiria seu intento.

Hércules Correia, que não desistia fácil, após um fim de semana em que recrutara o pessoal da gráfica da Imprensa Nacional para imprimir o *Diário da Assembléia*, conseguiu que na segunda, dia 30 de dezembro, o processo entrasse na ordem do dia. Nesse momento o deputado Amando da Fonseca, do PTN, resolveu apresentar 130 emendas que prolongaram a votação por todo o dia 31. O dia foi terminando e começava o tumulto no plenário: fogos de arti-

---

[63] *Jornal do Brasil*, 19-10-1963.
[64] Cf. Oliveira (1967: p. 46).

fício, garrafas voando, gritos, insultos, ameaças... Era meia-noite. As contas estavam aprovadas.

O clima de trabalho na Aleg não se caracterizava habitualmente por esse espetáculo degradante. Em muitas questões locais havia uma discussão de alto nível e se conseguia consenso em diversas votações. Tudo mudava quando havia uma repercussão no campo nacional, quando se saía do assunto em si para o desdobramento político. A política local tornava-se então um mero instrumento da batalha que políticos como JK, Lacerda e Goulart travavam.

CAPÍTULO V
MUDANDO O RIO: OS PRINCIPAIS PROJETOS E OBRAS DO GOVERNO LACERDA

1. OS PROJETOS PRIORITÁRIOS DO GOVERNO

Em todas as campanhas eleitorais o mais comum é ouvir promessas e mais promessas dos candidatos. E o mais comum também é que não sejam cumpridas. Seria interessante analisar as diversas propostas de campanha elaboradas pelo governo e comparar com os projetos efetivamente efetuados ao longo dos cinco anos do mandato.

Quando Lacerda assumiu o governo em fins de 1960, o momento era especialmente propício para o novo estado assumir e implementar políticas públicas de maior alcance e impacto. Os cariocas acabavam de obter sua autonomia política e a cidade, em meio à falência da sua infra-estrutura, necessitava de uma retomada e um norte para crescer.

Por isso, é de extrema importância para uma adequada compreensão dos rumos que a Guanabara percorreu conhecer o pensamento, as propostas e a visão que vigoravam nos debates e estudos realizados no final da década de 1950 e início dos anos 1960. Se utilizarmos o ciclo de artigos publicados no jornal carioca *Correio da Manhã* intitulado "O que será do Rio?", a transcrição publicada pelo mesmo jornal do Fórum Paulo de Frontin e o documento produzido pelo governo Sette Câmara intitulado "Subsídios para análise e planejamento da ação administrativa", daremos voz a uma ampla gama de especialistas e representantes de diversas correntes da sociedade. Teremos um instrumento valioso capaz de fornecer a pauta da agenda pública carioca na época.

Quando se trata da questão de criar um estado nos moldes da Guanabara ou realizar uma fusão com o estado do Rio há uma falta de consenso, apontando-se diversas vantagens e desvantagens para cada opção. No entanto, quando o tema se centra nas prioridades que o primeiro governo deveria enfrentar, é notória a homogeneidade de opiniões. Essa unanimidade podia ser expressada sinteticamente como: educação primária, infra-estrutura urbana e desenvolvimento industrial.

Procuramos comparar essa agenda com a proposta de campanha ao governo estadual do candidato Lacerda. No discurso em que foi lançado candidato pela UDN, em 30 de julho de 1960, o futuro governador expôs os principais pontos do seu programa.

A UDN promoverá a revolução pela educação.

A primeira preocupação é elaborar um programa mínimo de investimentos para restituir o Rio à condição de cidade. Esse programa de investimentos constituirá a base do plano de ação do nosso governo. O trabalho terá o seguinte desdobramento:

- *Definir com precisão os objetivos a alcançar (água, transportes, esgotos, escolas, telefones etc.), tarefa que está afeta à equipe de especialistas que nos assiste, inclusive com base em estudos já existentes nos órgãos da antiga prefeitura do Distrito Federal, hoje estado da Guanabara.*
- *O estabelecimento de condições favoráveis à fixação e expansão de indústrias no estado. [...] Quanto a esta última [...] poderemos resolvê-la mediante um plano de zoneamento industrial, uma política tributária racional e apoio de crédito para instalação e expansão industrial.*[1]

O programa do candidato se apoiava portanto no mesmo tripé: educação, serviços públicos e desenvolvimento econômico. Como

---

[1] Lacerda (1963: p. 148-151).

premissa, embutia o mesmo programa de modernização administrativa e tributária como ferramenta necessária para alavancar os projetos. Estrategicamente, o governo Lacerda procurou fazer nada mais do que aproveitar aquilo que era consenso entre especialistas e se esforçou por pô-lo em prática. Afinal, era um governo formado justamente por tecnocratas, a maioria tendo trabalhado por muitos anos dentro da prefeitura e, sendo mantidos ou incorporados na nova gestão, era de esperar que adotassem as soluções que vinham preconizando. Exemplo característico era Enaldo Cravo Peixoto, engenheiro sanitário, antigo funcionário da City e depois da prefeitura que, tendo sido diretor do Departamento de Esgotos Sanitários, foi nomeado em 1961 diretor da Sursan e secretário de obras do estado.

Quase cinco anos depois, chegando ao final do mandato, ao compararmos os projetos citados na campanha com as realizações implementadas, podemos tentar efetuar um balanço desse governo. Para nos auxiliar nesta tarefa iniciamos a análise com um quadro que indica o percentual das despesas efetuadas por projetos e programas.[2]

Consolidação dos investimentos em cada projeto
(Porcentagens sobre o total em ordem decrescente)

Projetos e programas	1961	1962	1963	1964	61/64
Saneamento do meio	**23,37**	**43,27**	**31,53**	**40,98**	**36,11**
Abastecimento de água	9,98	22,91	17,33	25,93	20,64
Esgotos	7,87	11,79	10,15	11,08	10,49
Drenagem e Saneamento Básico	5,09	8,19	2,75	2,09	3,72
Limpeza Urbana	0,43	0,38	1,30	1,88	1,26

---

[2] Apesar de não dispormos dos dados referentes ao último ano, podemos considerar que não houve alterações significativas nos percentuais apresentados.

Consolidação dos investimentos em cada projeto — continuação
(Porcentagens sobre o total em ordem decrescente)

Projetos e programas	1961	1962	1963	1964	61/64
Urbanização, Viação e Comunicações	46,69	31,42	30,12	35,15	34,37
Viário	33,92	18,97	22,25	16,00	20,80
Transportes	3,18	2,61	1,62	7,00	4,04
Comunicações			3,68	7,51	4,05
Trânsito e Estacionamento			0,14	0,13	0,09
Parques	1,26	0,39	0,31	3,33	1,60
Outros (2)	8,33	9,45	2,12	1,18	3,79
Educação e Cultura	12,81	10,08	10,93	5,36	8,89
Educação (1)	12,03	9,31	10,62	5,02	8,43
Educação Física e Desportos	0,70	0,68	0,25	0,25	0,38
Atividades Artístico-culturais	0,08	0,09	0,06	0,09	0,08
Bem-estar Social	4,37	6,66	5,26	8,09	6,46
Abastecimento	0,53	0,12	0,17	0,59	0,36
Habitação	0,43	5,21	2,06	4,07	3,16
Assistência Social	0,10	0,05	0,70	1,19	0,70
Segurança Pública	2,92	1,16	2,06	2,09	2,03
Sistema Penitenciário	0,39	0,12	0,27	0,15	0,21
Saúde	2,43	2,78	8,38	4,71	5,27
Administração Pública	9,33	3,82	7,05	2,39	5,01
Desenvolvimento Econômico	1,00	1,97	6,72	3,32	3,89
Energia	0,40	0,74	5,70	2,90	3,11
Fomento à Produção Agropecuária	0,47	0,28	0,46	0,18	0,33
Turismo e Certames	0,13	0,95	0,56	0,24	0,45

Fonte: Guanabara (1965a).

Antes de analisar esses resultados é preciso matizar a importância desses investimentos. Logicamente que os gastos com túneis, viadutos, esgotos e pavimentação superam em muito os gastos necessários para a construção de escolas, para não falar nos esforços que podem ter sido realizados no sentido de estruturar e incrementar a qualidade do ensino público e que não transparecem num quadro deste porte. O mesmo se pode dizer sobre a produtividade, a eficácia e a qualidade dos projetos desenvolvidos, a mudança na estrutura da administração pública, a orientação ideológica incutida nos projetos urbanísticos ou no desenvolvimento econômico.

No entanto, mesmo ocultando os aspectos não-monetários, é possível perceber os esforços do governo no setor da infra-estrutura, no qual, se somarmos os valores percentuais em Saneamento do Meio e Urbanização, Viação e Comunicações, chegamos a mais de 70% dos investimentos efetuados nos quatro primeiros anos. A par disso, como veremos adiante, um esforço considerável foi realizado no setor da educação, responsável por cerca de 9% dos investimentos, no setor da saúde e da construção de habitações populares. Se esses dados mostram que houve uma concordância entre os planos de campanha e os investimentos alocados, o mesmo não pode ser dito com relação ao desenvolvimento econômico. Pelo que é possível deduzir, não foram incluídos nos investimentos indicados na tabela anterior os recursos fornecidos à Copeg para fins de financiamento de capital ao setor industrial, significando algo em torno de 2% do total de investimentos realizados.[3] Se somarmos à parcela indicada na tabela, teremos um investimento da ordem de apenas 6% no desenvolvimento econômico do estado, uma parcela pequena para o porte e a importância desse setor.

A fim de se obter um melhor conhecimento sobre essa e outras questões, deve-se avaliar com mais detalhes os principais projetos

---

[3] Guanabara (1965a: p. 25 e p. 80).

desenvolvidos, incluindo sobretudo os seus aspectos qualitativos e polêmicos.

2. DESENVOLVIMENTO ECONÔMICO DA GUANABARA

Com relação à questão do desenvolvimento econômico, há dois grupos de fontes. No primeiro grupo podemos destacar duas teses recentes sobre a economia guanabarina: a de Ângela Penalva Santos, intitulada *Planejamento e desenvolvimento — O estado da Guanabara*; e a de Mauro Osório, com o título *Rio Nacional, Rio Local: origens e especificidades da crise carioca e fluminense. Estratégias, Instituições e Desenvolvimento*. Ambas as teses se debruçam sobre as variáveis econômicas dos anos 1960 e avaliam a política econômica dos governos Lacerda, Negrão de Lima e, em menor escala, do governo Chagas Freitas. No segundo grupo de fontes destacamos a série "Estudos cariocas",[4] elaborada pela equipe de economistas do governo Lacerda, já mencionada anteriormente, e o "Diagnóstico Preliminar da Guanabara",[5] um documento encomendado pelo Departamento de Expansão Econômica da Secretaria de Economia do governo Negrão de Lima, publicado em dezembro de 1967. Trata-se de um estudo em quatro volumes bastante minucioso sobre a economia da Guanabara realizado pela Astel — Assessores Técnicos Ltda. —, que reunia um grupo de economistas, com destaque para João Paulo de Almeida Magalhães. Utiliza como fonte dados estatísticos da FGV, do BNDE e de outros órgãos públicos, pesquisas realizadas em 1965 pelo governo do estado, pelo Plano Doxiadis, pela Fiega, bem como alguns dados disponibilizados pela Copeg. Logicamente, as fontes do segundo grupo apresentam o viés de qualquer documento elaborado por um governo procurando defender suas proposições. No caso do "Diagnóstico", havia uma preocupação em defender a viabilidade econômica e o *status*

---

[4] Guanabara (1965c, d, e, f, g, h).
[5] Guanabara (1967).

quo do estado da Guanabara. Por outro lado, é um estudo encomendado por um governo de tom claramente antilacerdista, que plasmava em diversos outros documentos ácidas críticas a essa administração.

Conforme atesta a introdução do documento de 1967, "o presente trabalho [...] nasceu da preocupação do governo do estado e de certos grupos privados com um alegado 'esvaziamento' econômico da Guanabara"[6]. A tese do esvaziamento da Guanabara era um tema presente desde a década anterior e a principal importância dessa preocupação foi, independentemente de ter fundamento real ou imaginário, ter gerado uma proposta, um plano de ação, com a finalidade de desenvolver a economia carioca. No entanto, interessa saber sobre a pertinácia dessa suposição, já que somente assim será possível chegar a uma conclusão sobre a eficácia e os resultados da proposta econômica que vigorou nos anos 1960.

Segundo o estudo da Astel:

> *De fato, existe na opinião pública local, e não apenas entre os leigos, a convicção de que ela [a Guanabara] está diante de um rápido processo de deterioração econômica, que, se não corrigida através de radical medicação, poderá conduzi-la a gravíssima situação.*[7]

Essa suposição foi alimentada também por estudos presentes no Plano Doxiadis, pelo Ipea e pela própria Copeg quando analisavam dados referentes ao período de 1947 a 1964.

Já em outro documento elaborado no fim do governo Negrão acrescenta-se que:

> *A lenda do esvaziamento econômico da Guanabara [foi uma] tese construída em editoriais e artigos de jornais. Falava-se em fuga de empresas para o estado do Rio, quando eram três ou quatro casos. Os que a defendiam faziam em paralelo um apelo à fusão.*[8]

---

[6] Guanabara (1967: vol. I, p. i).
[7] Guanabara (1967: vol. I, p. 101).
[8] Guanabara (1970: p. 45). Rio Ano 2000. Secretaria de Ciência e Tecnologia. Comissão do Ano 2000.

Para se caracterizar o fenômeno do esvaziamento é necessária a constatação empírica de dois fatores: que não seja um fenômeno conjuntural, de curta duração, mas uma tendência de longo prazo, e que seja específico do estado, não sendo conseqüência de uma crise nacional.

O próprio uso do termo esvaziamento requer alguns cuidados. Tanto pode ser encarado como queda da renda ou do produto real em termos absolutos quanto para designar a queda dessas variáveis em termos relativos, ou seja, no caso de a Guanabara apresentar um ritmo de crescimento inferior à taxa nacional. Além disso, pode-se utilizar como medida de análise tanto a renda e o produto real total como os índices *per capita*. Bastam essas considerações para compreendermos que falar em esvaziamento ou crise econômica supõe uma série de questões metodológicas, próprias da ciência econômica, que, se forem ignoradas, podem levar a resultados completamente diversos.

Em termos de valores absolutos, os dados disponíveis indicam que não se pode falar na existência do fenômeno de esvaziamento ou mesmo de estagnação, já que tanto a renda interna total como *per capita* e o produto real total e *per capita* no período 1947-1964 apresentaram uma clara expansão.[9]

Já em termos de valores relativos, a conclusão já não é a mesma. Ao analisarmos os dados referentes ao produto real e à renda interna, total ou *per capita*, verifica-se uma expansão *num ritmo inferior à média brasileira e inferior à maioria dos estados da Federação*.[10] Dessa perspectiva, pode-se dizer, à primeira vista, que há esvaziamento.

No entanto, no mesmo período, São Paulo também se expandiu abaixo da média brasileira,[11] e não cabe afirmar que esse estado passava por um processo de esvaziamento. Esta constatação põe

---

[9] Guanabara (1967: p. 110 e 114).
[10] Guanabara (1967: p. 111).
[11] Guanabara (1967: p. 113).

em xeque a validade desse procedimento para construir um julgamento mais sólido sobre a economia da época.

Podemos ainda analisar se a hipótese de esvaziamento corresponde a uma tendência de longa duração ou se se trata de uma especificidade local. Para tal, propõe-se uma divisão do período em três partes:

- de 1939 a 1950, quando o país se pauta numa industrialização de bens de consumo;
- de 1951 a 1960, quando o país ingressa no modelo de substituição de importações e investe na indústria de bens de produção;
- de 1960 a 1964, quando se completa o ciclo anterior e se encontra dificuldade para dar continuidade a um modelo de desenvolvimento sustentável. Dificuldades que, em parte, derivam da instabilidade de uma conjuntura política.

As informações disponíveis permitem concluir que no primeiro período, de 1939 a 1950,

a Guanabara revelou nessa fase crescimento superior à média brasileira e inclusive com um crescimento maior que o do estado de São Paulo. A conclusão a ser sublinhada é de que, no decênio anterior a 1950, não só deixou de ocorrer o fenômeno de esvaziamento na Guanabara, como esta revelou excelente ritmo dinâmico, superando a média brasileira e mesmo São Paulo.[12]

Para o segundo período, a Guanabara, conforme já visto, cresceu numa taxa menor que o Brasil, ainda que a maior parte dos estados tenha passado por idêntico fenômeno,[13] ou seja, não se tratava de um fenômeno específico deste estado.

O terceiro período, que envolve os anos 1960-64, precisamente os anos do governo Lacerda, registra um forte declínio no produto

---

[12] Guanabara (1967: p. 123).
[13] Cf. tabela no final deste capítulo.

real. De todos os estados brasileiros, apenas quatro decresceram, sendo que a Guanabara obteve o pior resultado, com uma taxa negativa de 15,6%. Mas essa queda acentuada não ocorreu entre 1960-63 e sim no ano de 1964, quando se iniciou o novo plano econômico do governo Castello Branco, o Paeg, que afetou sensivelmente a economia carioca.

O Plano Paeg obteve sucesso ao fim de quatro anos, a partir de 1968, no seu esforço por reduzir a inflação e retomar o aumento do PIB, mas o preço que se precisou pagar foi alto para o país como um todo e em especial para a Guanabara. Nos dois primeiros anos o salário mínimo sofreu uma diminuição real de cerca de 30%. O salário do funcionalismo público foi congelado. A atividade industrial entrou em colapso a partir de 1965, sobretudo os setores de vestuário e construção civil, com falências e concordatas triplicando entre 1964 e 1966. E esses dois setores eram justamente os principais do parque industrial carioca.

Os duros ataques de Lacerda a Castello, e sobretudo a Roberto Campos, por mais equivocados e inoportunos que possam ter sido, do ponto de vista político e mesmo administrativo, foram também uma reação aos fortes estragos que o Plano Paeg impingia à economia carioca em 1964 e, especialmente, em 1965.

Podemos acrescentar outros fatores que contribuíram para o cenário de crise econômica da primeira metade da década: a forte queda do PIB nacional, em especial no ano de 1963, a crise energética chegando ao racionamento, o efeito da mudança da capital, que é tradicionalmente um foco aglutinador de capitais, a fragilidade política que se fazia sentir em inúmeros aspectos, tais como a proliferação de greves na cidade ou a retração de investimentos privados. Os anos do governo Lacerda foram permeados, portanto, por uma conjuntura econômica extremamente desfavorável e exógena.

Se a tese do esvaziamento encontra entraves numa análise econômica, isso não significa que ela tenha sido inócua. A "sensação" do esvaziamento influía negativamente nos agentes econômicos, comumente suscetíveis a mercados de fama duvidosa. Além disso, se a hipótese de esvaziamento não pode ser validada totalmente, isso não implica automaticamente encarar a economia guanabarina como em situação de franca ascensão. Muito pelo contrário, o panorama que se configurava era claramente delicado.

Retornando a 1960, a "sensação de esvaziamento" e a preocupação com a perda do *status* de capital, o surgimento de um novo estado *sui generis* encaminharam os especialistas para um conjunto de medidas que, segundo acreditavam, seria capaz de reverter o quadro e dinamizar a economia local. Essas medidas foram integralmente inseridas na pauta do novo governo.

O núcleo central da pauta de desenvolvimento econômico na prática foi o investimento na infra-estrutura urbana, a modernização da BelaCap, do Rio de Janeiro, em contraposição à NovaCap, de Brasília. Essa política nada mais era do que unir o útil ao agradável. A cidade estava "no osso". O país como um todo crescia aceleradamente há pelo menos duas décadas, com as principais cidades passando por uma verdadeira revolução nos transportes, na moradia (imigração), nas comunicações etc. E veio o descompasso entre a forte demanda de serviços de infra-estrutura e a lenta oferta desses servidores pelo poder público. Tanto por parte de especialistas como do cidadão comum era unânime a opinião de que era absolutamente necessário fazer algo na cidade, sem o qual ela pararia. Sem modernizar a cidade, seria difícil, para não dizer impossível, o novo estado ter condições de evitar um real "esvaziamento" econômico. Ao lado do útil, Lacerda, implementando essa reforma, se aprazia politicamente: ao investir na cidade como vitrine do país, moderna, arrumada, colocava-se também como forte candidato à presidência, não mais como o político demolidor, mas como modelo de administrador competente.

Há também, logicamente, uma correlação entre investimento em infra-estrutura e crescimento. De acordo com alguns estudos:

Cada ponto percentual do PIB a mais, em investimentos nas áreas de transporte e comunicações, aumentava o crescimento em 0,6 pon-

> *to percentual. Outros estudos apuraram que o número de telefones por trabalhador tinha um impacto forte e positivo sobre o crescimento. A taxa de rentabilidade é de 16%-18%, em média, para projetos de infra-estrutura, tais como irrigação e dragagem, telecomunicações, aeroportos, rodovias, portos marítimos, ferrovias, energia elétrica, abastecimento de água, saneamento básico e rede de esgotos. A rentabilidade para gastos com manutenção da infra-estrutura (como manutenção da rede viária) é ainda mais alta, talvez beirando os 70%. Os governos podem matar o crescimento ao impor regulamentação exagerada e prover poucos serviços públicos.*[14]

A outra vertente do desenvolvimento econômico ficou marcada pela tentativa de atrair e fixar indústrias dentro de zonas especialmente dedicadas a esse fim. Tentativa que, ao contrário do urbanismo, recebeu poucos investimentos.

A Guanabara era um estado com uma série de características econômicas peculiares dentro do quadro da Federação. A maioria absoluta da população ativa, cerca de 73%, trabalhava no setor terciário; o estado era o centro da vida cultural do país; possuía uma clara vocação turística; abrigava a mais importante Bolsa de Valores do país e o núcleo do setor financeiro, com as sedes dos principais bancos. Apesar de todo esse panorama, vivia-se então na firme certeza de que o motor do crescimento se daria por meio da industrialização.

Essa crença na indústria nascera dentro da corrente econômica hegemônica da época, que era o desenvolvimentismo. Este era entendido e aceito dentro do modelo cepalino, que propunha como saída do subdesenvolvimento a industrialização como norte econômico.

> *Baseava-se na verificação de que, no período compreendido entre 1870 e 1940, as relações de troca dos países exportadores de produtos*

---

[14] Easterly (2004: p. 299).

primários e dos países exportadores de produtos manufaturados tinham sido desfavoráveis aos primeiros. A proposta desenvolvimentista da Cepal pode ser resumida em termos do "apelo ao capitalismo estrangeiro para promover a rápida industrialização; propunha também uma política fiscal adequada, alterações substanciais no regime de propriedade da terra e, sobretudo, propugnava ação controlada do estado para conduzir o desenvolvimento nacional". Esse fortalecimento do estado não pressupunha a instalação do socialismo, ao contrário, inscrevia-se na nova ordem econômica mundial, a dos compromissos fordistas-keynesianos, que destinavam um papel mais proeminente ao estado, em associação com as empresas e os trabalhadores, no sentido de garantir a reprodução daquela ordem econômica.[15]

Se o setor industrial era o carro-chefe desse sistema, os resultados alcançados foram extremamente encorajadores. Nos anos entre o pós-guerra e o fim na década de 1950, criara-se o BNDE com o intuito de facilitar o crédito para implantação da indústria nacional, instalaram-se as primeiras refinarias de petróleo, como a Reduc, as siderúrgicas da CSN e da Mannesmann, Juscelino lançou o Plano de Metas e instalou as indústrias de base na periferia de São Paulo. Esses acontecimentos foram decisivos para transformar o modelo numa verdadeira panacéia. Até o final dos anos 1970, enquanto o Estado teve poder de financiamento, a indústria se tornou o instrumento de condução da política econômica do país.

Se a indústria é considerada a locomotiva da economia, a Guanabara chegava ao final da década de 1950 em desvantagem. Sua participação no PIB industrial nacional caíra nos anos 1940 de 24% para 15%, e nos anos 1950, de 15% para 9,5%.[16] Se o poder federal incentivara o estabelecimento de indústrias de bens de capital e de bens de consumo duráveis, a economia carioca, baseada

---

[15] Santos (2003: p. 149).
[16] Cf. Guanabara (1965h).

em indústrias de bens de consumo não-duráveis, ficava fora das prioridades desse investimento.

Mesmo assim, o novo estado possuía ainda o segundo maior parque industrial da nação e acreditava-se que uma política de incentivos corretamente coordenada entre o setor público e o setor privado seria a mola mestra capaz de impulsionar e acelerar a economia carioca.

Os planos econômicos do governo foram, portanto, cristalizados numa política de crédito industrial e na criação de novas zonas industriais na avenida Brasil e na região de Santa Cruz. Para compreendermos melhor a importância e o contexto da criação dessas zonas industriais é oportuno relembrarmos o deslocamento das indústrias na geografia da cidade ao longo das décadas anteriores.[17]

A Light chegara ao Distrito Federal em 1908, e com isso a nascente industrialização assumiu novas características. Localizadas no centro da cidade, onde apesar de concentrar a maior parte da população ainda se contava com espaços vazios, as indústrias eram favorecidas pela proximidade do porto e das ferrovias. Alguns grandes jornais com suas gráficas — *Correio da Manhã*, *O Jornal*, *O Globo*, *Diário de Notícias* e *Jornal do Brasil* — localizavam-se nessa região, onde melhor podiam distribuir as notícias diárias.

Nessa época, também consolida-se a posição industrial de São Cristóvão, pois contava com vias férreas, a proximidade do centro e ainda tinha na saída da família real e da nobreza a possibilidade de ocupar casarões vazios, logo aproveitados pelas médias e grandes indústrias. Formou-se aí uma densa zona fabril, pouco marcada na paisagem, pois refletia a antiga zona residencial aristocrática.

---

[17] Cf. Guanabara (1965h: p. 60-75).

A partir de 1930, o desenvolvimento industrial assume maior amplitude na zona suburbana, onde encontra espaços vazios e planos, sobretudo com a lotação de São Cristóvão. Em Jacarezinho, na avenida Suburbana, surgem indústrias grandes como a Cisper (vidros e garrafas) e a Klabin (porcelana). Juntamente com essas novas indústrias, crescem no seu entorno as favelas que proporcionavam a mão-de-obra. É interessante notar que as grandes fábricas da periferia nem sempre criaram um processo multiplicador, gerando um pólo. O Cortume Carioca, na Penha, e a Fábrica Bangu são exemplos dessa situação.

Com a Segunda Guerra Mundial, o processo industrial se acelerou, com uma distribuição espacial desordenada e dispersa, pois havia a necessidade urgente de fábricas. Com o conflito bélico, a citricultura da Baixada Fluminense teve acentuada queda, provocando o loteamento da estrutura fundiária. Surgiram terrenos que foram aproveitados pela indústria e pela mão-de-obra que ali se assentou. Para isso contribuiu também a abertura de rodovias, como a via Dutra, formando uma nova periferia industrial para atender ao mercado carioca. Na rodovia Washington Luiz o processo de concentração industrial começou com a instalação da primeira refinaria de petróleo. O desenvolvimento da indústria naval fez com que se instalassem também diversos estaleiros no Caju, bem como de fábricas fornecedoras de insumos. Foram sendo criados diversos centros comerciais, como Madureira e Penha, dos quais se aproximam pequenas fábricas de móveis, alimentos, vestuário etc.

Com o crescimento das empresas que precisavam de mais espaço e a pressão decorrente do crescimento do espaço urbano houve progressivamente um deslocamento da indústria do centro para a periferia, através das principais artérias da cidade. Sendo assim, no final dos anos 1950, as indústrias ainda se confinavam no que poderíamos definir como a parte oriental da cidade.

No início dos anos 1960, os principais gêneros da indústria na Guanabara eram os de produtos têxteis, vestuário, calçados, farmacêutico, alimentos, editorial e metalurgia.

Dentro desse panorama histórico torna-se compreensível que se pensasse em prolongar o vetor de expansão para áreas ainda ociosas como a zona oeste, em bairros como Santa Cruz. Essa região era compreendida como um *locus* adequado para instalar um pólo industrial e futuramente gerar um novo núcleo de ocupação populacional, descomprimindo as já saturadas zonas sul e centro.

Para coordenar, fomentar e financiar esse projeto o governo criou a Companhia de Progresso da Guanabara (Copeg), instituída em 23 de outubro de 1961. A iniciativa tinha precedentes. Apreciavam-se os bons resultados obtidos em Porto Rico pela Puerto Rico Industrial Development Company (Pridco) e o breve governo de Sette Câmara publicara, em 1960, um anteprojeto de Constituição da Companhia de Desenvolvimento do Estado da Guanabara (Codeg), o que é um sinal da concordância que havia entre economistas sobre as medidas a serem seguidas. Ao longo dos anos seguintes foram surgindo iniciativas semelhantes em outros estados com base na experiência da Copeg,[18] como a Codepar no Paraná, a Codec no Ceará, a Codecal em Alagoas, a Copego em Goiás e a Copes no Espírito Santo. Tecnicamente, a vantagem da criação dessas empresas para fomento industrial no lugar do banco estadual estava no fato de as primeiras terem uma amplitude de ação e flexibilidade muito maior, podendo, por exemplo, trabalhar com prazos mais longos. Dentro dos seus estatutos, estabeleciam-se alguns princípios norteadores tais como a criação de zonas industriais, assistência às empresas que ali se estabelecessem, fornecimento de infra-estrutura, com serviços básicos para funcionamento das empresas, e o financiamento prioritário das indústrias de base e transformação.[19]

A Copeg recebeu ao longo do mandato de Lacerda recursos da ordem de Cr$10 bilhões,[20] isto é, cerca de 2% dos investimentos

---

[18] Copeg (1970: p. 26).
[19] Copeg (1970: p. 20-1).
[20] Guanabara (1965a: p. 80).

realizados pelo governo. Parte dessa quantia foi obtida por meio de um empréstimo externo junto à AID no valor de US$4 milhões, que, por entraves nas negociações com o governo federal, teve a primeira parcela creditada na conta do estado somente em outubro de 1964.

Com uma pequena parte dos próprios recursos adquiriu e loteou dois distritos industriais na avenida Brasil e em Santa Cruz. Este último era um local privilegiado, disposto numa extensa planície, com as águas do rio Guandu, do rio Paraíba e do canal de São Francisco atravessando toda a região, próximo a hidrelétricas da Light, com vias de acesso para o escoamento da produção, podendo atingir a via Dutra através de Itaguaí sem entrar em perímetro urbano ou utilizando o ramal Mangaratiba da Rede Ferroviária.

Por sua vez, a criação de zonas industriais era, na verdade, uma inspiração feita em cima da experiência de JK, que, quando governador, impulsionou a cidade industrial de Belo Horizonte. Essa experiência, muito viva então e presente no diagnóstico elaborado pelo governador Sette Câmara, não teria escapado aos olhos de Lacerda e seus técnicos. Pode-se inclusive olhar a tentativa de construir a siderúrgica Cosigua[21] como um reflexo da Mannesmann, siderurgia inaugurada por JK que funcionou como pólo de atração na região.

Os lotes das novas zonas industriais foram postos à venda com financiamento de 80% do valor em três anos. No primeiro distrito, na avenida Brasil, obteve-se a venda de praticamente todo o terreno disponível (em torno de 240 mil metros quadrados), mas, no segundo, somente conseguiram vender 5% dos lotes (o distrito de Santa Cruz dispunha de 7,2 milhões de metros quadrados), ou seja, uma parte ínfima do proposto. A maior parte dos recursos à disposi-

---

[21] A Companhia Siderúrgica da Guanabara, sediada em Santa Cruz, pretendia atrair indústrias de base para a Guanabara. É provável que o projeto fosse precoce, já que havia em Volta Redonda outra siderúrgica, a CSN, e somente dez anos depois, em pleno milagre econômico, é que um grupo privado, o grupo Gerdau, considerou viável o plano e construiu a Cosigua.

ção da Copeg foi destinada ao financiamento de capital fixo (97 projetos aprovados) e de capital de giro (222 projetos aprovados). Muitas das empresas beneficiadas eram de pequeno e médio porte, sendo que 46 financiamentos foram dirigidos à avicultura, cujo posicionamento era completamente distante do setor de indústrias que se deveria priorizar.

Se considerarmos o universo de mais de 5.500 estabelecimentos presentes no estado naqueles anos, esses dados representam uma ajuda muito pequena, tanto em volume de empréstimo como em número de empresas beneficiadas. Pode-se aduzir que o BEG também concedeu ajuda à indústria com um aporte de Cr$45 bilhões, no entanto esse tipo de ajuda difere do prestado pela Copeg, por ser de curto prazo, dedicado principalmente a resolver problemas de caixa nas empresas, e por isso não é relevante na discussão.

Apesar da insistência com que Lacerda falava da atuação da Copeg em seus discursos, apesar de ela representar um esforço planejado e organizado para reativar a indústria no Rio de Janeiro, a sua participação foi muito tímida, embrionária. Havia recursos, mas a prioridade do governo era claramente a infra-estrutura urbana, e não era possível alocá-los em abundância neste projeto. A parcela aplicada foi empregada de uma forma dispersa e os resultados, o efetivo crescimento industrial, ficaram muito aquém do desejado. Não se conseguiu atrair indústrias, sobretudo as de base ou transformação, não se gerou um pólo multiplicador e não se alterou, como se pretendia, o perfil econômico carioca.

Essa estratégia de desenvolvimento econômico perpetuou-se nos dois governos seguintes. O governo Negrão de Lima continuou igualmente dando prioridade aos investimentos urbanos, deixando a Copeg em segundo plano — ainda que com mais recursos. O governo Chagas de Freitas já encontrou uma cidade que saíra do seu gargalo de infra-estrutura e investiu na zona industrial de Jacarepaguá, no setor da indústria química. Os resultados, contudo, também foram modestos e não alteraram o quadro significativamente. Até os nossos dias essas regiões permanecem como um projeto a deslanchar.

A política econômica que eles adotaram não era a alavanca que iria acionar o crescimento. Isto porque o modelo adotado se baseava em pressupostos errados. Havia a tese de que a indústria da Guanabara estava fugindo para o estado do Rio, sobretudo da Baixada Fluminense, onde encontrava terrenos e estrutura adequados que não havia no Distrito Federal. Corroborava essa visão o registro de que o estado vizinho vinha crescendo acima da média nacional na última década. Pensava-se que os estreitos limites geográficos do Rio de Janeiro tolhiam a aplicação do modelo cepalino.

No entanto,

> esta análise não dá o peso devido ao processo em curso de desenvolvimento capitalista com centralidade em São Paulo e ao fato de que, nos anos 1950, o carro-chefe da industrialização se dá através da indústria de bens de consumo durável, notadamente o complexo metal-mecânico, eletroeletrônico e da indústria de base, com menor presença relativa na Guanabara. Não considera, ainda, o fato de que a indústria no antigo estado do Rio cresce, nos anos 1940, 1950 e 1960, acima da média nacional, fundamentalmente a partir de investimentos estatais realizados pelo governo central, como a criação da CSN e da Reduc. [...] Ou seja, ao se realizar a análise de que o antigo estado do Rio estaria crescendo acima da média nacional pela questão de terrenos — bastando, portanto, ofertar os mesmos na Guanabara, em condições de uso industrial, que a "sangria então existente" sustar-se-ia —, não se leva em consideração os fatores acima assinalados.[22]

Se lotear terrenos e dar crédito não bastava para atrair a indústria, é preciso concluir que o crescimento do Rio de Janeiro teria de se pautar por outro modelo que levasse em conta as especificidades dos agentes econômicos locais e aproveitasse os pontos fortes já existentes na economia carioca. Mas não podemos exigir do passado a perspectiva que só o presente fornece: naquele momento, as zonas industriais eram unanimidade entre especialistas.

---

[22] Osório (2004: p. 149).

Alguns outros fatores que influíram nesse cenário devem ser acrescentados. Primeiramente, uma estratégia que poderíamos chamar de "dar murro em ponta de faca", no sentido de que o crescimento econômico da Guanabara estaria atrelado a conjunturas que excediam seu poder, envolvendo a própria política econômica do país. Nesse sentido, a crise econômica no governo Jango e a recessão do governo Castello Branco tiveram um peso muito maior do que todos os esforços locais.[23]

Em segundo lugar, a tensa relação entre Lacerda e o governo federal talvez tenha impossibilitado a reestruturação do porto e o início do metrô, atrasado a solução da telefonia local e bloqueado o crédito que o BNDE poderia ter prestado. No entanto, se analisarmos os diversos governadores que o sucederam, observamos que tanto Negrão de Lima como Chagas Freitas, apesar de serem nominalmente da oposição, sempre tiveram um comportamento oposto ao de Lacerda e mantiveram melhores relações com o governo federal, mas nenhum dos dois conseguiu converter essa situação em benefícios ou auxílios que pudessem alavancar economicamente o estado (até mesmo porque mantiveram a mesma estratégia que Lacerda adotara). A telefonia acabou sendo expandida nacionalmente através de um plano federal, centralizado, que criou a Telebrás, e o metrô somente saiu do papel nos anos 1970, também por iniciativa federal. Mesmo após a fusão, com governos tão díspares como Faria Lima e Leonel Brizola, a situação de decadência não só se manteve como se acelerou.[24]

Ao analisar as perspectivas econômicas da Guanabara foram levados em conta diversos fatores relevantes, tais como a força do contexto desenvolvimentista como condutor de uma pauta eco-

---

[23] Pelo mesmo motivo, o crescimento que se registra no fim dos anos 1960 e durante os anos 1970 disfarçou a situação econômica delicada do Rio, que somente se revela com a crise nacional a partir de 1982.
[24] Cf. Motta, Sarmento e Freire (orgs.). *Um estado em questão: os 25 anos do Rio de Janeiro*. Rio de Janeiro: Ed. FGV, 2001, p. 227, 230 e 231.

nômica, a convicção de que zonas industriais abririam uma nova fase de crescimento, a influência das políticas econômicas federais e de outras conjunturas que transcendiam os limites da Guanabara, além da perda da condição de capital. No entanto, o que parece muito claro é que a opção do governo estadual foi a concentração dos esforços e dos recursos disponíveis na recuperação da infra-estrutura urbana, que considerava inclusive como requisito básico e necessário para desenvolver economicamente o novo estado.

3. A POLÍTICA ENERGÉTICA

Com a taxa de crescimento do PIB registrada na última década no país e a projeção para os próximos anos, não era difícil prever que a situação do quadro de energia elétrica era alarmante. Numa época em que a tônica era o desenvolvimentismo, progresso sinônimo de parque industrial, e havendo condições para crescer à taxa de 7% anuais, a crise de energia era vista como uma questão extremamente grave.

Dentro dos temas locais que Lacerda procurara centrar na sua campanha ao governo do novo estado, como a falta de água e de escolas, não faltou o destaque à crise de energia. O discurso feito na convenção do PL, partido que o apoiou nas eleições, foi todo ele centrado nesse tópico.[25] Falava-se então da iminência de um racionamento que de fato veio a ocorrer em 1963 e 1964, o que tornava a energia não apenas um problema econômico, mas um impacto sensível na vida do carioca.

Nos 15 anos anteriores a 1960, praticamente não houve acréscimo de geração de energia elétrica no sistema Rio-Light, localizado no estado do Rio. Uma pequena parcela provinha de São Paulo, mas a possibilidade de contar com a ajuda de outros sistemas

---

[25] Lacerda, Carlos. "Energia para o Estado da Guanabara", 1960. In *Lacerda* (1963: cap. 13).

espalhados pelo país, especialmente do sistema Furnas, esbarrava em algumas dificuldades: a cidade se isolara tecnicamente, já que operava em cinqüenta ciclos (50Hz), enquanto que o restante do país já estava com uma malha trabalhando em sessenta ciclos e, com outros sistemas operando a carga plena, não sobrava energia suficiente para ser repassada. Além disso, a Guanabara não dispunha de fontes naturais para gerar energia hidrelétrica. Operando com tarifas baixas, a Light também não realizava investimentos na rede de distribuição desde 1950.

No seu programa de governo, Lacerda apontava algumas medidas a serem tomadas caso fosse eleito. Depois de pôr a culpa pela crise de energia na negligência do governo JK, como era de esperar, afirmava que pretendia construir, com ajuda federal, uma usina termoelétrica que poderia ficar pronta em pouco tempo e atenderia às necessidades de curto prazo. Propunha a progressiva mudança do sistema de cinqüenta ciclos para sessenta ciclos, a fim de integrar o estado no complexo Centro-Sul, e a instalação de uma usina nuclear a partir de um estudo de viabilidade feito pela Comissão Nacional de Energia Nuclear, como solução a longo prazo. Quanto a este último ponto, Lacerda se comprometia a dar todas as facilidades para que essa usina se estabelecesse na Guanabara.

Uma vez eleito, notamos a continuidade dessas idéias dentro do texto da Constituição do Estado, o qual, de uma forma que chega a chamar a atenção pelo grande destaque que dá ao tema, mostra a magnitude da crise que se avizinhava. Num dos artigos, o texto constitucional indica a criação da Comissão Estadual de Energia Elétrica com as seguintes atribuições: "Desempenhar as funções da União que vierem a ser delegadas em matéria de energia elétrica, promover a instalação de usinas termonucleares, termoelétricas ou hidrelétricas, isoladamente ou em cooperação com outros estados e com a União, para as necessidades de abastecimento do estado."[26]

---

[26] Cf. Tit. III, cap. II, sec. I, art. 46.

Com o decorrer do mandato, essas metas foram ficando muito aquém do cronograma previsto. A ajuda federal solicitada não veio, exceto a que correspondia à cota-parte do imposto sobre energia elétrica que cabia à Guanabara, e esta somente começou a ser depositada em 1963, ainda em quantias modestas, que aumentaram significativamente em 1964 e 1965, em meio ao racionamento.[27] A título de comparação, a soma das cotas-partes recebidas ao longo de todo o mandato representa 10% do que foi recebido como cota-parte do imposto sobre combustíveis (Fundo Rodoviário). Essa ajuda, repassada pela União a todos os estados, significa algo em torno de 20% do que o estado investiu por conta própria nesse setor. Na verdade, tanto os investimentos estaduais como federais foram completamente incipientes para um projeto que envolvia custos da ordem da adutora do Guandu.

O que acabou sendo realizado do programa proposto foi a conversão parcial do sistema carioca para 60 ciclos,[28] permitindo a comunicação com São Paulo, a construção de uma linha de transmissão ligada a Furnas,[29] o andamento da construção da usina termoelétrica da Chevap[30] na zona oeste e da usina hidrelétrica no Funil.

Por que não houve neste campo o empenho, o investimento e os resultados obtidos nos outros setores? Algumas hipóteses podem ser levantadas: a Guanabara não tinha território para construir usinas que abastecessem a cidade e dependia da boa vontade

---

[27] De abril de 1963 a outubro de 1964 a Light impôs racionamento na Guanabara com um corte de energia várias horas todas as noites. Cf. Dulles (2000: p. 164) e Guanabara (1967: vol. II, p. 318).
[28] Foi uma operação capilar que afetava os aparelhos residenciais e levou alguns anos para ser terminada, entrando no governo Negrão de Lima.
[29] O governo conseguiu do ministro Gabriel Passos que desse prioridade a Furnas-Guanabara, obra a cargo da Eletrobrás que ficou pronta no final de 1964.
[30] Chevap — Companhia Hidroelétrica do Vale do Paraíba —, constituída pela participação do governo federal, com 51% das ações, e dos governos dos estados de São Paulo, do Rio e da Guanabara, com 10% cada um. Participavam ainda a Light, com 8%, a Cia. Siderúrgica Nacional, com 8%, e a RFFSA, com 3%.

de terceiros; o setor energético trabalha a longo prazo, e sendo a situação vigente decorrente de erros nos últimos 15 anos, por maiores que fossem os esforços do governo não haveria tempo para se registrar um impacto significativo dentro do próprio mandato. Mas acreditamos que o fator predominante tenha sido a maior urgência que os cariocas tinham com os problemas do abastecimento de água, da malha viária e da educação.

4. O URBANISMO SEGUNDO LACERDA

Do ponto de vista urbanístico, a cidade do Rio de Janeiro tem na sua história alguns momentos muito marcantes. Primeiramente, quando se torna capital da colônia, em meados do século XVIII. Cinqüenta anos mais tarde, a vinda da família real, em 1808, trouxe para a cidade inúmeras melhorias, várias delas ainda hoje visíveis. O terceiro momento ocorre no início do século XX, com Pereira Passos, quando se reconstrói o centro e ocorre a expansão para a zona sul com a abertura das avenidas da orla.

Finalmente, o volume de obras e investimentos realizados nos anos 1960, começando pelo governo Lacerda e continuando no mandato de Negrão de Lima (1965-70) — que permitiu dar continuidade à mesma orientação —, mudou tão significativamente a paisagem da cidade que acabou se tornando um novo ponto de inflexão na história do urbanismo carioca. As realizações desse período estão muito vivas e presentes na memória dos cariocas e talvez sejam o traço mais marcante da vigência do estado da Guanabara.

Essa etapa da vida da cidade incorporou o significado de modernidade, conceito que então se expressava concretamente pela construção de vias expressas, pela abertura de novos túneis e viadutos, bem como pela ampliação dos serviços de transporte público (o ônibus no lugar do bonde, os projetos para o metrô etc.). O modelo que servia de inspiração não era mais Paris, como fora na reforma realizada no início do século, mas a dinâmica das grandes cidades norte-americanas, orientadas pelo pragmatismo e pelo funcionalismo.

Paralelamente a esse vetor havia também, oriundo de uma preocupação particular de Lacerda, do seu modo de ver a cidade, um esforço por não afogar a cidade no concreto e no asfalto e em defender áreas verdes, como foi o caso não só do parque do Flamengo — o Central Park carioca — como também do Parque Lage e do Parque Ary Barroso, na Penha.

Do ponto de vista político e estratégico, o urbanismo do governo Lacerda é o projeto de afirmação da BelaCap no cenário nacional. É a aposta de que o Rio de Janeiro continuaria sendo a capital de fato do país. "Somos a síntese do Brasil."[31]

Até os anos 1920, demograficamente, a cidade se concentrava entre o Centro e Botafogo. Ao longo dos quarenta anos seguintes, a população se estendeu maciçamente em dois eixos: pela zona norte — Tijuca, os bairros adjacentes e o subúrbio — e pela zona sul, até o Leblon. Olhando-se para o mapa, percebe-se claramente que só se ocupava ainda o terço ocidental do município.

Na década de 1960, o Rio de Janeiro teve suas artérias de comunicações alargadas e expandidas, possibilitando que nos anos seguintes houvesse uma mudança na dinâmica da cidade e um deslocamento da sua população para novas regiões. É a partir desses anos, com a avenida Perimetral (fim dos anos 1950), o túnel Rebouças, a ampliação das avenidas Brasil, Marechal Rondon, Trevo das Forças Armadas etc. que as distâncias entre o subúrbio, o centro e a zona sul se encurtam. Também a zona oeste começa finalmente a entrar na equação da cidade, sobretudo com a abertura do túnel Dois irmãos e o plano Lúcio Costa para a Barra da Tijuca.

---

[31] Discurso do IV Centenário.

Lacerda, apesar de ser pessoalmente interessado em tudo o que se referia a urbanismo, não procurou trazer projetos pessoais ou inovações paisagísticas concretas. Adotou a postura de dar uma visão, um horizonte: modernidade, praticidade, dinamismo, ordem, natureza. Como recorda Raphael de Almeida Magalhães, "ele era um grande animador, contagiava, empolgava-se com idéias novas, sobretudo se eram idéias grandes e desafiadoras. Quanto mais difícil, melhor"[32]. Depois limitava-se a apoiar e encorajar as idéias que os técnicos e os engenheiros lhe traziam, na maior parte projetos arquivados da antiga prefeitura. Sua preocupação era não ficar parado, fazer com que as soluções para os problemas *ad hoc* saíssem do papel, pondo o Rio num novo patamar urbano. O deputado Mauro Magalhães sintetiza: "Lacerda tinha um projeto, mas não tinha roteiro."[33] Ele tinha o projeto de "modernizar" a cidade, conhecia, como qualquer carioca, as deficiências urbanas existentes, mas a idéia do túnel Rebouças fora desengavetada dos arquivos da prefeitura pelo engenheiro Marcos Tamoio; o parque do Flamengo foi uma idéia da amiga Lota Macedo Soares, para aproveitar o aterro que acabara de ser feito em 1962; a idéia da remoção das favelas surgira a partir de algumas experiências malsucedidas.

Os movimentos de transformação urbana sempre foram acompanhados de uma reação negativa por parte daqueles que de alguma forma eram diretamente prejudicados ou porque se opunham ideologicamente. É conhecida a resistência que Pereira Passos enfrentou para demolir os cortiços que dariam lugar à avenida Central, e em boa parte só conseguiu fazê-lo por ter tido poderes para agir sem a Câmara Municipal. No caso de Lacerda não foi diferente, mesmo porque havia setores que não podiam elogiar sua atuação, independentemente do que fizesse, simplesmente porque significava fazer oposição a tudo o que ele representava em termos políticos e ideológicos. Para esse segmento, *o gorila, o mata-*

---

[32] Magalhães, Raphael de Almeida. Entrevista concedida ao autor em 20-8-2003.
[33] Magalhães, Mauro. Entrevista concedida ao autor em 11-11-2002.

dor de mendigos, o removedor de favelados construiu uma cidade fria, pouco humana,[34] onde imperou o técnico, o concreto armado e se ignoraram os aspectos sociais.

Não há dúvida de que viadutos e túneis eram — e são ainda hoje — esteticamente deploráveis e que ruas estreitas, vielas e casarões fazem parte da história da cidade, além de lhe dar um aspecto mais aconchegante quando bem conservados. Por outro lado, também não há como negar que uma revolução estava ocorrendo por conta da expansão do automóvel, uma revolução que punha em xeque a cidade: ou ela se ajustava a essa realidade ou pararia. De 1957 a 1964, o número de veículos de passageiros no estado passou de 63 mil para 140 mil, um aumento de mais de 100% em apenas 8 anos.[35]

Com a reforma urbana empreendida se conseguiu não só evitar a saturação das vias de comunicação, mas também triplicar a velocidade média do fluxo do trânsito na cidade. Isso foi possível com a adoção simultânea de diversas medidas. Primeiro, a abertura das novas vias expressas, funcionando como corredor de ligação entre as diversas regiões da cidade. Segundo, a retirada dos tradicionais bondes, que, além de estarem sucateados, eram lentos e não entravam em sintonia com o fluxo de automóveis, e a introdução de seiscentos novos ônibus da CTC. Terceiro, o empenho do secretário Américo Fontenelle, o "coronel Fon-Fon", por disciplinar os motoristas. Implacável, obstinado e contando com o sinal verde do governador, Fontenelle rebocava ou esvaziava os pneus de carros mal-estacionados, não poupando os veículos do corpo diplomático, mesmo com a queixa formal de seus proprietários ao

---

[34] Cf. reportagem *Veja-Rio*, ano 5, nº 48, nov-dez 1995, p. 13: "A socióloga Maria Alice de Carvalho, professora do Iuperj, encontra um ponto de contato entre César Maia e Lacerda. Ambos, segundo ela, têm uma visão engenheira da cidade, ao mesmo tempo que os torna bons administradores, os faz acreditar na fantasia de que só nesse nível é possível preservar a ordem social. Os dois gostam tanto do que pensam que não se importam muito com o que a população acha ou deixa de achar."
[35] Guanabara (1965a: tabela após p. 146).

ministro das Relações Exteriores, nem ao próprio governador, que estacionava o carro oficial na garagem da sua residência, pois sabia que Fon-Fon estava à espreita. Quando proibiu o estacionamento nas imediações do Palácio Tiradentes, não hesitou em ir pessoalmente fazer o reboque dos veículos de dois deputados.[36]

Outro paradoxo do governo Lacerda está no fato de que essas transformações urbanas tinham um forte impacto social, na medida em que a maior parte delas foi realizada no subúrbio e beneficiou as classes de menor renda. Encurtaram-se as distâncias entre o domicílio e o trabalho com a abertura de novas vias, como é o caso da abertura da Radial Oeste, da avenida Marechal Rondon e da construção de 16 viadutos, que faziam ligações dentro da zona norte. O primeiro grande parque do subúrbio foi o Parque Ary Barroso, na Penha, e a primeira rodoviária da cidade, a Novo Rio, construída na região da Leopoldina. As obras de saneamento básico, especificamente a rede de distribuição de água e esgoto que foi instalada principalmente pelo subúrbio, foram fundamentais para a saúde da população mais desfavorecida. A construção de novas escolas primárias estendeu-se a quase toda a região suburbana. Mesmo algumas obras feitas na zona sul, como o túnel Santa Bárbara e espaços como o parque do Flamengo, eram — e são — de grande valia às classes sociais C e D, para fins de transporte e lazer.

Contudo, dentro do clima de polarização político-ideológica que havia, a oposição — na tribuna ou nos jornais — enfatizou a visão de um governo elitista, destacando a remoção de favelados e as obras que estavam sendo realizadas na zona sul. Essa visão foi a que predominou por vários anos, mas a perspectiva que o tempo dá tem invertido esse quadro. Dando a mão à palmatória, deve-se reconhecer que aquele governo conseguiu o que vários governos posteriores, com o tradicional discurso do social, sempre sonharam fazer na cidade mas não o fizeram. Por isso é paradoxal,

---

[36] Cf. Dulles (2000: p. 159) e Rebello (1981: p. 102).

não deixa de ser irônico, que o "assassino do pai dos pobres", o "direitista", tenha feito o que outros governadores "mais amigos dos pobres" e "esquerdistas" não fizeram.

Houve também a acusação de ter feito um urbanismo em prol dos interesses de empreiteiras.[37] Afirmação que parte do fato real de que suas obras requeriam grandes contratos com as construtoras. No entanto há alguns dados, também reais, que contradizem essa afirmação: primeiramente porque Lacerda recusou donativos da indústria civil durante a sua campanha ao estado, além de atrasar o pagamento das mesmas no final do governo, e, em segundo lugar, aprovou as mudanças no gabarito das construções contrárias aos interesses do mercado imobiliário. De acordo com as leis aprovadas, aboliam-se a quitinete, os prédios geminados e estabelecia-se que na orla só poderia ser construído um apartamento para cada sessenta metros quadrados de área, ou seja, um terreno de seiscentos metros quadrados teria apenas dez apartamentos.

Além desses objetivos, o urbanismo de Lacerda era realizado também dentro do seu conceito de fazer política: fazer do Rio a cidade mais limpa, a intransigência com qualquer tipo de desordem, a moralização da coisa pública e a ausência de privilégios. Algo semelhante ao que hoje se chama de "tolerância zero" e que se discute como uma possibilidade para um "Rio sem lei".

Os projetos urbanísticos consumiram 34% do total de investimento público no período 1961-4 e foram pagos em parte pelo estado por meio da cota que cabia à Sursan, através do Departamento de Estradas de Rodagem estadual (DER-GB), e pelo Departamento de Estradas de Rodagem Federal (repasse da cota-parte do imposto sobre combustíveis e lubrificantes). A quase totalidade dessa composição pertencia à Sursan, que centralizava o comando das obras, mas é oportuno também matizar o papel que o DER teve nessas realizações.

---

[37] Cf. Lippi (2002), depoimento de José Artur Rios e Magalhães (1993: p. 94).

O DER controlava o Fundo Rodoviário Nacional, criado na década de 1940 e constituído pelo Imposto Federal Sobre Combustíveis e Lubrificantes. Cotas desse fundo eram distribuídas para estados e municípios (de acordo com o tamanho, a população etc.) dentro das seguintes condições: a verba deveria ser aplicada integralmente em estradas federais e o estado ou município deveria entrar com pelo menos o mesmo montante como contrapartida. Além disso, havia uma série de exigências técnicas: a estrada devia ser feita com substrato de concreto armado, não ter bloqueios — semáforos, cruzamentos —, entre outros parâmetros. No caso da cidade do Rio de Janeiro, seja como Distrito Federal, seja como Guanabara, isso perdia sentido. A solução encontrada nos anos 1940 e 1950 para aproveitar esses recursos federais só foi possível por meio de um artifício: fez-se um projeto para algumas vias especiais dentro da cidade, dentro das especificações exigidas, que receberam a classificação de estradas. Daí surgiram a estrada das Paineiras, estrada das Canoas, entre outras. No governo Lacerda havia a mesma dificuldade, mas as circunstâncias e as demandas eram outras. Uma alternativa foi apresentada ainda na vigência do parlamentarismo ao ministro de Viação e Obras Públicas Virgílio Távora, político udenista e responsável pela liberação da verba do Fundo Rodoviário. Consistia a proposta numa continuação da estrada federal BR-101 por dentro da cidade. A partir da Rio–Santos, seria construída uma avenida entre o Recreio dos Bandeirantes e a Barra da Tijuca, abriria-se o túnel Dois Irmãos, um trecho que estava por fazer da avenida Borges de Medeiros, o túnel Rebouças, o viaduto dos Marinheiros e a ponte Rio–Niterói,[38] por onde a estrada continuaria seu percurso rumo ao norte do país. Os diversos trechos dessas vias não possuiriam bloqueios e seriam construídos dentro das especificações exigidas. O alcance do plano ia muito além das possibilidades do governo, mas servia como um marco

---

[38] A Ponte Rio–Niterói ainda é hoje parte da BR-101, bem como a avenida Brasil, trecho alternativo ao caminho Recreio, Barra, Rebouças.

para justificar as verbas. Obtendo sua aprovação, as verbas do Fundo Rodoviário possibilitaram a construção de um trecho da avenida Borges de Medeiros, do viaduto dos Marinheiros e do túnel Rebouças. Neste ponto termina o papel do DER neste governo. As demais obras tiveram de ser alavancadas com os recursos ordinários do estado.[39] Pelas contas disponíveis é possível apontar que a ajuda do Fundo tenha sido da ordem de 20% das despesas específicas de Viação e entre 10% e 15% da despesa do projeto Urbanização, Viação e Comunicações.[40]

5. A ELABORAÇÃO DO PLANO DOXIADIS

Por intermédio de Alfredo Machado, editor de livros conhecido do governador, e de Lotta Macedo Soares, que trabalhava no projeto do parque do Flamengo, Lacerda foi apresentado a Constantinos Doxiadis, arquiteto, dono de uma empresa de urbanismo com projetos desenvolvidos em diversas cidades importantes como Londres e Los Angeles. Doxiadis era, além disso, um hábil vendedor, e conseguiu encantar o governador com a possibilidade de elaborar um plano urbanístico para a Guanabara.

No início de 1964, foi firmado o contrato no valor de US$700 mil entre o estado e a empresa Doxiadis Associates, com o intuito de realizar um plano diretor que orientasse e ordenasse o crescimento da cidade e indicasse metas até o ano 2000. Simultaneamente, a Secretaria de Governo criava por decreto a Comissão Executiva para o Desenvolvimento Urbano do Estado da Guanabara (Cedug), com o objetivo de acompanhar, assessorar e estabelecer a comunicação da equipe do governo com a empresa. Depois da

---

[39] É provável que o túnel Dois Irmãos e alguma outra obra realizada no governo Negrão de Lima tenha sido realizada com base nessa solução.
[40] Cálculo feito sobre diversas tabelas presentes em "Estudos cariocas" nº 1 e nº 4.

elaboração do plano, a Cedug seria responsável pela coordenação da sua implementação progressiva. O alto custo do contrato e a decisão de contar com uma firma estrangeira levantaram imediatamente diversas vozes para criticar a atitude do governo. Era o caso do jornal *Diário Carioca*, pró-Goulart, de Oscar Niemeyer e de Hélio de Almeida, presidente do Clube de Engenharia, indignado por não terem sido admitidos arquitetos nacionais de renome.

O objetivo principal do Plano Doxiadis era "criar um modelo para uma infra-estrutura que irá permitir um futuro crescimento sadio da cidade e resolver os problemas atuais, sem destruir o seu charme e estilo característicos"[41]. O estudo era muito abrangente e abarcou os diversos fatores que afetavam o desenvolvimento urbano da Guanabara, como as barreiras topográficas, os problemas no campo da habitação, saúde, educação e estrutura econômica. Para elaborar o plano foi necessário empreender uma vasta coleta de dados em todos esses setores, como, por exemplo, o cálculo do fluxo de veículos por hora em cada região da cidade, dados que acabaram sendo de valia para, independentemente do plano proposto, fornecer um retrato detalhado do novo estado.

Os trabalhos foram feitos em três contextos: macroescala, que tratava da Guanabara no contexto do país; média escala, que envolvia a sua área metropolitana; e microescala, onde se fazia um estudo detalhado de algumas comunidades importantes que coexistiam no estado, como a zona central e Copacabana.

O estudo viário, a parte mais conhecida do plano, levava em conta aspectos estreitamente relacionados com a questão da conveniência ou não da fusão da Guanabara com o estado do Rio. Doxiadis acreditava que o desenvolvimento da cidade estava atrelado necessariamente ao cinturão que a envolvia e que se situava além das suas divisas, ou seja, ao norte, com a Baixada Fluminense, a leste, com Niterói, e a oeste, com a Rio–Santos. Isto significava

---

[41] Doxiadis Associates. Guanabara Urban Development Plan, vol. 2. Atenas, 1965, p. 12.

que as recomendações do plano ficavam, até certo grau, além das possibilidades do governador do estado, a menos que uma fusão incorporasse essas áreas vitais para a cidade. A partir dessa idéia, desenharam-se três eixos de desenvolvimento. O eixo norte–sul, ao longo do início da avenida Brasil e da via Dutra, como foco de desenvolvimento industrial e de conexão com outros estados; o eixo leste–oeste, que partia desde a Rio–Santos, zona industrial de Santa Cruz e porto de Sepetiba, com a construção da Cosigua e da usina termelétrica da Chevap, passando por Campo Grande, Madureira, até o Méier, Radial Oeste e o centro da cidade; um terceiro eixo, interno, que ligaria Jacarepaguá à avenida Brasil, facilitando a comunicação entre as grandes comunidades.

Dentro dos limites geográficos da Guanabara, propunha-se a formação de uma estrutura descentralizada, isto é, desafogando a excessiva concentração de moradias e oferta de emprego existentes em torno do centro e de parte da zona sul, criando e incentivando a formação de outras comunidades autônomas, onde o cidadão moraria e trabalharia e teria acesso a diversos serviços e funções. Diminuiria assim o volume e a distância dos deslocamentos dentro da cidade e reduzir-se-ia a necessidade de transportes de massa. Simultaneamente, seriam construídas diversas vias expressas de alta velocidade que interligariam os diversos núcleos comunitários. Algumas dessas vias, destacadas em várias cores nos mapas de Doxiadis, ficaram famosas como as linhas policromáticas, sendo que a Linha Vermelha e a Linha Amarela acabaram sendo implementadas nos anos 1990. Também foi realizado um segundo estudo para a implementação do metrô, que coincidia com a trajetória que acabou sendo construída nos anos 1970 e 1980, integrado à linha férrea na Central do Brasil e às linhas de ônibus.

Diversas idéias foram aproveitadas a partir de uma série de projetos elaborados no início dos anos 1950 pelo Departamento de Engenharia Urbanística da Prefeitura do Distrito Federal (DEU ou DUR). Entre esses projetos encontravam-se a construção do túnel Dois Irmãos (que seria realizada no governo Negrão de Lima), a construção do túnel Rebouças, as pistas no aterro do Flamengo, o viaduto dos Marinheiros, a avenida Radial Oeste, o viaduto Faria-Timbó, entre outros, que estavam em andamento na época da elaboração do Plano Doxiadis e seriam concluídos em 1965. A contribuição de Doxiadis nesse setor era dar unidade e coordenação, colocando as soluções dentro de um contexto de desenvolvimento urbano e econômico.

As favelas foram outro campo abordado pelo Plano Doxiadis. Ao serem analisadas as muitas páginas dedicadas ao assunto, percebe-se naturalmente um alinhamento com a política de remoção de favelas do governo, mas oferecia-se um leque de possibilidades de forma a atender às diversas opiniões defendidas dentro dessa solução. Apontava-se terrenos ao longo da periferia nos quais se poderiam construir novos conjuntos habitacionais para favelados, mas também indicava-se terrenos na zona sul. Sugeria-se a construção de casas de diferentes tamanhos, bem como de edifícios, tanto para regiões planas como para encostas de montanhas. Apresentava-se a possibilidade de se organizarem pequenas comunidades com quinhentas casas populares associadas à rede de serviços básica, mas também abria-se a possibilidade de se unirem três ou quatro dessas comunidades com até dez mil habitantes, incluindo escolas secundárias, centros comerciais, hospitais, numa rede completa de serviços, o que transformaria essas futuras regiões em zonas urbanas autônomas.

Finalmente, importa frisar que o Plano Doxiadis, apesar de estar fortemente associado à memória do governo, teve uma importância muito reduzida nos resultados obtidos. Primeiramente, porque ficou pronto no final do governo e não havia tempo hábil, nem recursos, para aplicar suas propostas (fora idealizado como orientação para os próximos quarenta anos). Em segundo lugar, com a derrota nas eleições, não interessava ao próximo governo criar um vínculo com este plano, fortemente atrelado à pessoa de Lacerda. Se algumas das suas sugestões foram adotadas por Negrão de Lima, foi na medida em que remetiam a planos anteriores da antiga prefeitura, ou por fazerem parte do senso comum. De qualquer forma, parece-nos que sua importância reside no esforço realizado por dotar a cidade de uma linha de pensamento para o seu ordenamento urbano, procurando não deixá-la à mercê do imediatismo, do improviso e das medidas de emergência. Nos anos seguintes, novos fatores, negativos e positivos, entraram na equação: a mudança do jogo político, uma nova estrutura tributária montada para os estados e o decreto da fusão em 1975, que facilitou, teoricamente, a coordenação dos esforços no Grande Rio. O retrato fora feito, as propostas estavam na mesa para ser discutidas, mas mudar a face da cidade era um outro problema, muito mais complexo.

6. AS OBRAS DE SANEAMENTO

O projeto mais longo e custoso que, pela sua visibilidade e importância, foi usado como estandarte político-promocional ao longo de todo o governo foi a solução da falta de água que afligia há mais de uma década a população carioca. De todas as obras, o Guandu foi a menina-dos-olhos de Lacerda.

O início não foi animador. Com as fortes chuvas que caíram no início de 1961, as bombas do Departamento de Águas foram inundadas e a cidade ficou duas semanas sem água. Este episódio levou Lacerda a agir tomado pelo seu conhecido temperamento: demitiu sumariamente o secretário, e antigo amigo, Artur Laviola, diretor do Departamento de Águas, e ainda se indispôs com o corpo de engenheiros do estado. Na televisão, Lacerda desprezara-os, chegando a dizer que preferia contar com manobreiros. Feridos, os engenheiros optaram por uma demissão coletiva. A mediação veio por intermédio do engenheiro Veiga Brito, novo diretor do Departamento de Águas, que providenciou um encontro de Lacerda com os engenheiros e arrancou do governador uma retificação. Aos poucos a retificação se transformou em admiração por um corpo de funcionários com boa capacitação técnica, que ao longo de cinco anos tornou real os projetos mais importantes do seu governo. Foi em uma reunião de engenheiros, ainda em 1961, discutindo diversas possibilidades para a adutora do Guandu, que veio a solução: a construção de um túnel de 43 quilômetros por dentro da rocha trazendo água para a cidade. Com sua inauguração, a adução total de água dobrou de volume. Paralelamente à construção da adutora, que só ficou pronta no primeiro trimestre de 1966, foi construída em 1962 a adutora de Jacques–Acari, que supôs um aumento de 20% no abastecimento da cidade, diminuindo o aperto por que passava o carioca. Menos reconhecida, mas não menos significativa, foi a expansão da rede de distribuição, aumentada em 990 quilômetros entre 1961 e 1965.[42] O benefício dessa política para o setor industrial foi muito menos importante do que comumente se opina, visto que esse setor, não podendo se pautar pela fragilidade do fornecimento que o estado oferecia, captava a água diretamente de nascentes ou através de poços.[43]

Para fazer frente a esses gastos foram obtidos diversos empréstimos junto ao BID, que acabou sendo responsável por 42% do valor total da obra.[44] A outra metade, que cabia ao governo, só foi possível devido ao aumento na taxa de água.[45] Ambas as fontes de recursos exigiram acordos e autorizações junto às esferas federal e estadual, como podemos deduzir deste trecho de um discurso de Lacerda por ocasião da assinatura do primeiro acordo com o BID, em 1962:

Nota-se que em todo o modo de ação adotado pelo BID nesta operação com a Guanabara esteve presente, como é natural, a autoridade federal brasileira. Desde a autorização inicial imediatamente dada pelo presidente Jânio Quadros e a lúcida e firme recomendação de prioridade do ministro Clemente Mariani, até a confirmação dessa prioridade, na fase

---

[42] Guanabara (1965a: p. 100-4).
[43] Guanabara (1967: vol. II, p. 361).
[44] Até dezembro de 1964. Cf. Guanabara (1965a: p. 18-9).
[45] Cf. comentário no capítulo que analisa os recursos do governo.

final das negociações, dada pelo ministro Walter Moreira Salles e pelo embaixador Roberto Campos, evidentemente autorizados pelo presidente João Goulart. E a ratificação constitucional do empréstimo, em poucas horas, pelo Senado, por iniciativa dos senadores da Guanabara; assim como cabe mencionar a aprovação pela Aleg, em dezembro último, das taxas que tornaram possível ao governo da Guanabara ser o fiador único do empréstimo feito ao BEG para as obras da Sursan. [...] Agradeço ao embaixador Lincoln Gordon, aos ministros de Jango e ao esforço de quase dez meses dos meus colaboradores, tendo à frente o sr. Raphael de Almeida Magalhães, com o conselho oportuno de Hélio Beltrão.[46]

Para quem desprezava a negociação política, a assinatura desse contrato demonstra que essa característica era compensada na prática pelos seus secretários de governo e deputados, que, com habilidade, conseguiam o beneplácito do Senado, da Assembléia e de ministros.

Com relação às obras do esgoto sanitário, parecem-nos bastante representativas da mentalidade desse governo. Compõem um tipo de obras pouco apreciadas por políticos, obras que se enterram, que não ganham placas de inauguração e que o cidadão mal percebe ou valoriza. Mas num governo em que predominavam engenheiros e administradores, encontrar uma rede de esgoto precária na zona norte e quase inexistente no subúrbio era um prato cheio. De fato, em 1900 a rede de esgoto chegara ao bairro do Encantado e ali permaneceu até 1960. Os bairros da Tijuca, São Cristóvão, Leblon e Lagoa possuíam redes que datavam do início do século e fins do século passado. As redes de Copacabana e Ipanema eram de 1934. Em todos os casos eram muito obsoletas e insuficientes, não comportando a descarga exigida.[47] Em cinco anos foram construídos seiscentos quilômetros de galerias de esgoto sanitário e pluvial, representando 60% de tudo o que já havia sido

---

[46] Discurso de 5-5-1962. Lacerda (1963: p. 242 e p. 249).

[47] Cf. Guanabara (1967: vol. II, p. 361).

instalado ao longo dos últimos cem anos na cidade. As áreas que receberam mais melhorias foram a do entorno do rio Faria-Timbó, a do rio Irajá, a Ilha do Governador e a bacia de Jacarepaguá. Na zona sul o destaque ficou por conta do interceptor oceânico, que passava a escoar o esgoto da orla entre Santa Luzia e o Arpoador. Os recursos para as obras do esgoto vieram da mesma forma que os da água, através do aumento da taxa de água e de empréstimos externos junto ao BID, sendo que até dezembro de 1964 a ajuda externa recebida representava apenas 20% dos investimentos totais.[48]

Lotta Macedo Soares, responsável pelo parque do Flamengo, via as obras de saneamento de forma mais realista, e Lacerda sempre recordou:

> *Dizia: você fica com essa porcaria desse negócio de esgoto, de água, de não sei o quê, você pensa que alguém vai se lembrar de você por causa disso? No dia em que puxarem a descarga da privada e sair água, ninguém vai se lembrar de você. [...] Água é natural [...] esse é um fato natural que todo governo tem obrigação de fazer. A única coisa que vão se lembrar é que você fez o aterro. A vida inteira vão dizer que você fez o parque do Flamengo. E sabe que é rigorosamente assim? O aterro não foi feito por mim, é anterior a mim; o mérito ali é que queriam fazer quatro pistas, mas eu fiz duas avenidas, o parque e a praia. A praia para enterrar o interceptor oceânico do esgoto.*[49]

7. ESCOLAS NA GUANABARA

A educação era um tema caro a Lacerda. Não chegara a concluir o curso de direito, mas nunca se afastara dos livros e da escrita, ora como jornalista, ora como escritor. Segundo Gilberto Freyre, era "chestertonianamente jornalista no seu modo de escritor — um dos

---

[48] Cf. Guanabara (1965a: p. 19).
[49] Lacerda (1977: p. 68).

maiores, dentre os modernos e até de todos os tempos, da língua portuguesa"[50]. Comumente convidado a discursar em formaturas, aproveitava essas ocasiões, em meio a mensagens de conteúdo político, para expor seu pensamento sobre a universidade no Brasil e o ensino como um todo no país.[51] Ao assumir como governador tinha sido recém-aprovada na Câmara a Lei de Diretrizes e Bases da Educação. Um projeto que se arrastara ao longo de 14 anos, desenvolvido em 1946 por Clemente Mariani e resgatado por Lacerda em 1955. Os debates foram longos e calorosos e giraram em torno da prioridade de recursos que se daria à escola pública e à escola particular. Segundo a historiadora Lúcia Hipólito,

lidando com os adversários não como inimigos a serem destruídos, Lacerda fez o jogo da política como deve ser jogado num país democrático. Provavelmente sua atitude foi responsável pelo clima que prevaleceu durante a discussão da Lei de Diretrizes e Bases da Educação, sem dúvida um dos momentos mais esplêndidos do Congresso brasileiro desde 1946.[52]

A oposição à proposta vitoriosa de Lacerda reunia nomes como Darcy Ribeiro, Anísio Teixeira, Florestan Fernandes e Caio Prado Júnior. Enquanto estes acusavam-no de ser inimigo do ensino público, ele os acusava de serem contra a liberdade de ensino e se colocava contra o monopólio estatal do ensino, por considerar a educação um direito inalienável da família.

Ao assumir o governo, Lacerda escolheu como secretário de Educação Carlos Flexa Ribeiro, nada menos do que o dono de uma escola particular, o colégio Andrews. Foi o bastante para aumentar a voz dos críticos que chamavam Flexa de "Tubarão do Ensino"[53]. Menos de cinco anos depois, ao contrário do que se supunha, La-

---

[50] Comentário no livro *A casa do meu avô*. Lacerda, Carlos. 1977. Nova Fronteira.
[51] Cf. Lacerda (1963: p. 39 e segs.).
[52] Citado em Dulles (1992: p. 314).
[53] Cf. jornal *Tribuna da Imprensa*, 10-4-1961.

cerda conseguiu fazer da renovação do ensino público estadual um dos pontos de destaque do seu governo.

No dia 5 de março de 1961, ao cumprirem-se exatamente três meses de governo, Lacerda discursou na inauguração da escola Anne Frank, situada onde antes era a casa da guarda pessoal de Getúlio, junto ao Palácio Guanabara: "Há menos de três meses encontramos cerca de cem mil crianças sem escola primária. Hoje, desse total, apenas pouco mais de dez mil não a têm."[54]

De fato, em pouco tempo Flexa Ribeiro conseguira resultados expressivos para zerar o déficit de vagas, chegando a impressionar até o ex-secretário de Educação e político da oposição Gonzaga da Gama Filho.[55] Na verdade, as primeiras medidas eram um arranjo provisório, enquanto não se construíam novas escolas. A idéia consistia em otimizar tempo e espaço das escolas existentes. Se havia uma folga semanal fixa na quarta-feira, esta passava a ser móvel, de forma que os alunos usavam as salas cinco dias por semana, mas as escolas funcionavam seis dias. Foi mantido o regime de três turnos e se acrescentaram novas salas nas escolas existentes. Com essas manobras, o ano letivo de 1961 começou com um acréscimo de 64 mil vagas. À medida que os anos se sucederam foi empreendida a reforma permanente, permitindo a gradual redução do terceiro turno, que acabou sendo extinto em 1966, e o fim das bolsas de estudo a partir de 1962, que eram pagas pelo estado para os alunos estudarem em escolas particulares devido à falta de vagas.[56]

Os números apresentados pela Secretaria de Educação chegam a ser impressionantes. Foram abertas em torno de duzentas novas escolas primárias, o que representa uma escola a cada nove dias e mais de 60% do total das escolas que haviam sido feitas até então na cidade. O número de professoras contratadas subiu em 68% e o

---

[54] Lacerda (1963: p. 319).
[55] Dulles (2000: p. 33).
[56] Segundo Guanabara (1965a: p. 36), em 1960 o estado pagava setenta mil bolsas. Em 1961 esse número foi reduzido para 20.395 e a partir de 1962 foi zerado.

número de alunos matriculados em 81%. Foi possível tornar compulsória a matrícula escolar no ensino primário, já que em 1963 havia sobra de vagas (em torno de 20 mil) e novas matrículas eram reabertas em agosto.

Número de escolas, salas, professores e alunos

	1960	1961	1962	1963	1964	1965*
Nº de escolas	362	383	444	467	523	550
Nº de salas	2.960	3.340	3.794	3.961	4.037	4.512
Nº de professores	8.893	10.057	10.028	12.002	12.858	14.936
Nº de alunos	232.269	296.872	338.246	353.075	395.041	421.593

*Até junho de 1965.
Fonte: Guanabara (1965a: p. 36).

A escolha dos locais onde eram construídas as escolas era exclusivamente técnica: densidade populacional, demandas por vagas em cada região e disponibilidade de terrenos. No entanto, em algumas ocasiões, quando se ia inaugurar uma escola numa região que era reduto de algum deputado da oposição, alguns deputados udenistas manobravam para que aquele também pudesse creditar a inauguração junto ao seu eleitorado. Era uma forma de aproveitar algo que ia ser feito independentemente do jogo político para fazer um agrado, tirar uma vantagem política e contar com mais apoio na Assembléia Legislativa.

No ensino médio os números também foram expressivos, uma vez que foram construídos 100% do que existia antes. Havia 19 ginásios e foram abertos outros 19. Mesmo assim, foram insuficientes para atender à demanda, ao contrário do que ocorreu no ensino primário, e foi preciso oferecer bolsas de estudo. Essas bolsas eram concedidas pelo BEG e era a família quem escolhia a escola em que desejava que o filho estudasse.

Quanto ao ensino superior, foram reunidas jurídica e fisicamente as oito faculdades e quatro institutos do antigo Distrito Federal formando a nova Universidade do Estado da Guanabara (UEG).

Esta ganhou um novo *campus* no terreno onde existia a favela do Esqueleto, incorporou o hospital Pedro Ernesto como Hospital Universitário e recebeu uma verba vinculada de 2,5% da receita tributária do estado. Esse valor era suficiente apenas para cobrir despesas ordinárias, exigindo novos aportes para cobrir os investimentos em pesquisa e expansão da universidade.

No trabalho feito com a educação nota-se a diferença marcante de estilo entre a antiga prefeitura e o novo governo estadual. Como vimos anteriormente, a tramitação dos editais junto ao Tribunal de Contas, as dificuldades de pagamento e a desvalorização do valor orçado para a obra tornavam a construção de uma escola um processo lento e demasiado caro.

Para contornar essa situação duas medidas foram tomadas. Primeiramente, estabeleceu-se um novo padrão arquitetônico para as escolas que possibilitou uma redução significativa do custo de construção e, especialmente, de manutenção, pois não dispunham de verbas para consertos e reparos e eram malconservadas. Por isso as tubulações passaram a ser colocadas por fora da estrutura, as janelas foram feitas sem vidro e com persiana de madeira, o pé-direito foi elevado para aumentar a ventilação, a fachada foi feita com tijolinhos vermelhos que evitavam a pintura freqüente e, onde o terreno era caro, como ocorria na zona sul, a escola era construída numa parte de uma praça pública. Em segundo lugar, foi rompido o molde legal exigido para esse tipo de obra. No início do governo foi feito um projeto, ajustado operacional e financeiramente para construir cem escolas em quatro meses. Exposto numa reunião com o Sindicato da Construção Civil, estabeleceu-se que o sindicato indicaria dez construtoras que se tornariam responsáveis, cada uma, pela construção de dez escolas. Caso alguma atrasasse o cronograma, uma outra construtora arcaria com a obra. O BEG adiantaria 20% do valor total e em quatro taxas mensais pagaria o restante. Enviou-se o contrato assinado para o Tribunal de Contas fazer sua apreciação e, simultaneamente, iniciaram-se as obras. Ao final de quatro meses, com as escolas já prontas, o Tribunal informou então ao Executivo que daria início à análise do contrato. Mas era tarde demais, e recebeu como resposta um convite para a inauguração das cem escolas.[57]

Essa eficácia montada num misto de racionalidade e atropelo era impulsionada pela pressão que o governo sentia que tinha de fazer algo, não somente para ir ao Planalto, mas para sobreviver também. Segundo Raphael de Almeida Magalhães:

> As obras saíam e com obras espalhadas por toda a cidade isso inibia moralmente o Tribunal, a Assembléia. Eu acredito que o Jango não conseguiu tirar o Lacerda em parte por isso. Nós tínhamos de fazer algo para nos manter.[58]

Essa conduta não se restringia à construção de escolas. Era a mentalidade do governo e se pode observá-la, por exemplo, na construção do Trevo das Forças Armadas, um conjunto de quatro viadutos erguidos junto à Leopoldina. Para construí-lo foi preciso desapropriar e demolir cerca de cinqüenta casas. Mas no terreno havia também um imóvel da Light. Como a empresa exigia uma indenização 50% maior que a avaliação feita pelo governo, não se chegava a um acordo. A Secretaria de Obras elevou então a oferta em 25%, mas a companhia de energia continuou a exigir o seu valor inicial. Diante do impasse e sem poder dar início às obras, o diretor da Sursan, Enaldo Cravo Peixoto, obteve de um juiz uma liminar num fim de tarde de uma sexta-feira. Depositou em juízo o valor ofertado e no mesmo dia enviou tratores para realizar a demolição. Na segunda-feira, quando a Light foi entrar com um recurso, já não havia mais nada em pé. Em seis meses dois novos viadutos eram inaugurados.

Se a educação atraía o interesse de Lacerda, a cultura o apaixonava. Eclético, dono de um vasto saber, que se pode identificar

---

[57] Magalhães, Raphael de Almeida. Entrevista concedida ao autor em 13-7-2004. Isso explica em boa parte por que o Tribunal de Contas criticava o governo e tinha rejeitado duas vezes as contas anuais.
[58] Ibid.

claramente em seus diversos discursos, encarou o mandato de governador como a chance de poder colocar em prática diversos projetos culturais. É o caso da criação do Museu da Imagem e do Som, em que pessoalmente procurou e conseguiu obras para o acervo, como foi o caso da coleção do fotógrafo Augusto Malta, do arquivo musical de Almirante e de coleções de gravuras sobre o Rio de Janeiro compradas em Lisboa. Para garantir a sustentação do projeto, criou a Fundação Vieira Fazenda. Acompanhou de perto a restauração integral do Theatro Municipal, a abertura da Sala Cecília Meireles, abriu uma linha de crédito para financiamento do cinema nacional, cujos diretores eram politicamente o completo oposto de Lacerda, realizou o I Festival de Cinema Internacional do Rio de Janeiro, financiou a publicação de uma ampla reedição de livros sobre a história da cidade do Rio de Janeiro como parte das comemorações do IV Centenário. O governador fazia pressão sobre Flexa Ribeiro para usar verbas e agilizar obras no setor cultural, e não abriu outros projetos porque era detido pelo secretário, que priorizava, com razão, a construção de escolas.

Para efetuar os gastos com educação e cultura foram obtidos recursos de diversas fontes. Primeiramente foi formado o Fundo Estadual de Educação e Cultura, que pela lei, teoricamente, deveria receber, por ano, 22% da receita tributária, mas que na prática certamente ficava muito aquém e era insuficiente. Para a merenda escolar havia uma porcentagem da arrecadação da Loteria Estadual. Uma outra fonte foi o uso do salário-educação: previsto pela Constituição de 1946, a empresa tinha de dar escola para os filhos dos seus funcionários, e não foi difícil convencer as empresas a depositar essa quantia na Fundação Estadual Otávio Mangabeira, que por sua vez construía escolas para esses alunos. Além disso, contava-se com diversas contribuições da União, previstas no orçamento, e um donativo do Fundo do Trigo no valor de Cr$4 bilhões (dos quais foram recebidos Cr$2,3 bilhões até dezembro de 1964), representando este menos de 10% do total dos investimentos realizados no período.

8. O REMOVEDOR DE FAVELADOS

Se a expansão da rede de ensino público, as obras de saneamento e a construção de uma nova malha viária marcaram de forma positiva o governo Lacerda na memória política carioca, por outro lado, a política de remoção de favelas persiste até os nossos dias como uma das suas facetas mais polêmicas.

A remoção da favela do Pasmado, na zona sul, seja talvez o elemento emblemático desse processo. Sua localização de destaque na cidade atraiu a atenção da imprensa e dos políticos de oposição para uma política pública que acusavam de ser desumana por deslocar favelados para locais afastados da cidade, de ser elitista por procurar remover o cenário "desagradável" que é a favela da paisagem turística da zona sul e de ser conivente com os interesses imobiliários de construtoras que estariam ansiosas para erguer edifícios nos valorizados terrenos ocupados pelas favelas.

As fotografias do governador andando por cima dos restos da favela do Pasmado e a decisão de atear fogo aos despojos após a remoção marcaram fortemente a opinião pública, de tal forma que ainda hoje contribuem para a formação negativa da sua imagem. Este episódio, juntamente com a morte dos mendigos no rio da Guarda, contribuíram para alimentar o mito de um governo truculento.

Fala-se muito da remoção das favelas, mas são muito poucos textos que abordam com profundidade o tema. Dentre estes, não é raro começar pela crítica ideológica sem informar ao leitor o como, o porquê e os objetivos do projeto. A fim de analisar com maior profundidade essa política para com os favelados é fundamental conhecer o seu contexto histórico, já que as decisões desse governo foram nada mais que a continuidade de uma das principais correntes de pensamentos, planos e ações da sociedade civil dirigidas para a favela ao longo de duas décadas.

A história da favela na cidade do Rio de Janeiro remonta ao início do século XX, mas somente na década de 1930 é que começa a marcar uma presença mais significativa na geografia da cidade. O Código de Obras de 1937, que perduraria até o final dos anos 1960, já registrava a situação das favelas, considerando-as uma aberração no mapa da cidade, e indicava que se tomasse uma série de medidas para solucionar o problema. O Código propunha a proibição de novas moradias, bem como a melhoria das existentes, e sugeria a criação de habitações proletárias como moradia para os favelados. Foi a partir dessas orientações que surgiu a construção dos parques proletários no início dos anos 1940, e é precisamente a essa época que remonta o início das políticas públicas para as favelas do Rio de Janeiro.

No dia 24 de maio de 1942, o prefeito Henrique Dodsworth convocava a imprensa para um acontecimento ao qual pretendia dar o maior realce possível. Na presença do secretário de Viação e Obras Públicas e do comandante do Corpo de Bombeiros, o prefeito punha fogo no primeiro barraco da favela do Largo da Memória (parte da praia do Pinto). No dia seguinte as manchetes estampavam: "Fogueira de quase um quilômetro entre a Gávea e o Leblon."[59] Os ocupantes da favela tinham sido transferidos ao longo dos cinco dias anteriores para as casas do primeiro Parque Proletário, na rua Marquês de São Vicente, na Gávea. Eles pagavam um aluguel de cerca de 13% do salário mínimo vigente (Cr$40,00), eram registrados no posto da polícia, que controlava a entrada e a saída do parque, e tinham de ter um trabalho na própria zona sul. Recebiam, ainda, aulas de consciência cívica e moral dentro do genuíno estilo do Estado Novo.

A publicidade em torno do fato tinha seus motivos: o prefeito queria sensibilizar favoravelmente a opinião pública e receber o apoio de investidores para ampliar o projeto. Daí o grande número de visitas oficiais ao parque ao longo dos dois anos seguintes. Dessas visitas podemos destacar o interventor do estado do Espírito Santo, a condessa Pereira Carneiro e o próprio presidente Getúlio

---

[59] Jornal *Diário da Noite*, 25 de maio de 1942, citado em Parisse (1969: p. 71).

Vargas, que, em 1943, recebeu simbolicamente como propriedade sua a chave de uma das casas e foi objeto de diversas comemorações elaboradas para constar o agradecimento dos moradores.

Na verdade o próprio Getúlio dera sua aprovação dois anos antes para os estudos encaminhados pela prefeitura do Distrito Federal com o fim de resolver o problema das favelas. Nesses estudos foi possível realizar um esboço de censo e conhecer alguns detalhes referentes à vida dos favelados. Com base nesses dados, foram planejados os parques proletários como solução para se atingir a meta de erradicar todas as favelas da cidade.

A imprensa escrita como um todo exaltava o plano da prefeitura. Dois trechos de artigos de jornal são bastante representativos desse sentimento: o primeiro é um artigo do professor Deodato de Morais, para quem:

A transformação das favelas imundas, onde vive uma população calculada em mais de trezentas mil pessoas, em harmoniosos parques proletários onde a higiene, a educação e a saúde moral e espiritual são cultuadas com denodo, é uma dessas felizes realidades que o governo Getúlio Vargas prima em apresentar como fruto sazonado da sua administração.[60]

O segundo é um editorial de *O Globo* de fins de 1941:

As favelas estão condenadas a desaparecer, deixando apenas a recordação do que foram para a preocupação do poder público, interessado na urbanização da cidade; para a reportagem, que nela teve sempre o manancial pitoresco para suas narrativas; e — por que não dizer? — para artistas, que nelas também encontraram motivos bizarros para as suas telas...[61]

É bem verdade que eram os anos do Estado Novo, havia a censura do DIP e torna-se muito difícil discernir o que esses textos tinham de representativo da opinião pública.

---

[60] Parisse (1969: p. 72).
[61] Ibid., p. 74.

Três anos depois, com problemas de financiamento, o projeto foi suspenso. Como balanço do período podem-se apontar quatro favelas desmontadas, três parques construídos (Gávea, Caju e praia do Pinto), com cerca de oito mil pessoas alojadas no total. O programa ficou pela metade e os parques acabaram por se tornar, com o tempo, novas favelas.

Em 1946, a partir de entendimentos entre a prefeitura e a arquidiocese, foi criada a Fundação Leão XIII, uma entidade leiga, com o intuito de organizar melhorias nas favelas. Entre 1947 e 1954, atuou em cerca de 35 favelas, procurando implementar serviços básicos como água, esgoto, luz e redes viárias. Além disso, mantinha centros sociais dentro das maiores favelas, onde podia interagir de forma mais capilar junto aos favelados.

No dia 18 de maio de 1948, reuniu-se uma comissão interministerial, com o prefeito, técnicos e estudiosos do setor, para discutir o problema da favela e apontar soluções. Uma das resoluções tomadas foi a realização do primeiro censo oficial, que apontou 105 favelas com 138 mil habitantes, ou seja, 7% da população do Distrito Federal. Distribuíam-se pela zona norte, onde encontravam-se 29,5 % do total, pela zona sul, com 20,9%, pela Central do Brasil, com 22,7%, pela região da Leopoldina, com 20,7% e pela periferia, com 5,7%. Também elaborou-se um plano, de linhas tão amplas, que era um claro indício de que não haveria um efetivo comprometimento por parte do governo no cumprimento das propostas. As principais medidas consistiam num projeto para o retorno dos favelados para o interior mediante a implantação de colônias agrícolas, exigências para que as novas residências industriais tivessem acomodações para os empregados, proibição da construção de novos barracos nas favelas existentes, fiscalização para impedir o aparecimento de novas favelas etc.[62]

Lacerda, então jornalista do *Correio da Manhã*, no qual escrevia a coluna "Na Tribuna da Imprensa", aproveitou o clima prévio à co-

---

[62] Jornal *A Noite*, 20-5-1948. In: Parisse (1969: p. 113).

missão para lançar uma campanha que intitulava, muito dentro do seu carisma e do seu tom dramático, de "A Batalha do Rio". "Uma verdadeira batalha precisa ser travada no Rio. Uma batalha cujas proporções não serão medidas pelo número de mortos e sim pelo número de vivos que ela tenha feito."[63] Tratava-se de uma série de artigos sobre a situação da favela e dos favelados, seguidos de diversas visitas à rádio Mayrink Veiga encorajando a opinião pública a se engajar na batalha. O jornal *O Globo* também chegou a dar cobertura à campanha.

Em linhas gerais, ao contrário do plano da comissão, o plano de Lacerda procurava colocar o povo e não o estado como elemento condutor e atuante, visto que acreditava que a política e a burocracia sempre interferiam negativamente. Entre as suas propostas apontava: a necessidade de resolver o maior número possível de casos individuais visando solucionar, ao fim de um ano de campanha, a situação de trinta mil pessoas, 10% do total avaliado da população das favelas; promover a formulação e o encaminhamento das medidas legislativas e administrativas necessárias para a solução dos casos gerais, de longo alcance; criar na cidade um estado de espírito, uma preocupação absorvente pela solução do problema das favelas, considerando-o como número um do Distrito Federal; mobilizar a população, tornando possível a sua participação imediata e cotidiana na solução dos seus próprios problemas; lançar as bases de uma cadeia de organizações cooperativas de crédito, de construção de casas; iniciar a organização da bolsa do trabalho para as necessidades do mercado de trabalho. Formulados esses objetivos, Lacerda esclarecia ainda que desejava o apoio do prefeito para que incentivasse pessoalmente a campanha e pusesse à sua disposição os serviços técnicos da prefeitura.

Lacerda procurou explicitar sua visão da favela.

Melhorar uma favela não é contribuir para mantê-la, desde que melhorá-la signifique dar aos seus habitantes a melhor oportunidade e pos-

---

[63] Jornal *Correio da Manhã*, 16-5-1948.

sibilidades de comer melhor, de educar-se, de ter mais saúde etc. [...] Dando-lhes assim força para sair da favela [...] Não se trata, de nenhum modo, de acabar com as favelas no sentido de adequar os favelados. Trata-se de incorporar aos benefícios e deveres da civilização uma parte considerável da população, aglomerada em barracos indignos da espécie humana.[64]

Acusava o plano da comissão de ser ineficaz e respondia àqueles que criticavam a idéia da batalha identificando-os como defensores da burocracia, maus políticos e comunistas. Sobre estes últimos reservara um artigo à parte, próprio do seu discurso anticomunista:

Aqueles que não quiserem fazer um esforço sincero e profundo para atender ao problema das favelas, assim como aqueles que preferirem encará-lo como caso de polícia, têm uma alternativa diante de si: a solução revolucionária [pois os] comunistas [...] oferecem a expropriação dos grandes edifícios e a ocupação de todo o edifício como solução imediata, redutora e fagueira a quem vive numa tampa de lata olhando o crescimento dos arranha-céus.[65]

Criticava a proposta de removê-los de volta para o campo, pois considerava o campo outra favela, esquecida e de solução mais difícil. Colocava-se — o que é interessante para este estudo — contrário à remoção dos favelados para locais distantes do lugar em que trabalhavam. Num artigo da série, opinava que "a maior parte dos favelados deve estar localizada nas próprias obras em que se encontram as favelas. Ali mesmo ou nas proximidades. O deslocamento em massa não é apenas uma violência — é uma utopia"[66].

Apesar dos esforços, os artigos de Lacerda em prol de uma mobilização do carioca receberam uma acolhida tímida por parte da opinião pública, tanto do morador da favela como das autoridades

---

[64] Ibid., p. 114.
[65] Zaluar (1998: p. 14).
[66] Jornal *Correio da Manhã*, 22-5-1948.

e do restante dos cidadãos. Já o fracasso da comissão se explicava pelo fato de 1948 ser ano de eleições: terminado o pleito, os planos elaborados voltaram a ser arquivados. No entanto, mesmo não modificando a situação da favela, a existência da comissão e da "Batalha do Rio" ilustram a significativa presença da favela na agenda da cidade.

Em 1955, Dom Hélder Câmara, então bispo auxiliar do Rio de Janeiro, e fortemente envolvido nas questões sociais, criava a Cruzada São Sebastião. Entre 1956 e 1960, essa iniciativa da Igreja executou melhorias em 12 favelas, além de construir no Leblon um conjunto habitacional. Trata-se de um conjunto de prédios para onde foram deslocados moradores da favela da praia do Pinto, no Leblon, sendo a primeira experiência de moradia feita junto ao local onde viviam os favelados.

Por sua vez, em 1956 a prefeitura criou o Serviço Especial de Recuperação de Favelas e Habitações Anti-Higiênicas (Serfha), órgão que teve uma atuação modesta no sentido de urbanizar as favelas.

Simultaneamente, ao longo desses anos foi-se constituindo uma série de representações sobre a favela. Ela era comumente vista como fonte de criminalidade e marginalidade, como lugar de desordem, de falta de higiene (como reforça a sigla Serfha), fonte de doenças e epidemias e *habitat* da promiscuidade moral. Um lugar impróprio para um ser humano viver. A favela tornava-se um problema social, estético, higiênico, urbanístico e policial. O favelado era aquele indivíduo que se encontrava fora da sociedade e era preciso reintegrá-lo, ajudando-o a se tornar um cidadão. Por outro lado, da parte de alguns intelectuais, estudantes, jornalistas e artistas começava-se a construir também uma visão diametralmente oposta, uma visão que enaltecia a cultura musical e artística do favelado e a sua luta diária pela sobrevivência, situando o favelado como um indivíduo oprimido, vítima de um sistema injusto.[67]

---
[67] Zaluar (1998: p. 29).

Visões à parte, a favela compunha-se de casas construídas de forma extremamente precária, em média com dez metros quadrados, muitas vezes em terrenos muito íngremes ou em palafitas sobre manguezais, sem alicerces que pudessem garantir um mínimo de segurança, com paredes e teto formados com pedaços de madeira, lata ou papelão. Não possuíam saneamento básico, escolas, luz ou gás, bem como qualquer estrutura urbana. Uma família inteira repartia a mesma cama e era comum encontrar crianças mordidas por ratos e com problemas de nutrição. Criadas em terrenos da União, dos estados ou de particulares,[68] seus moradores não dispunham sequer de um registro de propriedade. Um relatório da Fundação Leão XIII de 1954[69] apontava ainda o ceticismo dos moradores das favelas quanto às possibilidades de melhorarem suas condições. Segundo o documento, eles esperavam sempre o pior, e, quando aparecia alguém com propostas de melhoria, não acreditavam, baseados nas demagógicas experiências anteriores, nas promessas vãs de políticos e de cabos eleitorais.

A relação entre o favelado e o político nasce nos anos 1940, mas é principalmente nos anos 1950 que se estabelecem ligações mais consistentes. Afinal, a favela tinha um certo tipo de eleitor com demandas específicas e muito valorizadas, tais como a já proverbial bica d'água, um poste de luz, um lote de tijolos, um leito no hospital, uma quadra de esporte, um emprego etc. E havia uma série de políticos que sabiam se aproveitar dessa situação para criar o seu reduto eleitoral. Um cano de água, uma creche representavam os votos necessários para serem eleitos, e por isso defendiam tenazmente a manutenção desse *status quo*. O discurso que apresentavam era de defesa do favelado, mas a verdadeira preocupação era com os seus próprios interesses.

---

[68] Valladares (1978: p. 30). Uma pesquisa realizada em 1964 aponta que 23% dos terrenos das áreas faveladas do Grande Rio pertenciam ao governo federal, 27% aos governos estaduais, 44% eram propriedades privadas e 6% propriedades duvidosas ou desconhecidas.

[69] Parisse (1969: p. 134).

Um elemento importante nesse sistema era o cabo eleitoral, morador da favela que fazia a ligação entre os demais moradores e o político. Responsável por centralizar as demandas do local, garantia os votos da comunidade que controlava e ainda ganhava dinheiro sublocando os serviços obtidos, já que no poste de luz que se instalava, o cabo eleitoral ganhava uma comissão em cima dos *gatos* que cada morador procurava puxar para o seu barraco. Formava-se assim um círculo vicioso: o político obstruía as políticas públicas de intervenção na favela e o agravamento progressivo da situação dos seus ocupantes era, por sua vez, um incentivo para a vinda de novos demagogos.

Logicamente, havia outros políticos que não trabalhavam nesse plano. Estavam de acordo que a favela era um problema e que seu crescimento vertiginoso exigia uma solução de envergadura. Era preciso ajudar de alguma forma o favelado, não de uma forma pontual, assistencial, mas dentro de uma sistemática que o integrasse à civilização. Os pontos em comum se detinham nesse patamar, já que, quando se apresentava uma solução ou um plano de ação, as divergências apareciam. Considerando-se as diversas propostas que eram apresentadas e que tentaram ser implementadas podemos reuni-las em duas linhas de solução: primeiramente, a urbanização da favela, no sentido de efetuar melhorias no próprio local, seja pela construção de casas, seja pelos pequenos edifícios, de parques residenciais ou pela simples abertura de vias e melhoria dos barracos e, numa segunda linha, a remoção do favelado para um outro local, ocupando o terreno da antiga favela com outro uso.

Por que as diversas soluções experimentadas nas décadas de 1940 e 1950 não trouxeram resultados? Diversas hipóteses podem ser levantadas. Do ponto de vista econômico, a falta de recursos e a dificuldade de se obter financiamento foram o obstáculo principal. O número de favelas atingira tais proporções que uma solução macro, indo além de medidas paliativas, exigia recursos fabulosos. Do ponto de vista político, as principais dificuldades se davam na atuação dos políticos que viviam da favela e que procuravam manter o *status quo*, no fato de a cidade ser capital e se dividir em questões nacionais e locais que polarizavam a atenção e o modo como foram estruturadas as instituições políticas no Distrito Federal, o que dificultava a tomada de decisões de grande porte. Se a favela era um tema espinhoso, as condições de contorno eram as piores possíveis.

Em 1960, na iminência do governo Lacerda, foi realizado outro censo oficial cujos dados podem nos ajudar a caracterizar a situação da favela e a dos seus moradores. O número total dos favelados passava de trezentos mil, isto é, em 12 anos a população desses locais aumentara mais do que o dobro[70], e os favelados compunham 10% dos habitantes da cidade. Cerca de 42% tinham menos de 14 anos de idade e apenas 7% tinham mais de 50 anos. Os brancos representavam 38%, enquanto que pardos eram 32% e os negros, 30%. Dos favelados, 46,7% eram nascidos na cidade, 17% eram provenientes do estado do Rio de Janeiro, 11,5% de Minas Gerais, 4,8% do estado do Espírito Santo e 17% dos estados do Nordeste. Das 147 favelas catalogadas, 40% se localizavam no subúrbio, 22% na zona sul e 17% no Centro e na Tijuca.

Numa época em que o analfabeto não votava, apenas 58,7% sabiam ler e escrever. Como tratava-se de uma população muito jovem, os eleitores eram uma parte pequena do total dos moradores da favela. Um pouco menos da metade da população economicamente ativa desempenhava algum trabalho, e 36%, no setor secundário. Cerca de 56% das rendas não atingiam o salário mínimo vigente. A maioria trabalhava como biscateiro, sendo remunerada por serviço feito, e 80% dos que trabalhavam o faziam na mesma zona onde residiam, o que mostra a forte correlação entre transporte e moradia.

---

[70] Outras pesquisas conduzidas praticamente na mesma época indicam o dobro e o triplo desse total, o que mostra a dificuldade em ter dados mais precisos e confiáveis sobre a favela nesses anos.

Doze anos depois de ter plasmado na coluna "Na Tribuna da Imprensa" o seu pensamento sobre a favela, Lacerda mantinha, em linhas gerais, a diretriz durante sua campanha ao governo estadual. Num folheto de campanha intitulado "Lacerda fala, Gonzaga canta" encontra-se a seguinte proposta:

> *Carlos Lacerda, quando governador, não vai acabar com as favelas nem prender favelados, nem proibir melhoria nos barracos. Ao contrário, Lacerda vai ajudar os favelados da seguinte maneira:*
> — *criando a escola-barraco*
> — *formando os parques operários*
> — *fornecendo água, limpeza, esgoto e luz, na medida do possível*
> — *apoiando os clubes e associações recreativas*
> — *dando material de construção*
> — *proporcionando assistência à mãe favelada*
>
> *Carlos Lacerda há muitos anos estuda a situação dos favelados, e agora, governador, vai ajudá-los. Seu lema é este: "ajudar o favelado a melhorar a favela."*[71]

Nota-se no texto o esforço que fazia por amenizar a imagem de inimigo dos pobres que os adversários procuravam lhe atribuir. Além disso, quando mencionava apoio com material de construção e fazia a proposta de que o próprio morador melhorasse a sua favela estava incorporando algumas das novas idéias das quais acabara de tomar conhecimento.

Essas idéias tinham sua fonte num estudo realizado ao longo de dois anos pelo sociólogo José Arthur Rios sobre as favelas do Rio de Janeiro, sob o incentivo de Júlio de Mesquita Filho, dono do jornal *O Estado de S. Paulo*. O relatório foi publicado em dois cadernos especiais em 13 e 15 de abril de 1960 sob o título "Aspectos humanos da favela carioca". Lacerda, entusiasmado com o trabalho publicado, era amigo íntimo de Júlio Mesquita e não teve

---

[71] Folheto de campanha eleitoral de 1960. Coleção Carlos Lacerda, UNB, Brasília.

dificuldade em obter a devida autorização para publicar o estudo em forma de folhetim no jornal *Tribuna da Imprensa*. Indo além, na tentativa de reunir personalidades influentes que pudessem se eleger para a Assembléia Constituinte e formar uma bancada que o apoiasse, Lacerda convenceu Rios a entrar para a política. Candidato pelo PL, partido que se aliara nas eleições na Guanabara à UDN, não conseguiu atingir uma votação suficiente para se eleger, mas recebeu o convite do novo governador para trabalhar com ele como "secretário das favelas".

Em dezembro de 1960 começaram os trabalhos do Executivo, bem como dos deputados constituintes. A Constituição Estadual promulgada em março de 1961 dedicava um dos seus artigos ao problema da favela.[72] O texto constitucional procurava conciliar as duas diferentes soluções que comumente vigoravam na época: a melhoria das condições de vida dos favelados, através de obras de saneamento, da criação de postos de saúde, escolas e centros recreativos, bem como a possibilidade de remoção de moradores das favelas irrecuperáveis, conceito que poderia ser interpretado de muitas maneiras. Outro ponto a destacar no artigo era a designação de uma dotação orçamentária para o órgão responsável no valor de 3% do total da receita tributária. Isso significava, teoricamente, um grande volume de recursos, na ordem de 30% do disposto para a prestigiada Sursan, ainda que o montante fosse completamente insuficiente para promover uma transformação radical na situação das favelas.

---

[72] Tit. V, cap. III, art. 66:
A lei criará um órgão especial incumbido de estudar os problemas da habitação popular, principalmente do tipo 'favela', bem como de planejar e executar, em coordenação com os diferentes órgãos, estaduais ou não, suas soluções. §I Para manutenção e funcionamento do órgão a que se refere o artigo, o orçamento consignará dotação correspondente a 3% da arrecadação tributária. §II As favelas serão assistidas e higienizadas provisoriamente, com a criação de escolas primárias, centros médicos, centros recreativos e de orientação profissional e doméstica. Será estimulada a criação de vilas operárias, com total isenção de impostos, para remoção das favelas irrecuperáveis.

Enquanto isso, Rios assumia a Coordenação de Serviços Sociais e começava a implementar suas idéias. Impulsionou a criação de 75 associações de moradores de favela, tornando-as veículo oficial para comunicação e negociação direta com o governo. Para efeitos políticos, o fenômeno era análogo ao que estava sendo feito com as administrações regionais. Tirar o poder do político local e institucionalizar o diálogo sociedade-estado. Rios ia muito ao encontro do modo de fazer política que Lacerda começava a implantar na Guanabara. Logicamente, ao rejeitar os pedidos de políticos que tradicionalmente viviam da favela, políticos da oposição, sobretudo petebistas, mexia num vespeiro perigoso. Mas não era só com eles que trombava: ao optar pelo trabalho de fazer melhorias *in loco* nas favelas, entrava em desacordo também com aqueles que, dentro ou fora do governo, sustentavam que a remoção de favelas era a melhor solução.

As associações de moradores assinavam um contrato com o Estado através da coordenadoria de Rios no qual se reconhecia o direito de escolherem a sua própria diretoria e de supervisionar a utilização dos recursos materiais empregados na melhoria das suas favelas.[73] Em contrapartida, cabia a essas associações cooperar com a coordenação na realização dos seus programas. Elas deviam, ainda, impedir a construção de novos barracos, pedindo ajuda policial quando fosse necessário, o que era um tanto teórico, já que o favelado dificilmente iria atuar contra seus pares.

Talvez a principal novidade fosse a "Operação Mutirão", na qual o governo entrava com recursos materiais e o *know-how* dos seus técnicos e a associação mobilizava os moradores para serem eles mesmos os agentes da mudança. Rios reunia-se periodicamente com os dirigentes das associações para discutirem as prioridades de cada lugar, mas negava sempre qualquer contato com políticos locais. De acordo com as demandas apresentadas nessas reuniões,

---

[73] Cf. Zaluar (1998: p. 32).

o coordenador procurava se articular com as secretarias de Saúde, de Educação ou a de Obras. Alguns resultados foram surgindo: a Light, que não aceitava colocar luz no morro porque não tinha como cobrar de morador sem endereço, passava a instalar pontos de energia na medida em que a associação se colocava como fiduciária. Esta pagava à Companhia de Energia ao mesmo tempo que se arranjava para cobrar dos diversos moradores beneficiados.

Rios entendia que a favela devia continuar sendo pitoresca, sem que tivesse de se impor uma padronização na sua paisagem, já que o problema do favelado era, na sua opinião, de cunho social — falta de emprego, educação etc. —, e não urbanístico. Não pretendia construir uma nova paisagem com esses mutirões, mas apenas melhorar a qualidade do barraco, abrir uma rede de esgoto incipiente etc. Era um plano modesto, com pouca visibilidade. Além disso, trazia resultados difíceis de serem observados a curto prazo. Resultados inclusive discutíveis, na medida em que não se podia prever se seriam capazes de mudar a situação do favelado a longo prazo.

Com o passar do ano de 1961, essas soluções modestas começaram a não agradar Lacerda, que tinha pessoalmente aversão a coisa pequena e ânsia por resultados a curto prazo. Provavelmente Lacerda foi tornando-se mais receptivo a algumas idéias que apontavam para um trabalho de maior envergadura, envolvendo remoções. Nesse contexto, insatisfeito, chegou a enviar alguns bilhetes agressivos a Rios, que respondeu em fevereiro de 1962 com uma carta acusando-o de "considerar, cada vez mais, a favela como um problema urbanístico e não social. Sua tendência, hoje, é realizar obras nas favelas para e não com o favelado. [...] Assim você acabará [...] despejando as favelas apenas para atender a interesses imobiliários"[74]. O desfecho não tardou em vir: em maio, Rios era demitido da Coordenação de Serviços Sociais e ganhava-se espaço para novas experiências nesse campo.

---

[74] Dulles (2000: p. 99).

Em junho de 1962, depois de ter sido recusado um pedido de ajuda ao BID, o governo, por meio da Fundação Leão XIII, recebeu finalmente um donativo de Cr$1 bilhão proveniente do Fundo do Trigo para ser aplicado nas favelas. Com esses recursos foi possível abrir três projetos diferentes, em escala reduzida, cada um representando uma solução possível. O objetivo desses experimentos era investir o grosso dos investimentos que estariam à disposição até o fim do mandato naquele que desse o melhor retorno e, sobretudo, naquele que convencesse Lacerda, que ainda resistia a remover favelados.

O primeiro experimento foi a construção de um conjunto habitacional vertical na rua Álvaro Ramos, em Botafogo, na zona sul da cidade, ao lado das favelas. As primeiras unidades ficaram prontas em pouco tempo e outras foram construídas ao longo dos dois anos seguintes. Esbarrava-se, no entanto, numa dificuldade insuperável que era o preço e o tamanho dos terrenos disponíveis naquela região. O conjunto Pio XII, na rua Álvaro Ramos, só se tornara possível porque o terreno fora doado por uma tia do secretário de governo Raphael de Almeida Magalhães. Na rua Santo Amaro, no bairro da Glória, onde se construiu outro conjunto de apartamentos, o terreno passara à propriedade do BEG, pois tinha sido usado como garantia de uma operação financeira não coberta. Além disso, a experiência da Cruzada São Sebastião, que era também um conjunto de edifícios, trouxera a convicção para muitos no governo de que esse sistema não era uma solução adequada. Consideravam que o morador ficaria confinado a um espaço reduzido, sem oportunidade de ampliação, e o ambiente que se formaria não seria propício para integrá-lo à vizinhança.

O segundo experimento foi uma urbanização completa na favela da Vila da Penha. Completa significava a abertura de ruas, loteamento e registro de propriedades, instalação de rede de esgoto, luz e toda a infra-estrutura necessária. Para fazer isso no local, sem remover os favelados, a obra se arrastou por mais de dois anos. E não é preciso passar muito tempo para se assistir à refavelização do local.

O terceiro experimento com o qual se pretendia convencer Lacerda foi a construção da Vila Aliança, um conjunto habitacional de casas, em Bangu, no terreno onde outrora funcionava a Fábrica de Tecidos Bangu, pertencente ao industrial Guilherme da Silveira. O primeiro lote ficou pronto em apenas noventa dias, e quando Raphael levou Lacerda para visitar o lugar este ficou deslumbrado. Das três opções trabalhadas, era esta a que tinha melhores condições de produzir resultados significativos no menor prazo. Era um projeto ambicioso, que poderia ser reproduzido em larga escala por toda a cidade, com vista à solução do problema das favelas. De fato, acabou sendo a opção que trouxe, para bem ou para mal, uma grande visibilidade para Lacerda.

O projeto elaborado deve ser estudado com mais detalhes. Primeiramente, partia-se do princípio de que a favela não era um bom lugar para alguém morar, e que lá pouco poderia ser feito para ajudá-lo. Enquanto uma pessoa morasse e vivesse daquele modo continuaria a ser chamada de favelada e não se tornaria um cidadão como os outros, que não necessitam de outros vocábulos para serem designados. Uma condição necessária, portanto, para urbanizar o favelado seria tirá-lo daquelas condições e daquele entorno. A partir dessa premissa é que o projeto de remoção foi colocado em pauta. Em outro lugar, devidamente urbanizado, utilizando os mesmos serviços que seus vizinhos normalmente já usavam, como escola, mercado, transporte, parque de diversões, sem nenhum tipo de segregação, o favelado se integraria à sociedade como os demais habitantes da cidade.

Numa conferência realizada na nova Universidade do Estado da Guanabara em junho de 1964, o então vice-governador relatou a gênese do projeto. O número de favelados existente gerava um déficit habitacional astronômico e, com o crescimento vertiginoso projetado para a década que começava, seriam necessárias dez mil novas habitações a cada ano. Para atender a esse déficit seria preciso contar com uma série de medidas convergentes: uma política agrária que fixasse ou reduzisse o fluxo de emigração dos campos para a cidade; uma correção monetária que atraísse recursos do setor privado para a construção de moradias populares, em vez de construir para as classes mais bem situadas; uma política de construção de casas populares pelo poder público.[75] As duas primeiras medidas dependiam de iniciativas da esfera federal, sem perspectivas de um início imediato e com possíveis resultados somente a longo prazo. Além disso, a chance de que houvesse uma coordenação eficiente entre a Guanabara e o governo federal naquelas circunstâncias era pequena. Restava então a terceira opção para tentar ser implementada.

Para ganhar agilidade e flexibilidade na construção de habitações, o governo encaminhou à Assembléia o projeto de criação da Companhia de Habitações Populares (Cohab), dentro do projeto de reforma de descentralização administrativa que analisamos no capítulo anterior. Até o final de 1962, a Fundação Leão XIII absorvia os recursos, mas, a partir de janeiro de 1963, com a aprovação da reforma e a criação da Secretaria de Serviços Sociais, a Cohab passou a receber, administrar e aplicar os fundos existentes sem os tradicionais entraves da administração central.

Outra dificuldade que precisava ser contornada era a questão da obtenção dos recursos necessários à construção dos conjuntos habitacionais. Esse fora, afinal, o fator de estrangulamento das tentativas realizadas durante o Estado Novo. A solução encontrada foi a criação de um fundo alimentado por três fontes. A primeira era a dotação orçamentária de 3% da receita tributária, prevista na Constituição Estadual. A segunda foi a obtenção de empréstimos e doações junto a organismos internacionais como o BID e o AID, e que correspondeu a cerca de 15% do total dos investimentos realizados até o fim do governo nesse setor.[76] A terceira fonte vinha do próprio favelado. Segundo Raphael:

---

[75] Cf. Magalhães (1964: p. 11).

[76] Esse número foi calculado a partir dos dados apresentados no capítulo III, com a ajuda externa efetivamente recebida do custo da construção de uma casa (incluída a urbanização) e o total de moradias construídas.

> *Partimos do princípio de que os favelados tinham condições de pagamento que variavam numa faixa entre 15% e 18% do salário mínimo mensal, porque isso é aproximadamente o que o favelado paga hoje na favela ao birosqueiro, o dono do barraco em que vive. Dificilmente se encontra nas favelas quem não paga alguma coisa por um barraco em que mora, embora ninguém tenha o título de propriedade desse barraco.*[77]

O favelado que ia morar nas novas casas construídas pagaria essa mensalidade em 120 parcelas e, ao final desses dez anos, receberia o registro de propriedade. Isso era fundamental dentro do plano elaborado para se montar um fundo rotativo de reemprego do capital. Pelos cálculos feitos, com cerca de trinta mil casas construídas e com a dotação prevista na Constituição, atingia-se o teto necessário para o fundo se manter e dar continuidade ao projeto sem que houvesse necessidade de novos recursos. Eles haviam encontrado uma saída financeira num mercado imobiliário que na época não contava com um sistema de financiamento adequado. Satisfatória, essa solução acabou sendo o germe do futuro BNH.

Ao vislumbrar uma saída financeira para o problema das favelas, o governo tinha em mente o objetivo de a longo prazo remover todos os favelados, dando-lhes uma casa num terreno urbanizado, num local próximo a uma rede de serviços já utilizada por alguma comunidade. Paralelamente, as melhorias efetuadas nas favelas (cinqüenta favelas foram beneficiadas) tinham na realidade um caráter provisório, atendendo a casos mais ou menos urgentes, já que o plano levaria vários anos para ser totalmente implementado. O que queremos reiterar é que, apesar de o projeto ter sido aplicado parcialmente ao longo dos dez anos seguintes, o objetivo original era ambicioso: tratava-se de acabar com todas as favelas na cidade, colocando todos os seus moradores em habitações construídas para eles. Essa idéia também esteve bem presente no

---

[77] Magalhães (1964: p. 12). Hoje um favelado paga um aluguel de 100% do salário mínimo.

governo Negrão de Lima. Num artigo do jornal *O Globo* de 1970 esclarece-se que:

> *Dentro de mais alguns anos você não vai mais ver favelas por aí. Toda essa gente vai morar como gente. Em casas de pedra e cal. Tem a favela da Catacumba, a Rocinha, o Parque União, ali na entrada da Ilha do Governador, Varginha, Porto de Manguinhos, São Carlos, Mangueira, o morro do Dendê e muitas outras mais. Mas que vão acabar, isso vão. Quem garante é o pessoal do governo que criou a Chisam, Secretaria de Serviços Sociais, a Cohab, o BNH.*[78]

Para que esse sistema funcionasse os custos tinham de ser obrigatoriamente baixos. Nesse sentido, a localização dos terrenos teria de ser feita em lugares mais baratos, ou seja, mais distantes do núcleo da cidade. Ainda pela mesma razão, o local escolhido deveria ser plano, e a construção, simples e pequena. Com essas condições de contorno presentes, foi elaborado um plano em dois eixos. As favelas que se situavam na zona norte e em torno do início da avenida Brasil seriam deslocadas ao longo da própria avenida, aproveitando a rede de transporte ferroviário já existente. Assim, a primeira experiência foi a Vila Aliança, que ficava alguns minutos a pé da estação de Bangu. Vila Kennedy, em Senador Camará, e Vila Esperança, em Vigário Geral, ainda que com modificações que comentaremos adiante, seguiam o mesmo roteiro. Já as favelas que se situavam na zona sul seriam deslocadas por outro eixo, que passava pelo projeto de construção do túnel Dois Irmãos, indo até Jacarepaguá, onde de fato se instalou posteriormente a Cidade

---

[78] Cf. jornal *O Globo*, 20-4-1970, p. 3. Já na época, mas especialmente ao longo dos anos, quando remover favelas foi se tornando algo malvisto, surgiu a versão de que só se pretendia remover as favelas irrecuperáveis. Raphael de Almeida Magalhães, em entrevista ao autor em 24-9-2003, desmente essa visão, afirmando que ela surgiu e se consolidou devido à pressão das circunstâncias. Cf. também Magalhães (1964: p. 16): "Na hora que passarmos das trinta mil [casas], mantido o programa mais cinco anos, não haverá mais nenhum favelado nesta cidade que não tenha casa."

de Deus.[79] O local era isolado, mas acreditavam que a cidade, com toda a sua rede de serviços, iria se expandir para essa região ao longo dos próximos anos, como de fato ocorreu.

Como o governo vinha trabalhando para implantar duas zonas industriais no estado, uma na avenida Brasil e outra em Santa Cruz, é comumente associada ao plano de remoção das favelas a idéia de que se pretendia empregar o favelado nessas indústrias, localizadas próximo dos conjuntos habitacionais. Parece pouco provável que essa fosse a intenção. O morador da favela era tipicamente uma mão-de-obra não-qualificada e comumente vivia de biscates realizados em zonas residenciais. Daí a preocupação pelo deslocamento das favelas dentro dos eixos, garantindo que o morador chegasse ao centro, à zona sul, ou futuramente às residências da Barra e de Jacarepaguá, em pouco tempo, através de linhas viárias expressas.

De volta do papel para a prática, as casas na Vila Aliança foram construídas ainda em 1962, através da Fundação Leão XIII, com a seguinte estrutura: um lote com 120 metros quadrados de terreno, contendo uma casa mínima com 21 metros quadrados, com sala, quarto, banheiro e cozinha. Também foram utilizados modelos pré-fabricados, que custavam pelo menos o dobro das casas de tijolo, cimento e telha, feitas com mão-de-obra barata e abundante. Esperava-se que com o tempo, como de fato aconteceu, o morador expandisse a casa para os lados, aproveitando o quintal, e para cima, já que a laje comportava mais dois andares. A urbanização também era feita com o mínimo necessário, sendo asfaltadas somente as vias principais. A grande preocupação em manter um esquema mínimo, simplificado, era poder vir atender, dentro da equação financeira planejada, a todos os moradores e não apenas a uma parte.

---

[79] Neste caso o projeto foi alterado. Foram destinados para lá os diversos desabrigados das fortes chuvas que desabaram sobre a cidade em janeiro de 1966, no início do governo Negrão de Lima.

Para a Vila Aliança, em Bangu, foi removida a primeira favela, a de Bom Jesus, na avenida Brasil, na altura do Mercado São Sebastião. Eram cerca de 480 famílias. Mas o processo não foi instantâneo.

A primeira favela removida precisou de um trabalho preparatório de quatro meses e a persuasão teve de ser quase individual, porque a descrença no que se propunha era imensa. Nós os levamos então para ver as casas em construção. Mostramos as casas e todos os domingos ia gente visitar a vila. Não havia hipótese de admitirem sequer, no começo, que sairiam dali para Bangu. Parecia-lhes sempre que éramos os donos do terreno, que queríamos expulsá-los, que não iam ter casa nenhuma, que iam morrer. Gradativamente conseguimos credenciar a confiança de um pequeno grupo dentro dessa comunidade, e a partir desse núcleo inicial obtivemos adesões paulatinas, de modo que, quando iniciamos a remoção, contávamos com cerca de 160 adesões. Removemos dez famílias por dia, porque os cartórios não têm condições de passagem de escritura acima desse número, uma vez que é tudo manuscrito. [...] Os primeiros que foram assinaram a escritura e instalaram-se. Passados dez dias, como nada lhes sucedesse, os outros começaram a ir e a resistência restringiu-se a um pequeno grupo que, afinal, teve de sair para uma favela próxima, a de João Cândido.[80]

Dentro daquilo que a memória da favela incorporou, entende-se que os favelados foram removidos à força no governo Lacerda. Parece-nos que dentro do clima político e social fortemente polarizado na época, com o PTB e o jornal *Última Hora* à espreita, prontos a atacar Lacerda ao menor descuido deste, seria praticamente impossível tocar num favelado sem que houvesse uma forte reação. Certamente que houve resistência: do favelado naturalmente desconfiado, do político local que ganhava com a bica d'água, do birosqueiro e eventualmente de algum padre, não por oposição

---

[80] Magalhães (1964: p. 19-20).

ideológica, mas porque este tinha na favela a sua freguesia, com o seu trabalho de assistência material e espiritual. Essa resistência era vencida num trabalho de formiguinha, com a ajuda de assistentes sociais que se voltavam sobretudo para a mulher do favelado. Enquanto o marido passava o dia no trabalho, era ela quem sentia diariamente as agruras do lugar em que vivia, com dificuldade para obter água, comida e para conseguir criar os filhos. Uma vez convencida da vantagem da mudança, era fácil convencer o restante da família.

Do ponto de vista financeiro, o plano foi saindo dentro do almejado. Mais de um ano após as primeiras remoções, 80% dos moradores pagaram pontualmente as mensalidades, e menos de 14% ficaram realmente impossibilitados de honrar o débito. Para controlar esses problemas, a Cohab mantinha um escritório junto a esses conjuntos.

Um outro aspecto financeiro que se tornou polêmico foi a suposta pressão do setor imobiliário para construir nos valorizados terrenos das favelas da zona sul. De fato, o governo tentou vender esses terrenos, alegando que "permite acelerar o programa com mais uma fonte de recursos e, por outro lado, ocupa aquele terreno para que outra favela não se forme"[81]. O terreno da favela Bom Jesus, na avenida Brasil, foi vendido por Cr$400 milhões, mas, no entanto, em 1964, quando se pretendeu vender o terreno da favela do Pasmado e outro na Bartolomeu Mitre, em frente ao quartel da Gávea, lugares bem conceituados e bem valorizados, pelo valor de Cr$1,6 bilhão, não se conseguiu comprador. O hotel Hilton mostrou interesse pelo terreno do Pasmado, mas a negociação não se concretizou. Tendo em conta esses dados e o futuro destino dos locais removidos, parece contraditória a hipótese da pressão imobiliária. Se ela existia, a venda e a conseqüente ocupação teriam sido atos seguidos, e isso não ocorreu.

---

[81] Magalhães (1964: p. 20).

O projeto prosseguiu dentro desses parâmetros ao longo de todo o ano de 1962. Em janeiro de 1963, tomava posse na nova Secretaria de Serviços Sociais Sandra Cavalcanti, que contava agora com a estrutura da nova Cohab e absorvia a Fundação Leão XIII. O plano foi mantido em linhas gerais, mas, ao mesmo tempo que as obras ganhavam um volume maior, eram feitas algumas modificações. Sandra era contrária à remoção de todas as favelas, preferindo tomar uma posição mais pragmática e aplicar soluções caso a caso. O tamanho das vilas foi aumentado e o tamanho das casas foi alterado, instalando-se um alpendre com tanque do lado de fora e erguendo-se casas com 28 metros quadrados ou mais de área construída. Outra modificação foi a inserção do início de uma rede de serviços dentro da favela. O birosqueiro, que era um dos principais elementos de resistência às mudanças, foi atraído para os novos locais através da instalação de pontos-de-venda junto às novas casas.

A remoção e demolição da favela do morro do Pasmado foi uma das programadas para o ano de 1963. Desprovidos de saneamento, sem nenhum tipo de urbanização, os barracos de madeira se amontoavam num declive de cinqüenta graus. Em dias de chuva, as mulheres enfrentavam a escalada com muita dificuldade e não era raro que as grávidas perdessem o bebê num acidente na subida. O destino proposto, no entanto, não estava dentro do eixo programado, mas para a Vila Kennedy, que fica do lado oposto da cidade. Começaram então as viagens de ônibus com mulheres e crianças para conhecerem a Vila Kennedy, dentro daquilo que já fora feito em outras favelas. Elas voltavam entusiasmadas, enquanto os maridos resistiam, pois não viam perspectivas de trabalho no novo endereço. Conseguiu-se então que a CTC estendesse linhas de ônibus até a Vila, e por fim, ao final de 26 dias, conseguiu-se realizar a mudança.

Até esse momento, o projeto vinha sendo implementado paulatinamente, trabalhando principalmente as favelas da zona norte e, sobretudo, evitando chamar a atenção. No entanto, isso não poderia durar muito. A remoção e demolição de favelas como a do Pasmado ou a Getúlio Vargas, no Leblon, em frente ao Hospital Miguel Couto, despertaram a oposição. Políticos que viviam da favela começaram a fazer mais barulho, e a imprensa, sobretudo o jornal *Última Hora*, voltando seus holofotes, serviu como megafone para os protestos. Já não faltava mais nada para construir a imagem que perduraria na memória do carioca: manchetes denunciavam casos de favelados que estariam sendo transferidos à força, fotos estampavam barracos sendo demolidos e queimados. Afinal, Lacerda não era o assassino de Vargas, o matador de mendigos? Agora era também o removedor de favelados. No Pasmado, após a remoção, o secretário de Saúde Marcelo Garcia, ao ver o estado dos barracos, o lixo acumulado e a quantidade de ratos, achou melhor pôr fogo em tudo para higienizar o local. Com a repercussão que o caso teve e as versões que os anos constroem, há quem pense que foi um incêndio criminoso, com os favelados retirando-se às pressas para não morrerem queimados.

O projeto continuou no seu rumo, mas o clima não seria mais o mesmo. No final do governo, o programa tinha conseguido realizar a remoção de cerca de trinta favelas, isto é, oito mil barracos substituídos por mais de dez mil novas casas e apartamentos, alcançando 42 mil moradores. Desse total, 75% eram favelas situadas na zona norte. Esses números mostram que tinham conseguido chegar a um terço do necessário para formar o fundo rotativo.

As remoções continuaram ainda nos dois governos seguintes, sendo o governo Negrão de Lima o maior removedor, registrando 33 favelas e 63 mil moradores deslocados. O empenho somado dos três governos não chegou a se traduzir numa diminuição significativa, e, menos ainda, a acabar com o número de favelas existentes.

Não deixa de ser relevante observar que não coube a Negrão de Lima a fama de "removedor de favelado", nem a Dodsworth e a Vargas a pecha de pôr fogo nas favelas. Por tudo que representava política e ideologicamente, esse crédito negativo das remoções e dos incêndios foi todo de Lacerda. Isso evidencia como a memória política da cidade foi construída a partir de uma segmentação ideológica, desvinculada de um conhecimento mais ponderado do nosso passado.

Um balanço desses anos permite ver que Lacerda entrou no governo com um projeto e saiu com outro. No início dera seu voto de confiança às idéias de Arthur Rios. Este acreditava que podia melhorar as condições de vida do favelado atuando somente no lado social. Não convenceu Lacerda e, muito menos, o grupo dentro do governo que pensava diferente, que acreditava que não seria possível melhorar o social sem passar pelo urbanismo. Este tipo de solução venceu e passou a dar as cartas.

Aqueles que implementaram a política de remoção de favelas acreditavam que davam oportunidade aos seus moradores de adquirir um modo de vida mais digno e humano. Para quem se opunha a essa solução, o plano era visto como algo autoritário, imposto de cima para baixo, sem ouvir o morador e os próprios opositores. O que é importante em toda essa discussão é não classificar uma das correntes e seus defensores como integrantes do "eixo do mal". Os pró-remoção estavam convencidos de que a favela não era um lugar adequado para aquelas pessoas e que somente fora daquele ambiente degradante o favelado poderia ter a chance de crescer com saúde, ser educado, inserir-se na cidade e progredir como ser humano. Os que eram contra estavam convencidos de que poderiam atingir tudo isso à medida que se ajudasse o próprio favelado a melhorar o seu entorno. Nenhum dos dois lados tinha como premissa a desconsideração ou o menosprezo pelo favelado.

Talvez o menos interessado no bem do favelado fosse o político que vivia da miséria alheia. Esse se sentiu prejudicado com a política de remoção e não deixou de criticá-la e de criar dificuldades para o governo na Assembléia. Outros o fizeram como oposição a Lacerda, tendo em conta sua candidatura à presidência.

O projeto era na verdade uma megaoperação. Finalizá-lo significava acabar com as favelas e, nesse sentido, era um tanto utópico, ao pretender englobar todas as variáveis que estavam em jogo. Essas variáveis transcendiam a esfera do governo estadual e envolviam a própria situação socioeconômica do país. Por isso mesmo, um plano que pretendesse resolver por completo o problema da favela necessitaria de uma coordenação entre governo federal, governos estaduais (não só a Guanabara, mas os estados vizinhos e outros mais afastados) e a iniciativa privada. Exigiria acertos no campo político, bem como no administrativo e econômico. Essa coordenação não existiu antes de Lacerda e seria impensável dentro da estrutura de atrito que havia na época. Surgiu uma oportunidade durante o início do governo militar, quando inclusive Castello Branco nomeou Sandra Cavalcanti para presidir o BNH, o que seria uma plataforma para acelerar o projeto e coordenar novas iniciativas semelhantes pelo país. Como sabemos, as relações entre Castello e Lacerda logo se deterioraram e o regime acabou tomando outro rumo. Ainda hoje o problema de coordenação federal e estadual persiste: os interesses políticos particulares são muito mais fortes que os interesses coletivos.

Tornando-se um marco dos anos 1960, essa tentativa foi a primeira experiência com a favela que adquiriu um grande volume, um maior comprometimento do Executivo e um maior impacto na vida do favelado e da própria cidade.

9. LACERDA E SEU FUNCIONALISMO PÚBLICO

Tratando-se de um governo racionalista, era esperado que a máquina administrativa do estado fosse encarada como um paciente ante uma junta médica que, disposta a curá-lo, anseia por experimentar as técnicas mais modernas de tratamento. Tratando-se de um governo udenista, encontrávamos a sua tradicional bandeira da moralidade e austeridade com a coisa pública. Tratando-se de um governador carismático, isso significava uma relação de amor e ódio com o funcionalismo. A consideração dessas três vertentes pode nos ajudar a explicar alguns resultados obtidos com a administração de pessoal.

Primeiramente, numa abordagem mais factual e quantitativa, o governo da Guanabara se caracterizou por uma expansão do quadro dos servidores públicos. Com o novo estado expandindo seus serviços tornou-se necessário contratar novos funcionários. Durante o mandato tomaram posse 15.851 servidores, dos quais o grupo mais numeroso era o de professores, com 52% do novo efetivo, seguido do grupo de policiais, com 20%. Enquanto os professores eram conseqüência da expansão da rede primária de ensino, os policiais emergiram em meio ao conflito entre Lacerda e Jango. Em 1963, o governo Jango ofereceu aos policiais e aos bombeiros cariocas a possibilidade de se tornarem funcionários federais. Com essa medida transferiram-se cinco mil policiais, 1.200 bombeiros e quatro mil servidores civis de várias especialidades, o que significou a perda de 78% do efetivo de segurança.[82] Para suprir os quadros vagos, o governo estadual precisou recrutar nos dois anos seguintes sete mil novos servidores.

No entanto, enquanto nos últimos anos do Distrito Federal o gasto com o funcionalismo se situava na faixa de mais de 70% da receita, com a Guanabara o índice caiu para o patamar de 55% a 60%. Isso se tornou possível pelo aprimoramento da gestão pública, como vimos no capítulo que trata da análise dos recursos. Pela nova sistemática do orçamento, se em 1960 o estado gastava 54% dos seus recursos com a máquina administrativa, em 1965 esse índice baixou para 14%.[83]

Também várias mudanças ocorreram na legislação estadual nesse período. Pela lei nº 14/60 foi instituído um novo sistema de cargos e promoções e, devido à pressão inflacionária, em 1961 uma nova lei indexou o salário do servidor ao aumento do salário

---

[82] Estado da Guanabara. Secretaria de Segurança Pública. Relatório. 1965.
[83] Guanabara (1965a: p. 8). Vide orçamento-programa, anexo II, gastos com atividades-meio.

mínimo local. A cada trimestre o "salário móvel" era reajustado automaticamente. Isso não sobrecarregava a folha de pagamento, pois a arrecadação do IVC aumentava proporcionalmente e cobria os reajustes. Essa experiência pioneira no país trouxe inicialmente bons resultados, mas, no último ano, com as obras já em andamento e um cenário econômico bastante recessivo, o governo não conseguiu manter em dia o novo esquema. Primeiro atrasou os reajustes trimestrais, depois atrasou o próprio salário dos servidores, tornando-se uma agravante na corrida eleitoral de 1965.

Em segundo lugar, numa abordagem mais qualitativa, entendemos que a política de pessoal de Lacerda consistiu na aplicação de uma lógica anti-clientelista e na construção de um sistema baseado no mérito. Graficamente, dizia que, "no Brasil, chegou-se a confundir o serviço público com a assistência social"[84]. Se temos em conta o seu capital político, a sua proposta de substituir a máquina local petebista pela sua máquina e o desafio de fazer uma boa administração, concluímos que esse era o encaminhamento natural previsto. Além disso, a contundência de seus ataques ao longo de 15 anos à política praticada pela oposição dava a Lacerda a clara consciência do enorme telhado de vidro que teria de sustentar, diante de uma oposição que não estava disposta a perdoar nenhum detalhe.

A opinião unânime daqueles que trabalharam com o governador naqueles anos[85] é de que Lacerda foi sempre absolutamente intransigente no uso da máquina administrativa como moeda de negociação política ou para obtenção de favores pessoais, tomando esse posicionamento como uma verdadeira mania, numa obsessão por firmá-la como marca registrada do seu mandato, procurando colocá-lo acima de qualquer suspeita.

A nomeação para cargos não concursados passava pelo crivo de uma série de critérios, aos quais se atinha rigorosamente; con-

---

[84] Cf. Lacerda (1965: p. 50).
[85] Entrevistas do autor com Mauro Magalhães, Raphael de Almeida Magalhães, Sandra Cavalcanti e Célio Borja.

siderava como prática inaceitável dar o cargo a algum político ou partido como recompensa ou como condição de um apoio. Na escolha do secretariado, por exemplo, o depoimento de Raul Brunini, deputado e fiel lacerdista, é bastante elucidativo.

A própria UDN, às vezes, entrava em choque com ele, porque ele dizia o seguinte: "Tem aqui um posto a ser preenchido, eu aceito o nome da UDN, desde que a UDN seja a melhor escolha para o lugar. Por ser a UDN, não. Nada de favorzinho." [...] Os partidos foram ouvidos, as sugestões foram aceitas, mas os homens eram escolhidos pelo Lacerda. Nem a própria UDN indicava, porque ele dizia o seguinte: "Eu fui eleito para escolher homens capazes. Se o partido me indicar nomes melhores do que o técnico que eu tenho no governo, eu boto os do partido; mas se não for melhor, eu não vou botar, não." Então se escolhia pela qualidade, pela capacidade, e não por acordos, em que o partido vai indicar fulano ou sicrano, com ele não indica, não. No secretariado, havia companheiros que não pertenciam a partido nenhum, eram do corpo técnico do estado. Ele dava muito valor a isso.[86]

A nomeação deveria tentar contribuir para o desmonte da máquina local, que há anos estava na mão de petebistas. Hércules Correia recorda que "havia a figura do manobreiro da água, que abria ou fechava o registro num bairro, num ponto da cidade. E, logicamente, abria ou fechava de acordo com o dinheiro, favores, interesses. Lacerda acabou com eles. Tirou-lhes o poder"[87].

Deveria ser um nome que se integrasse à sua equipe, à sua pessoa.[88] Raphael de Almeida Magalhães explica essa postura pelas implicações que trazia.

---

[86] Brunini Filho, Raul. Depoimento prestado ao CPDOC-FGV, 1994. Rio de Janeiro. Fita 3-a.
[87] Entrevista com o autor em 19-8-2004.
[88] Lacerda (1965: p. 24): "Na Guanabara mudamos a base do governo, deslocando-a dos grupos em torno dos quais girava a administração pública para o povo, para a grande massa popular, que por isso se voltou para o seu governo e o apóia decididamente. [...] Fizemos na Guanabara a revolução pela administração." Para uma correta interpretação, basta trocar "povo" pela equipe de Lacerda.

> *O problema do Lacerda com a negociação era o seguinte: se fosse para discutir idéia ele topava. Discutir cargo, não. E por quê? Porque se o chefe de limpeza em Bangu for indicação do deputado, ele vai ser leal, ele vai obedecer ao deputado e não ao governo. Isso o Lacerda não admitia. Preferia nomear aquele que ele considerava idôneo. Poderia se enganar, poderia fazer coisa errada, mas tinha o controle. O PL queria um nome. Lacerda colocou Rios, que não era quem eles queriam, mas o que ele queria. Assim, Rios se subordinava a ele. É a questão da hierarquia. O Milton Campos, quando governador em Minas Gerais, com um temperamento e um estilo muito diferente do Lacerda, fazia o mesmo.*[89]

Era necessária a apresentação de um currículo que presumisse competência e domínio do candidato sobre o assunto, porque Lacerda tinha plena consciência da imperiosa necessidade de mostrar resultados na sua administração.

Ele não cria na Guanabara uma máquina política, mas cria estruturas administrativas impessoais colocando pessoas com competência técnica, que ele escolhia a dedo, no comando.

> *Temos que reconceituar a administração pública, libertando-a da rotina, do empirismo, da política cartorial, da clientela eleitoral, do pistolão e do empreguismo. Mas temos de evitar também os administradores embalados na ilusão de que os mesmos órgãos viciados e inadequados, desde que passem a ser dirigidos por gente de sua confiança pessoal, darão resultado.*[90]

No governo seguinte, o de Negrão de Lima, o comando da máquina retorna à oposição, mas as estruturas impessoais — o segundo e o terceiro escalões — permanecem intocadas, o que permite dar continuidade às principais metas administrativas. Somente com Chagas Freitas é que acontece o desmanche da máquina, que não volta mais a ser montada nesse perfil.

---

[89] Entrevista com o autor em 13-7-2004.
[90] Lacerda (1965: p. 25).

A política de pessoal de Lacerda era, portanto, uma ferramenta para desemperrar a máquina administrativa do Distrito Federal. Segundo Raphael:

> A introdução de todas as mudanças realizadas na administração encontrou sempre uma forte resistência. Dois exemplos dessa situação foram o salário móvel e o pagamento da folha de pessoal via BEG: ambos os casos supunham a mudança de esquemas tradicionais, que empregavam muita gente e atingiam interesses particulares, supunham uma mudança de mentalidade que nem sempre era bem compreendida. Havia, no entanto, a idéia de enfrentar os desafios, mudar a burocracia sedimentada, a cultura do "não se pode fazer nada". A máquina estava emperrada porque fora montada para a manutenção de um status quo, os incentivos não eram direcionados para a tomada de decisão, que sempre envolve riscos e exige que se assumam responsabilidades.[91]

Um exemplo significativo dessa postura rígida era a sua profunda aversão ao emprego do pistolão.

> Habituado à preterição e ao espetáculo de ver protegidos os que têm bons padrinhos, o humilde custa a acreditar que haja justiça e se socorre da cartinha, do empenho, do pistolão para dar um empurrão na máquina de fazer justiça. Muitas vezes é o próprio servidor que, de boca torta, diz a quem precisa de internação no hospital: "Não há vaga, traga um cartão com uma ordem." A falta de vagas gera a importância de uma vaga, e esta valoriza a importância do "Sabe com quem está falando?". Mas o figurão, o importante, este não acredita que se possa impor à administração pública um critério impessoal, de justiça por méritos reais, muito mais que por aquele meramente "recomendado". [...] Não consegui ainda fazer uma promoção na Justiça sem ser bombardeado por cartas de recomendação e pistolões. Já consigo fazê-lo, é certo, na Limpeza Urbana, o que me dá esperança de que um dia possa promover um juiz sem ter pessoas importantes a pedir por ele ou por outros. Cada vez que recebo uma carta de recomendação a favor de alguém, tenho a impressão de que se trata de pessoa não muito merecedora, ou, pelo menos, carac-

---

[91] Magalhães, Raphael de Almeida. Entrevista concedida ao autor em 24-2-2005.

terizada por uma profunda desconfiança em mim, pois não procura aparecer pelos seus méritos e sim pela descrição que delas faz um cidadão prestante, alguém de quem o governo depende ou a quem o governador deva ser grato. Esta forma de explorar a gratidão chega a ser odiosa, e, no entanto, praticam-na, assim como usam a importância, mal ou bem adquirida, com uma desenvoltura e uma naturalidade que, confesso, até hoje consegue me escandalizar. No entanto, a bem da verdade, digo que já conseguimos reduzir ao mínimo o número e sobretudo ao máximo o constrangimento desses recursos ao ignóbil instituto do pistolão. Se ainda não foi reconhecido na lei, o pistolão já está de tal modo infiltrado nos costumes que constitui um instrumento usual e reconhecido do carreirismo no serviço público em nosso país. Quando tal serviço não funciona, não procurem longe, saibam que é culpa do pistolão. Pois ele desmoraliza a todos, a quem pede, a quem dá e a quem recebe.[92]

A raiz da política de clientela está, também, na insuficiência da prestação do serviço público básico: educação, saúde, moradia, emprego. Ela é filha de uma demanda, já que enquanto houver falta de vaga numa escola, falta de água numa casa, vai surgir a figura do político que vende a solução em troca de voto ou dinheiro. Na medida em que o governo atendia a essa demanda de serviços públicos a pressão clientelista diminuía. Logicamente, não houve tempo de sentir os efeitos dessa política dentro do próprio mandato.

Alguns episódios ainda hoje são recordados. Lacerda exigiu que a própria mãe se demitisse, antes da sua posse, do emprego que tinha na antiga prefeitura e proibiu que um primo de fama duvidosa freqüentasse o Palácio Guanabara. Impediu que Cravo Peixoto, diretor da Sursan, pedisse um empréstimo ao BEG por motivos de saúde.[93] Negou o pedido de emprego em uma escola do estado para sua ex-professora,[94] bem como para um amigo de Roberto

---

[92] Lacerda (1965: p. 53-4).
[93] Magalhães (1993: p. 90).
[94] Dulles (2000: p. 16).

Abreu Sodré, que era o líder da UDN paulista.[95] Um deputado foi procurá-lo no gabinete dizendo que tinha votado a favor da aprovação das contas do governo. Lacerda retrucou lembrando-lhe que se as contas estavam certas, não tinha feito nenhum favor, e que se estavam erradas, tinha atuado mal em aprová-las. Apesar do golpe, o deputado não desanimou e fez três pedidos particulares. "Infelizmente não posso atender a nenhum dos seus três pedidos, todos eles indignos", respondeu Lacerda. "Mas vou fazer pelo senhor algo mais importante. Vou esquecer que o senhor é capaz de fazer pedidos assim."[96]

Eram atitudes que empregava com freqüência, que serviam para transmitir o recado com maior impacto e que também alimentavam a mística desse governo. Não acreditamos, portanto, que esse estilo de governar fosse apenas uma questão tática. Era, principalmente, parte importante do seu capital político, o modo como concebia fazer política.

Dentro dessa política, estabeleceu-se a exigência de concurso para admissão de qualquer funcionário. Foram 268 concursos elaborados pela Escola de Serviço Público da Guanabara (Espeg), comparados com os 48 concursos que houvera no Distrito Federal nos dez anos anteriores.[97] Segundo Raphael de Almeida Magalhães, não houve um único caso de alguém ter sido contratado por favoritismo.[98] Chegou a estender essa prática até para os tabeliães, bem como para os procuradores, cargos muitíssimo valorizados no jogo político e que eram até então preenchidos por nomeação do prefeito.

Com as novas medidas tomadas na Guanabara houve uma melhora no perfil qualitativo do funcionalismo. Segundo o prof. Wagner Siqueira, da Ebape-FGV:

---

[95] Ibid., p. 17.
[96] Magalhães (1993: p. 104).
[97] Lacerda (1965: p. 60).
[98] Magalhães, Raphael de Almeida. Entrevista concedida ao autor em 24-9-2003.

> *O governador Lacerda teve esse grande mérito: em vez de transformar as contratações em moeda de troca no jogo político fisiológico, decidiu abrir concursos sem parar. Aí residia a força da Espeg, porque era um concurso atrás do outro, e os servidores que optaram pelo estado tiveram que fazer cursos para se credenciar ao exercício das novas funções no novo estado. Isso criou uma situação ímpar na Guanabara, que se reflete até hoje: sua administração pública ainda é a mais eficiente do Brasil. Muda governador, muda secretaria, mas até hoje há funcionários da Guanabara, principalmente na prefeitura, na área de Orçamento, Tesouraria, Pessoal, as estruturas de meio e fim. Mesmo essa sucessão infeliz de governos: Chagas, Brizola, Moreira etc., com mudanças e brigas políticas profundas, não alterou a estrutura organizativa da prefeitura do Rio de Janeiro, sucessora da máquina administrativa do estado da Guanabara.*[99]

A meritocracia para as promoções, bons salários,[100] projetos que saíam do papel para as ruas e a rejeição a um clientelismo que normalmente colidia com as soluções técnicas proporcionaram a formação de um corpo de funcionários motivado. Nesse sentido é expressivo o comentário do secretário de governo Célio Borja:

> *O relacionamento com secretários era uma harmonia. Havia um espírito de equipe e liderança. Era puro entusiasmo. E repare que os quadros eram os mesmos da antiga prefeitura, corrupta, mas aquilo mudou completamente, com um novo líder. Se havia algo, algum caso de desonestidade, era exemplarmente punido. Isso desestimulava que outros repetissem. Eu corri atrás de lixeiro que estava coletando lixo de forma errada. E não era o único. Era o mesmo com todos. Havia vontade de*

---

[99] Bomeny, Helena e Motta, Marly (orgs.) *A escola que faz escola: Ebape 50 anos*. Rio de Janeiro: Ed. FGV, 2002, p. 141. De acordo com as pesquisas e entrevistas realizadas, o governo não contou com os quadros de formados, pesquisadores ou professores da FGV. A parcela mais considerável provinha da antiga prefeitura.

[100] Lacerda (1965: p. 57). "Encontrei no estado mais de 12 mil servidores que ganhavam menos do que o salário mínimo legal. Hoje podemos dizer que nenhum servidor do estado ganha menos do que o salário mínimo."

acertar. Veja os procuradores: todos tinham chegado por pistolão e o estado perdia todas as causas. Instalou-se concurso e a coisa mudou. Isso fazia uma diferença absoluta. [...] O que Lacerda fala no livro Depoimentos *sobre o espírito de serviço que havia na Guanabara é a pura verdade! Marcou o nosso modo de fazer política. Não se transigia com a moralidade pública. Foi a experiência mais marcante da minha vida profissional.*[101]

Um caso particularmente bem-sucedido de administração de pessoal ocorreu no magistério do ensino primário. Era uma época em que a mulher brasileira de classe média ou alta que vivia nos grandes centros urbanos tinha como profissão básica ser professora, e subordinava essa atuação às circunstâncias profissionais do marido. Militares, diplomatas, desembargadores e outros profissionais de relevo comumente enfrentavam transferências e viagens freqüentes, e suas esposas, que eram professoras do estado, pediam licença para acompanhá-los. Era uma licença não remunerada, mas ocupava uma vaga. E vagas nos melhores colégios, situados sobretudo na zona sul, obtidas pelo peso e influência dos maridos ou da família a que pertenciam. Tratava-se, portanto, de um vespeiro que os prefeitos procuravam não incomodar. No entanto, logo no início do novo governo baixou-se uma portaria dando o prazo de sessenta dias para professoras licenciadas se apresentarem sob pena de perderem a matrícula do estado. Segundo Raphael de Almeida Magalhães:

Com a exceção das esposas de militares, que eram transferidos a todo momento, e alguma outra exceção, fomos absurdamente intransigentes. A esposa do embaixador João Dantas, por exemplo, teve de se demitir, a esposa de Hélio Fernandes também.[102]

---

[101] Borja, Célio. Entrevista concedida ao autor em 23-3-2004.
[102] Entrevista concedida ao autor em 13-7-2004.

Além disso, foi estabelecido um sistema de pontuação para determinar a lotação das professoras. A recém-formada partia de um número mínimo e ia dar aula na periferia. Com o passar dos anos, dentro de uma série de critérios, acumulavam-se pontos que permitiam a escolha de um lugar mais central para dar aulas. E os pontos eram registrados e calculados por um computador comprado para essa finalidade. Ainda segundo Raphael, neste campo a exceção foi nula, e isso certamente trouxe desafetos, trouxe inimigos, trouxe problemas. Mas, por outro lado, "livrando os professores da injustiça, libertou também o secretário de Educação daquilo que fora uma das principais ocupações dos secretários: a lotação das professoras nas escolas"[103]. Além disso, como eram bem pagas — eram a moda e a mediana da folha de pagamento do estado, e com a lei nº 280/62 passaram a ter o melhor salário de todo o país —, isso dava a Flexa Ribeiro muita autoridade e liderança.

Isso permitia uma organização eficaz. Flexa Ribeiro conseguia com isso coisas incríveis das suas professoras. Elas se engajavam. Era um efeito multiplicador: vou dar bem a aula, vou tratar bem o aluno, porque sou bem remunerada, porque tenho um plano de carreira, porque não vou ser ultrapassada por um pistolão.[104]

Por outro lado, o temperamento de Lacerda nem sempre ajudava a formar uma equipe de trabalho motivada. Volta e meia o *trator* era tomado pela sua costumeira impulsividade e atropelava os sentimentos de algum funcionário. Em meio à crise de água de 1961, destratou o corpo de engenheiros do Departamento de Águas, em certa ocasião chamou de cretino a um funcionário[105] e Dulles acrescenta em sua biografia:

Freqüentemente o governador era crítico para com o seu corpo de assistentes no Palácio Guanabara. Reescrevia documentos que mandara preparar, enchendo as páginas com correções escritas rapidamente. As

---

[103] Lacerda (1965: p. 53).
[104] Magalhães, Raphael de Almeida. Entrevista concedida ao autor em 13-7-2004.
[105] Cf. revista *Veja*, nov.-dez. 1995, ano 5, nº 48.

expressões malfeitas ou o uso de palavras inexatas tinham a capacidade de enraivecê-lo.[106]

Personalidades carismáticas possuem essa capacidade contraditória, e são capazes de magnetizar uma platéia ou de amedrontá-la. No segundo caso é elucidativo o comentário do jornalista Pedro do Coutto ao recordar seus encontros com o governador:

As vezes em que estive com Carlos Lacerda sempre foram boas, nunca tive nenhum problema maior, mas sempre tive um certo receio porque ele não deixava você à vontade. Era uma personalidade muito forte, como se fosse, no lado feminino, uma Greta Garbo. Se você fosse almoçar com Greta Garbo, ia acabar sem graça. [...] Você se sentia como se fosse discutir um assunto meio polêmico com um grande pugilista.[107]

Para Célio Borja, ele apresentava "um certo comportamento dual: profunda compaixão do outro, gestos de grande generosidade ao lado de repulsas repentinas e inexplicáveis".[108]

Os benefícios da política de pessoal de Lacerda não vieram do seu conhecido carisma, como inicialmente somos levados a pensar, e talvez esse fator tenha até sido prejudicial, mas sim do seu esforço por implementar o sistema de méritos na administração pública carioca.

Ao longo destes capítulos procurou-se compreender melhor como o governo empreendeu suas metas e se tornou um marco na memória política do Rio de Janeiro. Analisou-se a importância da estrutura de recursos que foi montada e a importância da reforma administrativa. Não menos importante, ainda que mais difícil de medir e perceber por sua intangibilidade, foi a mudança na política de pessoal. Este é um ponto central do governo Lacerda pelas conseqüências que teve em todos os âmbitos. O funcionário motivado trabalhava com outro moral;

---

[106] Dulles (2000: p. 21).
[107] Ferreira, Marieta de Moraes (coord.). *Crônica política do Rio de Janeiro*. Rio de Janeiro: Ed. FGV, 1998, p. 114-16.
[108] Borja, Célio. Entrevista concedida ao autor em 23-3-2004.

[...] tinha iniciativas e se empenhava mais para realizar a sua tarefa. A máquina emperrada andava. É o que poderíamos chamar de um capital da intransigência. Difícil de medir, mas que foi fundamental para o sucesso do governo. Conseguíamos do servidor uma eficiência e um engajamento muito grande.[109]

10. OUTROS PROJETOS E PROGRAMAS

Com cerca de 5% do total dos investimentos, a Secretaria de Saúde atuou em dois campos: campanhas de vacinação infantil e ampliação da rede hospitalar, que aumentou em cerca de 30% em relação à existente. Em termos de área construída, a expansão representa 100% de tudo o que já fora construído anteriormente, sendo que 60% foram na administração de Pedro Ernesto.[110] Entre alguns dos hospitais beneficiados estavam Salgado Filho, Souza Aguiar, Moncorvo Filho, Miguel Couto, Getúlio Vargas e Rocha Faria, onde foram construídos novos anexos e blocos. Manteve-se o plano do prefeito Pedro Ernesto, no qual os hospitais da periferia faziam atendimento limitado e, em alguns locais centrais, estabeleciam-se pólos de atendimento especializado, com melhores equipamentos, recursos e médicos, como era o caso dos hospitais Souza Aguiar e Pedro Ernesto.

Esses resultados não se atrelaram à imagem do governo, seja na época, seja posteriormente. Isso se deve ao fato de que a maior parte das obras foi realizada no final do mandato e não se criaram novos hospitais, mas apenas expandiram-se os existentes, o que tornou o projeto pouco visível, principalmente se compararmos com a abertura de novas escolas e viadutos.

Com relação ao setor de telefonia, na campanha ao governo, Lacerda assinalara um grande déficit de linhas e prometera resolver esse problema. A Companhia Telefônica Brasileira (CTB) per-

---

[109] Magalhães, Raphael de Almeida. Entrevista concedida ao autor, em 13-7-2004.
[110] Guanabara (1965a: p. 8 e p. 53).

tencia ao grupo Light, que operava também os bondes, além de distribuir energia elétrica e gás na cidade. Com o valor das taxas controlado pelo governo e completamente defasado, a companhia deixara de investir nos bondes e na rede telefônica ao longo dos últimos 15 anos. A fila de espera para obter uma linha telefônica foi aumentando a cada ano — de 6.873 pedidos em 1943 para duzentos mil em 1960[111] —, os bondes foram sendo sucateados e a qualidade dos serviços entrou em deterioração. Para sair desse impasse, no início do mandato, a Light fez uma proposta que consistia em converter a fila de espera em acionistas. Como essa medida podia ser feita pelo próprio estado e fugia daquilo que era competência própria de uma concessionária, que é o aporte de capital, o governo rejeitou-a e apresentou um plano de compra da CTB. Nesse momento, Lacerda deu um ultimato de 48 horas para o presidente da empresa, Antônio Galotti, aceitar a proposta, ou a Guanabara iria desapropriá-la. Nesse meio-tempo Galotti foi a Jango. A Light tinha diversas concessões municipais de telefonia pelo Brasil e negociar o problema do Rio em separado seria gerar novas complicações em todas as outras localidades. Como o serviço de interurbano era concessão federal, o governo federal podia intervir legalmente em toda a CTB nacional, o que tornava tudo muito mais simples. Pensando na disputa política com Lacerda, Jango não perdeu tempo e decretou a intervenção.[112]

Frustrado nos seus planos de controlar e expandir os serviços da companhia, Lacerda teve de esperar a aprovação da reforma administrativa — lei nº 262/63 — para criar em fevereiro de 1963 a Companhia Estadual de Telefones (Cetel). Saindo do zero, o secretário de Serviços Públicos, general Salvador Mandim, encontrou dificuldades para recrutar mão-de-obra qualificada e teve de contratar técnicos em telefonia junto às Forças Armadas, que o ajudassem a instalar troncos e linhas. A Cetel passava a operar

---

[111] Guanabara (1967: vol. II., p. 370).
[112] A intervenção permaneceu até 1964, quando Castello, interessado em investir nacionalmente em telecomunicações, fez uma proposta muito melhor a Galotti.

fora da área da CTB, isto é, na zona oeste, parte do subúrbio e Ilha do Governador. Para financiar o investimento necessário, os novos usuários, para adquirirem um telefone, deveriam se tornar acionistas da empresa, ficando com a promessa de ter um aparelho dentro de 24 meses.[113] No final do mandato estavam instalados 14 mil aparelhos, muito aquém do déficit a ser sanado. A pergunta que se faz é se uma maior habilidade por parte de Lacerda para negociar junto à Light e ao governo federal não teria proporcionado ao cidadão carioca um maior número de telefones num menor espaço de tempo.

Como vimos anteriormente, com a reforma administrativa de dezembro de 1962, foi criada a Secretaria de Turismo com o intuito de acelerar o fomento desse setor no estado. No entanto, como o próprio governo admite,[114] os resultados foram praticamente nulos. Para Mauro Magalhães,[115] faltou dinamismo na Secretaria. De acordo com o governo, o argumento usado como justificativa foi a absorção dos recursos nas obras de infra-estrutura da cidade e, dentro do tradicional discurso do político carioca de acusar a União pelos males locais, culpava-se o BNDE pela recusa em apoiar projetos que visavam atrair hotéis. A desculpa carecia de consistência, já que o setor de turismo não tinha por que absorver, pelo menos diretamente, pesados investimentos do estado, antes sua coordenação e incentivo. Além disso, se não havia o BNDE, havia o BEG como agente financeiro. Como índice do fracasso dos esforços, pode-se apontar que no período 1961-5 foram abertos apenas dois novos hotéis na cidade.

O esforço mais significativo em termos de turismo girou em torno das comemorações do IV Centenário da cidade. Esforço cujo motivo principal era divulgar o Novo Rio, a BelaCap, mostrar aos

---

[113] Os outros acionistas eram o estado da Guanabara, o BEG, a Cosigua e a Copeg.
[114] Guanabara (1965a: p. 87).
[115] Magalhães, Mauro. Entrevista concedida ao autor em 9-3-2004.

brasileiros os resultados que a moderna administração de Lacerda tinha obtido e que, dentro de sua campanha à presidência, era apresentada como um modelo a ser estendido a todo o país.[116] Para esse ano especial foi feita uma extensa programação cultural, com exposições de pintura, cinema, apresentação de músicos internacionais, bailes, conferências, publicação de coleções de livros comemorativas, bem como uma ampla programação esportiva. Os efeitos dessa comemoração fizeram-se notar mais no campo político e cultural do que no turístico. Com vistas aos gastos que seriam necessários para promover esses eventos, foi obtido junto à Aleg um aumento, válido somente para 1965, da alíquota do IVC de 5% para 5,4%. Na verdade, vinha em auxílio sobretudo da queda de receita registrada com o novo plano econômico do governo Castello Branco.

11. O QUE SE PODE CONCLUIR DAS OBRAS REALIZADAS?

A modernização administrativa permeou toda a estrutura do governo Lacerda, mas não devemos inferir daí que tenha sido um governo que primou pela inovação ou por soluções inusitadas. Sem pretender reinventar a roda, os tecnocratas dessa gestão apropriaram-se daquilo que era consenso entre especialistas. Nesse sentido, foram bem-sucedidos em diversos aspectos, sobretudo na recuperação de uma *urbis* saturada e obsoleta, e foram malsucedidos naquelas políticas que o tempo mostrou serem na sua própria tese inadequadas, como foi a tentativa de alavancar economicamente o estado por meio de zonas industriais. Nos aspectos que transcendiam o poder regional e requeriam coordenação com outros estados e com a esfera federal, como no caso das telecomunicações, da energia e das favelas, os resultados alcançados foram

---

[116] Cf. Motta (2001: p. 238-46).

em parte satisfatórios se considerarmos o planejamento e o empreendimento realizados, e insatisfatórios se considerarmos que foram insuficientes para eliminar o problema que se propunham solucionar.

As principais qualidades que podem ser atribuídas a essa gestão residem no empreendedorismo e na eficiência demonstrados no período. Empreendedorismo dito no seu sentido administrativo, de propor e tentar soluções em diversas frentes, de ter sido uma gestão proativa e não apenas reativa. Esse caráter dinâmico, dentro das prioridades estabelecidas, chegou talvez aos limites da capacidade do estado naquele momento, tendo em conta as dificuldades para levar adiante os encargos juntamente com a folha de pessoal no final do mandato. Eficiência no sentido de ter alcançado diversas metas propostas, como no caso do saneamento, do ensino primário e do urbanismo, e também no sentido de ter imprimido à máquina pública parâmetros de funcionamento similares aos do setor privado.

A questão da remoção das favelas, mais do que polêmica, tornou-se um tabu nos últimos vinte anos. Por outro lado, se o desgaste administrativo e urbano dos anos 1990 trouxe de volta a imagem positiva do Lacerda administrador, o agravamento da segurança pública nestes últimos anos, de forma especial com espaços residenciais da zona sul próximos às favelas imersos em verdadeiras guerrilhas urbanas, também resgatou para o debate público a política de remoção. O editorial do *Jornal do Brasil* do dia 17 de abril de 2004 assinala que:

> *A questão da favela é parte de uma agenda maldita, e os políticos fogem do assunto como o diabo foge da cruz. No Rio, o último governante que teve a coragem de enfrentá-la foi Carlos Lacerda. Depois dele, muito pouco foi feito — além de perfumaria — e a favela deixou de ser samba e folclore para se instalar definitivamente nas páginas de polícia e nas denúncias de exclusão social.*[117]

---

[117] *Jornal do Brasil*, 17 de abril de 2004, p. A10.

Ainda no mesmo dia, a colunista social Hildegard Angel contabilizou o recebimento de 239 *e-mails*, dos quais 95% apoiavam o projeto de uma vereadora propondo a erradicação das favelas de São Conrado e transferindo os favelados para apartamentos a serem construídos em um outro local.[118] A revista *Veja* também publicou nesse período um artigo sobre a violência nas favelas no Rio em que novamente trouxe à tona, ainda que de forma crítica, a remoção feita nos anos 1960.[119]

No campo das representações e da memória, as favelas, os túneis e viadutos foram elementos constitutivos de uma imagem elitista do governo Lacerda. Certamente que na construção dessa imagem os segmentos que se opunham ideologicamente tiveram um peso significativo e, portanto, o aspecto social embutido no saneamento básico, na saúde, nas escolas e nas obras realizadas no subúrbio não conseguiram contrabalançar a ponto de alterar o saldo final.

As obras pela cidade foram uma importante plataforma para a candidatura à presidência, mas não se traduziram na ampliação do seu eleitorado carioca. Assim analisa a historiadora Marly Motta:

Por que Lacerda não conseguira anular a pecha de "assassino do pai dos pobres"? Por que não transformara em dividendos eleitorais as obras realizadas nos subúrbios? A manutenção, e mesmo o agravamento, da rejeição a Lacerda da "praça da Bandeira pra lá" indicam que ficou praticamente intocada a estrutura político-partidária que aí vigorava desde os anos 1950. Embora dispondo do poderoso cacife de ser governo, Lacerda falhou na tentativa de mudar a predisposição desse eleitorado, já que não conseguira quebrar a hegemonia que o PTB, seguido do PSD, estabelecera nos subúrbios cariocas. O fracasso do projeto lacerdista de conquista desses votos pode ser explicado por uma conjunção de três fatores: não incorporou lideranças locais tradicionais, nem favoreceu a

---

[118] *Jornal do Brasil*, 17 de abril de 2004, p. B4. O projeto é de autoria da ex-secretária de Obras do Município e do Estado Lélia Fraga.
[119] Revista *Veja*, 21 de abril de 2004. "A cidade que o medo construiu", p. 38-42.

emergência de novas, e também não transformou em votos as políticas públicas aí implementadas.[120]

Lacerda procurou formar uma máquina política despolitizada, com princípios, normas e procedimentos completamente alheios aos aplicados pelo PTB até então. Característica e objetivo dessa máquina era a modernização administrativa, implementando um sistema racional, meritório, e portanto impessoal, ao mesmo tempo que o seu estilo personalista eclipsava e absorvia o esforço daqueles que, lançados e ligados a ele, se destacavam no governo. Conseguiu fazer com que a máquina administrativa desemperrasse e produzisse obras, mas essa relação de desempenho, que em certo grau era percebida e valorizada por uma classe média, onde já se localizava o seu eleitorado, não era percebida pelas classes mais baixas. Isso porque não era feito um trabalho no sentido de sensibilizar esse segmento e sobretudo porque as lideranças petebistas, retiradas do controle da administração pública, mas mantendo intactas suas estruturas de relacionamento com suas bases, conseguiam apropriar-se de algumas melhorias realizadas nesses locais ou então abafavam-nas atiçando o discurso de Lacerda como "assassino de Getúlio" ou de "matador de mendigos". Em resumo, o método que Lacerda adotara era eficiente para a gestão do estado, mas completamente incapaz de mudar ou deter uma lógica política que fazia um trabalho capilar e oferecia pequenas gratificações a curto prazo. Ante um estado que instalava uma rede de esgoto havia um político que prometia uma bica d'água na favela, um cabo eleitoral para garantir um retorno em votos em troca de um emprego numa repartição pública.

---

[120] Motta (2001: p. 253).

Lacerda discursa na rua durante a campanha para o governo da Guanabara.

Já governador, Lacerda discursa na TV Tupi. Em ocasião como essa, em 24 de agosto de 1961, acusou o presidente Jânio Quadros de estar preparando um golpe. No dia seguinte, Jânio renunciou.

Lacerda em um pronunciamento aos cariocas. No fim de 1964 e no início de 1965, Lacerda foi várias vezes à televisão criticar o plano econômico do governo Castello Branco.

Lacerda discursa vitorioso na Convenção Nacional da UDN, realizada no Teatro Guaíra, em Curitiba, no dia 28 de abril de 1963. Apoiado nas obras da Guanabara, lança-se como candidato para a presidência em 1965. Nessa ocasião, faz um dos seus mais famosos discursos: "Reacionários porque fazemos escolas, porque construímos hospitais? [...] Reacionários porque pagamos às professoras do nosso estado o que não se paga em nenhuma outra parte do Brasil? [...] Reacionários porque não roubamos? Reacionários porque não deixamos roubar?"

O candidato Jânio Quadros discursa, tendo à sua direita Carlos Lacerda.

Reunião do secretariado: no primeiro plano, Edgar Flexa Ribeiro, secretário de Educação, e Raphael de Almeida Magalhães, secretário de Governo.

Recepção ao governador. Ao fundo, Carlos Osório, major da Polícia Militar, ajudante-de-ordens e oficial de segurança, e, atrás deste, o médico de Lacerda, dr. Rebello.

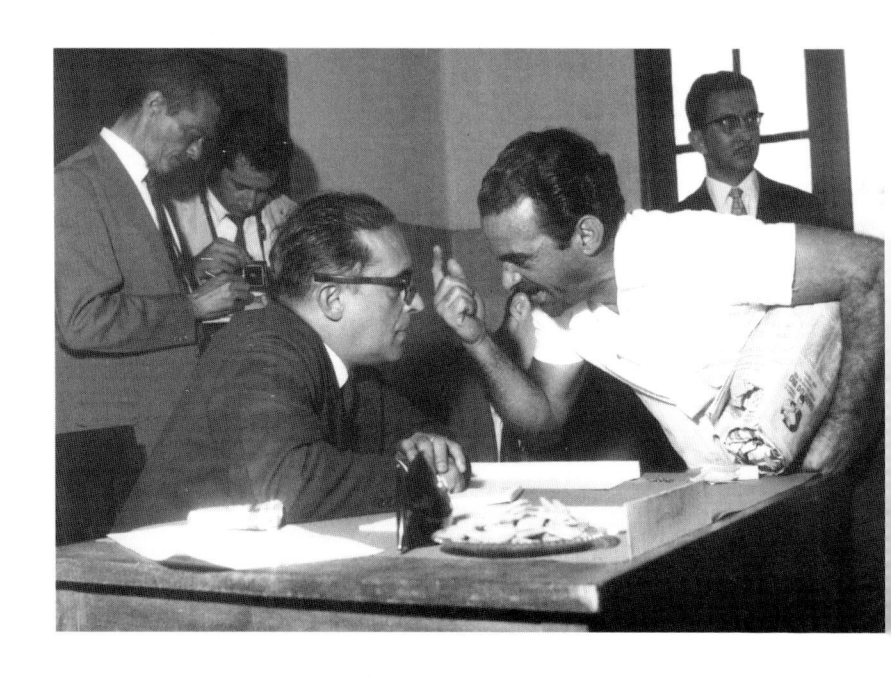

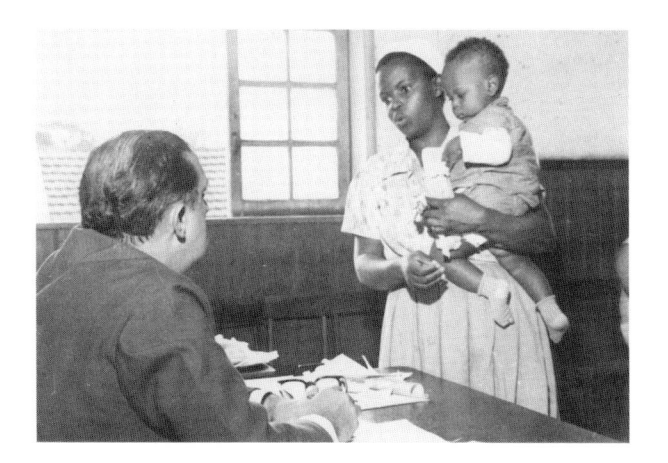

No início do governo, Lacerda reunia o seu secretariado para ouvir o cidadão apresentar suas queixas. A reunião era semanal em alguma escola da periferia da cidade. As fotos registram esses momentos.

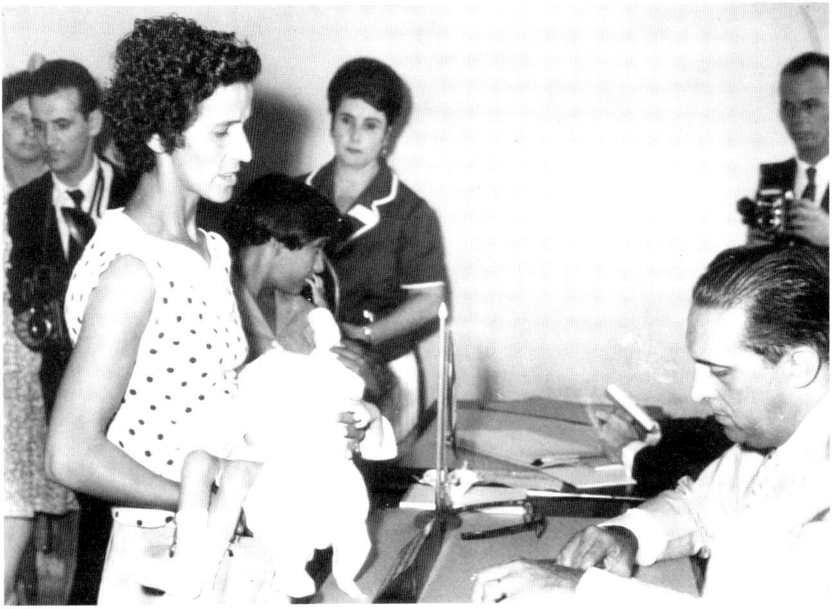

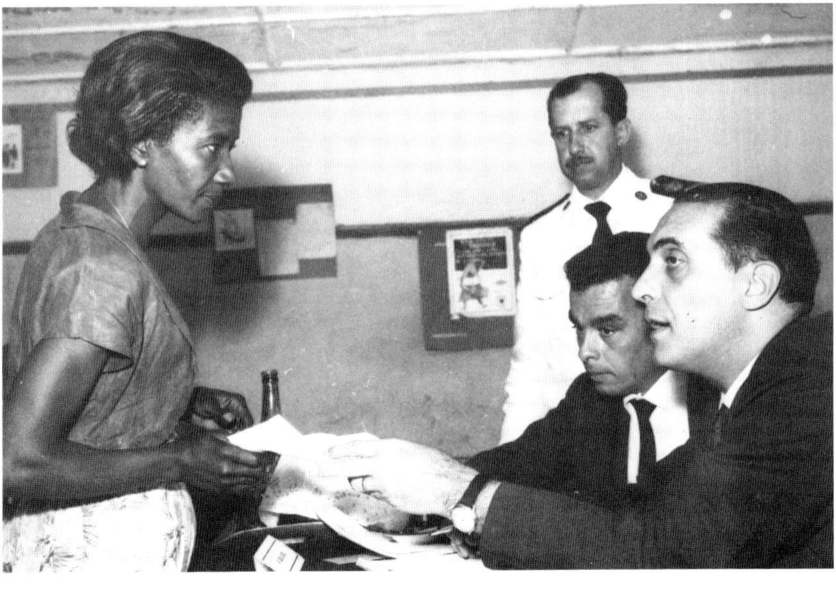

Lacerda em uma de suas visitas de surpresa às obras do estado.

Obra do governo.

Construção das duas galerias do túnel Rebouças.

O governador Lacerda visita uma favela. Ao fundo, observa-se a condição das moradias dos favelados na época.

Lacerda inaugura uma escola primária.

Vista aérea do aterro do Flamengo com a construção das duas pistas de rolagem e do parque.

Lacerda exibe um trecho dos 43km de túnel cavado na rocha, trazendo água do rio Guandu para a cidade. Programa de TV em setembro de 1965, quando prestou contas da sua administração.

O governador visita uma favela.

Vista parcial das casas da Vila Kennedy, para onde foram transferidos alguns favelados.

Viaduto da avenida Lobo Júnior, na Penha, um dos 19 construídos no período.

Finalização das obras do parque do Flamengo. À esquerda, pode-se ver a atual Marina da Glória

Lacerda visita mais uma favela.

O governador inspeciona a obra da adutora do Guandu.

CONSIDERAÇÕES FINAIS

O PERÍODO DO PÓS-GUERRA, ENTRANDO PELOS ANOS 1950, PRESENCIOU uma cidade que se acomodava sobre os louros da capitalidade. Talvez seja fácil e grato lembrar que havia bossa nova, Tom Jobim e lindas atrizes internacionais no Copacabana Palace. Mas a vida não se resumia a música e cinema: o cidadão comum, o que não aparecia nas revistas, precisava de água, escola e hospitais. E não houve então uma preocupação no sentido de estabelecer uma linha de ação estratégica sobre a urbe. Infelizmente, essa inércia coincidiu com um momento em que a cidade crescia e se transformava rapidamente, no ritmo de um país que também ingressava numa nova etapa de industrialização. Como conseqüência, o Distrito Federal, que fora formatado para ser a bem-arrumada e ordeira sede do poder federal, acabava na prática contentando-se em ser apenas sede. A ordem era perturbada constantemente em meio ao caldeirão político, a infra-estrutura urbana tornara-se obsoleta e esgotada e o crescimento econômico ficara entregue à própria sorte. Quando se pretende apurar as causas que levaram a essa situação, é difícil separar os limites do que era decorrente da Lei Orgânica, do jugo do poder federal, daquilo que era decorrente de enraizadas práticas clientelistas e da incompetência administrativa.

Conhecer mais de perto a história do Distrito Federal foi muito oportuno no sentido de ter permitido uma melhor avaliação comparativa da estrutura tributária. A análise dos dados dos anos 1950 e 1960 permite refutar a visão do estado da Guanabara como um estado que nasce rico, seja pela dupla tributação estadual e municipal, seja pelo aumento de impostos, seja pelos encargos que o governo federal continuava a assumir ou pelo fato de ser um estado-cidade de elevada renda *per capita*. Esse quadro já existia nos anos 1950, inclusive de forma mais intensa que na década seguinte, e mesmo assim uma sucessão de governos municipais foi incapaz de sanear as finanças públicas e de reverter a falência urbana do Rio. Na realidade, o estado da Guanabara recebeu como herança uma administração cujas receitas estavam praticamente comprometidas com o pagamento da folha de pessoal.

É comum afirmar que o estado da Guanabara dispunha de muitos recursos pelo fato de poder aplicar a receita do IVC integralmente na própria cidade, ao contrário dos demais estados, que deviam reparti-la entre todos os municípios. Na verdade, esse raciocínio, que teoricamente é irretocável, esbarra, na prática, na lógica histórica. Se o nascimento do estado da Guanabara fosse fruto de uma desfusão e se se tivesse mantido inalterada a estrutura fiscal, certamente que os cariocas teriam sido beneficiados pela concentração da receita tributária. No entanto, isso não ocorreu. O novo estado recebeu a mesma estrutura fiscal do Distrito Federal, o qual necessitou de um lento e gradual processo de ajuste que diminuísse seu desequilíbrio financeiro.

Conforme podemos comprovar, esse ajuste consistiu num progressivo aumento do IVC e numa expressiva diminuição dos tributos municipais. Em todos esses anos procurou-se inverter uma situação economicamente desconfortável, que possibilitasse levar adiante um programa mínimo de governo local. Dependendo do aspecto que se queira ressaltar, obtiveram-se alguns avanços, mas em nenhum momento se caracterizou o que depois se pretendeu intitular de "estado privilegiado" ou "os anos dourados da cidade". Portanto, a carga tributária referente ao IVC não pode ser interpretada da mesma forma que é feita em outros estados, já que ela foi dosada ao longo de décadas para tentar diminuir o déficit dos investimentos necessários à cidade.

A referência que a memória coletiva tem feito ao estado da Guanabara como sendo um período glorioso para os cariocas é pouco sustentável e não é isenta de mitos. As raízes dessa memória — que é sempre seletiva — encontram-se numa série de fatores: na reforma urbanística que foi empreendida e que é visível até hoje, sobretudo pelo contraste com o pouco que foi realizado desde então; na melhoria da situação econômica após 1967 em oposição à recessão dos anos 1980, que vigora de alguma forma até os nossos dias; pelo fato de que, mesmo perdendo a condição de capital, a cidade continuou a ser sede de importantes órgãos federais, do setor financeiro e do segundo parque industrial do país, ao contrário da constante migração de empresas, instituições e o sensível esvaziamento cultural por que passa a cidade atualmente; pela sensação de segurança que existia, como em qualquer outro lugar, e que se perdeu, devido a uma violência urbana desenfreada, cuja equação engloba a questão da expansão e do descontrole das favelas. Não nos admira, portanto, que se evoque aqueles tempos com saudosismo.

Mas é importante notar que as dificuldades atuais não se devem simplesmente à perda da condição de capital e, depois, da cidade-estado. Os avanços e realizações obtidos nos anos 1960 se deram na Guanabara pela competência das gestões e não pela abundância de recursos disponíveis ou por virtude da sua estrutura. Sua situação econômica era delicada e as perspectivas eram receosas. Estudos e esforços foram feitos pelos três governos, Lacerda, Negrão de Lima e Chagas Freitas, para evitar o alegado "esvaziamento econômico".

Com a melhoria do quadro econômico nacional o problema foi engavetado. Mas, na medida em que a crise nacional fez cair a máscara e voltou a pôr em evidência a fragilidade da economia local, retornaram as discussões sobre a viabilidade do Rio de Janeiro. E atualmente essa discussão tem sido pautada quase que exclusivamente pela questão da fusão ou desfusão.

Se não podemos conferir os méritos alcançados nos anos 1960 à existência da cidade-estado, da mesma forma os problemas que hoje afligem a população não podem ser creditados ao modo como foi realizada a fusão dos dois estados. Isso não quer dizer que ela tenha sido bem-feita ou que não careça de correções. O que se deve ter presente é não permitir que o debate sobre o futuro do Rio de Janeiro se apóie na falsa esperança de que uma mudança institucional traga as soluções desejadas. Esse tipo de solução, que vem sendo insistentemente preconizado, deve-se, por um lado, a uma discussão pobre e superficial do tema, onde à falta de conhecimentos históricos, sociais e econômicos se soma um sentimentalismo saudosista.

Uma das dificuldades existentes na avaliação que se procura fazer hoje em dia é precisamente distinguir na crise atual o que é decorrente da especificidade da estrutura da fusão e o que é próprio de uma seqüência de governos pouco dinâmicos, já que ambos os fenômenos coincidem cronologicamente. Não há estrutura que resista a gestões insatisfatórias. E destas o Rio já teve demais.

A discussão em torno da crise da cidade e do estado do Rio de Janeiro deve ser encarada como um problema de competência. Esse é o fator central, que por sua vez incide na crise de valores humanos e éticos da sociedade e, em concreto, do político.

Com relação à gestão Lacerda, foi possível elucidar alguns pontos controversos sobre o modo como o governo obteve os recursos necessários para cumprir um oneroso programa de obras. Demonstrou-se o equívoco de algumas explicações que foram se sedimentando, talvez por uma apreciação precipitada, que não considerou as contas disponíveis. Não se pode sustentar como origem dos recursos o argumento de que havia dupla tributação, arrocho tributário, ajuda externa da Aliança para o Progresso ou auxílios do governo Castello Branco. Ao contrário, o que se evidencia é que cerca de 90% dos recursos foram obtidos dentro do próprio estado, principalmente através do IVC, cuja alíquota, mesmo após o aumento obtido, era das mais baixas da Federação. Um papel muito importante nesse processo coube ao BEG, cujo crescimento astronômico possibilitou que se tornasse, como financiador, o braço direito do estado. O principal impacto da ajuda externa norte-americana pode ser resumido no fato de ter coberto metade do custo da adutora do Guandu, sendo a outra metade levantada com o ajuste da taxa de água. Paradoxalmente, o governo Jango foi de maior auxílio do que o de Castello Branco, cujo plano econômico, o Paeg, foi especialmente desastroso para as finanças da Guanabara.

As razões do sucesso operacional do governo foram determinadas menos pelo suporte econômico, causa necessária mas não suficiente, do que pela reforma da máquina pública e pela competência executiva. Apenas como exemplo e comparação, recentemente abriu-se uma CPI na Alerj procurando averiguar as razões para o fracasso do programa de despoluição da baía de Guanabara. Após mais de dez anos, com metade dos recursos provenientes do Banco Mundial, apenas 10% do que deveria ter sido feito foi implementado. Os atrasos no cronograma das obras se tornaram tão freqüentes que as parcelas do Banco Mundial acabaram sendo suspensas e três multas foram aplicadas pelo mesmo. Havia projeto e recursos. Faltou competência e vontade para fazê-lo.[1]

A competência executiva pode ser constatada pelo número e estatura das realizações efetuadas. Após quarenta anos, ao folhearmos atualmente os principais jornais do Rio de Janeiro — e mesmo de outros estados —, é ainda bastante freqüente depararmo-nos com alguma referência ao primeiro governo da Guanabara. Ainda que com alguns equívocos e clichês, as referências ao Rebouças, ao Guandu e mesmo à remoção das favelas representam uma evocação ao empreendedorismo daquele mandato. E isso cobra maior importância na medida em que a passividade e a incapacidade de lidar com os desafios atuais se tornam uma crítica comum aos últimos governos estaduais.

---

[1] Cf. *Jornal do Brasil*, 25-5-2004, "Quase US$1 bilhão no esgoto", p. A13.

Na busca pela maior eficiência dois fatores foram especialmente importantes: o controle de redes clientelistas dentro da máquina pública e a montagem de uma política de pessoal, preservando a todo custo o sistema de mérito, especialmente pela exigência de concurso para ingresso nos quadros. O retrocesso registrado nessas condutas, retornando-se à prática do clientelismo — na forma tradicional ou através do assistencialismo —, e a perda de eficiência marcam, com alguma exceção, o período que vai do chaguismo ao garotismo.

Na avaliação qualitativa dos projetos, o que se denota no governo Lacerda é a prioridade absoluta em atender às necessidades de infra-estrutura urbana. Escolas, malha viária, água, esgoto, telefone, moradia formavam parte de um déficit elevado que somente foi sanado satisfatoriamente ao final do governo Negrão de Lima. Este governo, apoiado na estrutura montada, deu continuidade ao programa iniciado, seja ampliando o que havia, seja suprindo aqueles setores que no governo Lacerda ficaram incompletos. Foi o caso da expansão do ensino público de nível médio, da rede hospitalar e da remoção das favelas.

Na memória do carioca ficaram obras como o túnel Santa Bárbara, que ele não iniciou mas concluiu, o aterro do Flamengo, quando fez apenas o parque, o túnel Rebouças e a remoção de algumas favelas da zona sul, das quais podemos mencionar o Pasmado, mas não as da Lagoa ou do Leblon, que lhe são comumente atribuídas. Com exceção do Guandu, são obras relacionadas à zona sul da cidade e contribuíram fortemente para a construção da imagem de um governo elitista. É preciso agora observar uma outra face, quiçá menos conhecida porém mais realista, e que é importante ressaltar: a face social. Ela está presente nas escolas primárias públicas, na expansão da rede de esgoto e da rede hospitalar e na construção de vias, obras que em sua maior parte foram realizadas na região suburbana da cidade e proporcionaram uma melhoria nas condições de vida da população de baixa renda.

A infra-estrutura consumiu não só a quase totalidade dos recursos econômicos, mas o tempo e a dedicação da equipe do governo.

Essa postura era reforçada pela crença de que a infra-estrutura era condição necessária básica para o sucesso de qualquer tentativa de crescimento regional. Além disso, esses investimentos iam ao encontro do projeto de Lacerda de manter a capitalidade de fato do Rio de Janeiro. O projeto Novo Rio era, afinal, a sua principal credencial, que, cuidadosamente, construíra como uma plataforma para a presidência.

Com isso, os esforços destinados ao desenvolvimento econômico propriamente dito ficaram num segundo plano, com um pequeno montante de recursos canalizado para um programa econômico centrado em zonas industriais. Os dois próximos governos insistiram nessa estratégia, com mais recursos inclusive, e pode-se comprovar que ela não funcionou. A questão é que a equipe de Lacerda atua todo o momento em cima da agenda da época. E a agenda do Rio era, por unanimidade de especialistas, investimento em infra-estrutura, investimento em zona industrial — contando com a recente e bem-sucedida experiência mineira —, desenvolvimentismo, planejamento, formação de uma administração paralela, autárquica — experiência do governo JK —, descentralização etc. De forma análoga, assim como a agenda do Rio hoje insiste, por exemplo, em fomentar o setor de serviços, e daqui a vinte ou trinta anos poderemos estar apontando os erros de uma política que hoje nos parece evidente, é preciso compreender que as metas estabelecidas por aquele governo se apoiavam no que era então considerado o *óbvio ululante*. Se quisermos apontar uma qualidade para o primeiro governo da Guanabara, não devemos pensar propriamente em inovação ou originalidade, mas na capacidade de transformar a teoria em prática, os planos em obras.

Causa surpresa ao leitor dos nossos dias que essa gestão não tenha conseguido eleger um sucessor. Afinal, com um currículo muito mais enxuto, um candidato não teria dificuldade em vencer ainda em primeiro turno as últimas eleições municipais. As razões para o fracasso são diversas, mas incidem sobretudo na faceta mais frágil e polêmica de Lacerda, que é o seu modo de atuar na política.

Certamente que o plano Paeg teve um efeito bastante pernicioso no último ano do governo, mas o seu personalismo, a sua incapacidade para negociar, para mediar conflitos, o seu temperamento explosivo e sua forte ambição pela presidência contribuíram enormemente para enterrar a sua candidatura ao Planalto e para que ele perdesse as eleições na Guanabara. Tornou-se uma pedra no sapato do regime, malquisto por Castello Branco e por Golbery,[2] ao mesmo tempo que sua imagem ante o eleitorado continuava atrelada à revolução e, conseqüentemente, à recessão vigente. Não soube e não quis construir uma máquina política que o sustentasse. Designou um candidato que não era político e de pouco carisma, enquanto a oposição articulou um candidato experiente, simpático e de trânsito fácil em todas as esferas do poder. Não conseguiu vencer as articulações federais que tornaram inelegível o pitoresco Alziro Zarur[3] e que iria ter o papel determinante que teve Tenório Cavalcanti no pleito de 1960.

É indubitável que Lacerda cometeu erros políticos na Guanabara, prejudicando sobretudo a si mesmo, que o seu personalismo foi um entrave para o fortalecimento de novas lideranças afinadas com suas propostas, que o contraponto do lacerdismo era a existência de um ativo antilacerdismo, que o radicalismo, tendo efeitos positivos na administração, teve também conseqüências negativas para o estado. Se tivesse aproveitado a experiência de governo para desenvolver a flexibilidade e a moderação, como a aproveitou para desenvolver aquela característica que levou a CIA a rotulá-lo como "devastadoramente capaz"[4], teria se colocado numa posição política mais sólida ao final do mandato e o Rio de Janeiro poderia ter agregado mais benefícios.

---

[2] Cf. Gaspari (2003: p. 171).
[3] Cf. Dulles (2000: p. 385).
[4] Relatório da CIA de 31-12-1964 citado em Gaspari (2003: p. 171).

Isso tudo não impede de concluir que o saldo final do governo Lacerda foi amplamente positivo devido aos resultados palpáveis que puderam e ainda hoje podem ser observados na cidade. O Rio de Janeiro, ao longo de sua história, se deparou com inúmeras e graves dificuldades. Como é evidente, não tem sido diferente para a atual geração. Pelo modo como soube encarar e sobrepujar alguns dos importantes desafios que se apresentavam àquela geração, o governo Lacerda merece, juntamente com outras importantes gestões, ser mais bem conhecido e reconhecido pelos cariocas.

A política e a administração pública são entendidas comumente como sinônimo de interesses mesquinhos, desonestidade e inoperância. Tomar conhecimento dessa administração supôs a descoberta de que talvez seja possível, também a partir da política, contribuir significativamente para o bem comum. Sem estímulos, sem modelos — ainda que logicamente imperfeitos —, dificilmente se poderá obter a participação efetiva dos cidadãos na condução da coisa pública, nas questões que tanto afetam a nossa vida em sociedade.

TABELAS

Renda do Distrito Federal, de Minas Gerais e do R.G. do Sul

	Renda do DF (em milhões de cruzeiros)	Renda de Minas Gerais e do R.G. do Sul (em milhões de cruzeiros)
1953	5.297	5.064
1954	5.316*	5.507
1955	7.658	8.356
1956	10.161	11.382

* Os dados consolidados apontam para Cr$6.172.
Fonte: Jornal *Correio da Manhã*, 2 de agosto de 1958.

Prefeitos do DF e seus mandatos (1937-1960)

Prefeitos	Período
Henrique Dodsworth	3/7/1937 a 2/11/1945
Filadelfo de Barros Azevedo	3/11/1945 a 30/1/1946
Hildebrando de Araújo Góis	2/2/1946 a 13/6/1947
Angelo Mendes de Morais	16/6/1947 a 22/4/1951
João Carlos Vital	23/4/1951 a 1/12/1952
Dulcídio E. Santo Cardoso	12/12/1952 a 4/9/1954
Alim Pedro	6/9/1954 a 2/12/1955
Francisco de Sá Lessa	4/12/1955 a 26/3/1956
Francisco Negrão de Lima	26/3/1956 a 4/7/1958
José Joaquim de Sá Freire Alvim	4/7/1958 a 21/4/1960

Dados da tabela organizados pelo autor.

Renda interna por setor de atividade — 1960 (%)

Setor	Brasil	Grande São Paulo	Guanabara
Primário	28,20	1,60	1,20
Secundário	25,80	52,40	25,70
Terciário	**46,00**	**46,00**	**73,10**
Comércio	12,50		20,00
Governo	7,90		16,90
Transp. e comunic.	7,60		11,40
Outros serviços	18,00		24,80

Fonte: Guanabara (1965a).

Empréstimos externos concedidos à Guanabara

Programa	Entidade	Moeda	Valor	Juros a.a	Carência	Amortização
Água	BID	US$	11.500.000	4,00	5 anos	30 anos
Água	BID	US$	12.500.000	0,75	1 ano	30 anos
Água	BID	US$	5.000.000	6,00	3 anos	20 anos
Água	BID	US$	7.000.000	4,00	3 anos	20 anos
Esgotos	BID	US$	11.000.000	2,75	1 ano	30 anos
Energia	IGE	US$	3.682.400	6,00	2,5 anos	5 anos
Saúde	KFW	DM	8.200.000	3,00	3 anos	12 anos
Total aprox.			58.000.000			

Origem: Usaid e contabilidade da Sursan e do BEG.
Fonte: Guanabara (1965a).

Doações provenientes do Fundo do Trigo

Programa	Entidade	Moeda	Valor
Educação	AID	Cr$	4.300.000.000
Habitação popular	AID	Cr$	1.000.000.000
Água/esgotos	AID	Cr$	848.650.000
Abastecimento	AID	Cr$	100.000.000
Fomento agropecuário	AID	Cr$	22.000
Total			**6.248.672.000**

Fonte: Guanabara (1965a), Usaid e contabilidade da Sursan e do BEG.

Cooperação financeira, econômica e técnica da Aliança para o Progresso ao Brasil e à Guanabara: 1961/1964 (em US$1.000)

Natureza do auxílio Ajuda direta dos EUA	A BRASIL	B GUANABARA	B/A (%)
Empréstimos para estabilização Eximbank, tesouro dos EUA, AID	538.000	1.400	0,26
Empréstimos para projetos de investimento AID	175.400	4.000	2,28
Fundo do Trigo	274.900	12.600	4,58
Alimentos para a paz	99.000	1.434	1,45
Assistência técnica AID	49.700	37	0,07
Subtotal da ajuda direta dos EUA	1.137.000	19.471	**1,71**
Empréstimo do BID	235.400	47.000	19,97
Total	1.362.400	66.471	**4,88**

Fonte: Guanabara (1965a).

Arrecadação em valores nominais e percentuais

Classificação das Receitas	1962	1963	1964	1965
(Em mil cruzeiros — valores nominais)				
Tributário	51.953.795	90.733.307	186.332.351	303.646.559
Patrimonial	252.501	505.387	920.368	1.195.969
Industrial	3.706.316	6.144.807	14.757.857	25.578.340
Transf. correntes	1.992.662	3.447.637	21.490.714	24.377.038
Receitas diversas	6.206.505	5.702.395	9.895.271	16.474.662
Receitas de capital	100.097	5.933.183	12.252.775	13.630.183
Total geral	64.211.876	112.466.716	245.649.336	384.902.574
(Em mil cruzeiros — porcentagem)				
Tributário	80,91	80,68	75,85	78,89
Patrimonial	0,39	0,45	0,37	0,31
Industrial	5,77	5,46	6,01	6,65
Transf. correntes	3,10	3,07	8,75	6,33
Receitas diversas	9,67	5,07	4,03	4,28
Receitas de capital	0,16	5,28	4,99	3,54
Total geral	100,00	100,00	100,00	100,00

Fonte: Guanabara (1965j). Orçamento — Projeto de lei para 1966 e dados organizados pelo autor.

Evolução da receita tributária
(em mil cruzeiros)

Anos	Valores nominais	Valores deflacionados	Aumento anual
1953	4.176.202	4.176.202	
1954	5.244.942	4.299.133	2,9%
1955	6.170.506	4.086.428	-4,9%
1956	8.688.540	4.773.923	16,8%
1957	10.089.360	4.759.132	-0,3%
1958	14.123.934	5.812.318	22,1%
1959	16.557.643	4.898.711	-15,7%
1960	21.296.643	4.873.374	-0,5%
1961	29.244.834	5.016.266	2,9%
1962	52.980.806	5.993.304	19,5%
1963	90.733.307	6.020.790	0,5%
1964	186.332.350	6.449.718	7,1%

Obs.: Incluídos todos os tributos municipais e estaduais.
Deflator: índice de custo de vida FGV.
Fonte: Guanabara (1965a) e dados organizados pelo autor.

Arrecadação do IVC: valores nominais e deflacionados
(1953-1964 — em mil cruzeiros)

Aumento da alíquota	Anos	Alíquota	Valores nominais	Valores deflacionados	Aumento anual
	1953	2,7	2.279.008	2.279.008	
	1954	2,7	3.028.521	2.384.662	4,64%
	1955	2,7	3.545.807	2.395.815	0,47%
48,15%	1956	4	6.146.238	3.472.450	44,94%
	1957	4	6.971.990	3.451.480	-0,60%
	1958	4	9.534.508	4.163.540	20,63%
	1959	4	11.153.204	3.529.494	-15,23%
	1960	4	15.375.699	3.777.813	7,04%
	1961	4	21.558.199	3.856.565	2,08%
25,00%	1962	5	42.217.259	5.014.851	30,03%
	1963	5	74.868.681	5.110.490	1,91%
	1964	5	152.125.189	5.406.012	5,78%

Obs.: Valores deflacionados estão feitos com base no índice 1953=100.
Fonte: Guanabara (1965a) e dados organizados pelo autor.

Valor das alíquotas do IVC nos principais estados

Unidades da Federação	1961	1964**	Aumento
Pernambuco	4%	6%	50,0%
Bahia	6%	6,5%	8,3%
Minas Gerais*	4,25%	8,1924%	92,8%
Rio de Janeiro	4,2%	6,5%	54,8%
Guanabara	4%	5%	25,0%
São Paulo	4,8%	6%	25,0%
Paraná	4,5%	6,95%	54,4%
R.G. do Sul	4%	6%	50,0%

* Inclui adicionais diversos para 1961.
** Inclui adicionais diversos com exceção de SP e da GB.
Fonte: Guanabara (1965a) e dados organizados pelo autor.

Evolução do valor da taxa de água

Período	Salário mínimo	Valor do m^3 (em cruzeiros)	Proporção* m^3/sm x 10.000
jan. 1947/nov. 1951	380	0,50	13,16
dez. 1951/abr. 1954	1.200	0,50	4,17
mai. 1954/jun. 1956	2.400	0,50	2,08
jul. 1956/nov. 1958	3.800	0,50	1,32
dez. 1959/set. 1960	6.000	0,50	0,83
out. 1960/set. 1961	9.600	0,50	0,52
out. 1961/dez. 1962	13.440	9,00	6,70
jan. 1963/fev. 1964	21.000	14,00	6,67
fev. 1964/fev. 1965	42.000	28,00	6,67
mar. 1965-	66.000	46,00	6,97

* Proporção do valor do m^3 de água residencial em relação ao salário mínimo (em cruzeiros).
Fonte: Guanabara (1965a).

Evolução da receita tributária federal e estadual no estado da Guanabara
(em mil cruzeiros)

Anos	Total (A)	Federal (B)*	Estadual (C)	B/A	C/A	C/B
1960	65.578.509	44.281.866	21.296.643	67,52%	32,48%	48,09%
1961	89.802.467	60.557.633	29.244.834	67,43%	32,57%	48,29%
1962	145.024.413	92.043.607	52.980.806	63,47%	36,53%	57,56%
1963	278.541.111	187.807.804	90.733.307	67,43%	32,57%	48,31%
1964	565.608.142	379.275.792	186.332.350	67,06%	32,94%	49,13%

* Não inclui o Imposto Único sobre Combustíveis e Lubrificantes, cuja arrecadação na Guanabara, entre 1960 e 1964, atingiu Cr$80 bilhões.
Contadoria Geral da República (Receita Federal) e Secretaria de Finanças (Receita Estadual).
Coordenação de Planos e Orçamentos. Comissão de Estudos Econômicos.
Fonte: Guanabara (1965a).

Evolução da receita tributária orçada da União e de estados da mesma região geoeconômica
(em números-índices — 1961=100)

Anos	Brasil	São Paulo	Guanabara	Rio de Janeiro
1961	100	100	100	100
1962	176	149	144	176
1963	308	259	240	259
1964	577	616	462	842
1965	1.336	1.304	874	1.506

Fonte: Guanabara (1965b).

Composição dos tributos municipais e estaduais na Guanabara
(em mil cruzeiros)

Anos	Total municipal	Total estadual	% municipal/estadual
1953	1.412	2.684	52,6
1954	1.730	3.514	49,2
1955	2.175	3.996	54,4
1956	1.960	6.727	29,1
1957	2.405	7.686	31,3
1958	3.462	10.662	32,5
1959	3.828	12.729	30,1
1960	4.798	16.496	29,1
1961	6.100	23.124	26,4
1962	9.995	42.985	23,3
1963	14.608	76.124	19,2
1964	24.116	162.217	14,9

Fonte: Guanabara (1965a) e dados organizados pelo autor.

Evolução do orçamento estadual
(em mil cruzeiros — valores nominais)

Ano	Receita	Despesa	Déficit	Déficit/Despesa (%)
1948	1.781.094	1.829.725	-48.631	-2,7
1949	2.548.593	2.284.445	264.148	11,6
1950	2.918.096	2.778.137	139.959	5,0
1951	3.684.094	3.772.327	-88.233	-2,3
1952	3.987.818	4.755.325	-767.507	-16,1
1953	5.296.629	5.423.485	-126.856	-2,3
1954	6.211.144	6.451.379	-240.235	-3,7
1955	7.657.650	8.428.184	-770.534	-9,1
1956	10.161.241	11.478.629	-1.317.388	-11,5
1957	12.100.719	11.586.044	514.675	4,4
1958	16.302.068	18.025.297	-1.723.229	-9,6
1959	18.504.314	20.885.084	-2.380.770	-11,4

Evolução do orçamento estadual — continuação
(em mil cruzeiros — valores nominais)

Ano	Receita	Despesa	Déficit	Déficit/Despesa (%)
1960	26.249.276	29.456.596	-3.207.320	**-10,9**
1961	33.598.882	34.888.062	-1.289.180	**-3,7**
1962	65.239.247	66.124.354	-885.107	**-1,3**
1963	112.467.518	129.271.984	-16.804.466	**-13,0**
1964	240.209.662	248.765.809	-8.556.147	**-3,4**
1965	384.902.754	439.991.458	-55.088.704	**-12,5**

Fonte: Guanabara (1965b: p. 151) e dados organizados pelo autor.

Contas do Tribunal de Contas da Guanabara — exercício 1964

Receita orçamentária	240.209.682.261,70
Receita extra-orçamentária	135.051.693.976,50
Total	**375.261.376.238,20**
Despesa orçamentária	248.765.808.750,20
Despesa extra-orçamentária	124.130.474.278,60
Total	**372.896.283.028,80**
Déficit orçamentário	-8.556.126.488,50
Superávit total	2.365.093.209,40

Fonte: ESTADO DA GUANABARA. Tribunal de contas. FONTES, Romero José. Contas da Gestão Financeiro-Patrimonial do exercicio de 1964. 1965i

Contas do Tribunal de Contas da Guanabara — exercício 1965

Receita orçamentária	384.902.754.513,00
Receita extra-orçamentária	266.699.157.871,60
Total	**651.601.912.384,60**
Despesa orçamentária	439.991.458.104,00
Despesa extra-orçamentária	213.682.485.782,80
Total	**653.673.943.886,80**
Déficit orçamentário	-55.088.703.591,00
Déficit total	-2.072.031.502,20

Fonte: ESTADO DA GUANABARA. MAGALHÃES, Dulce. Contas da Gestão Financeiro-Patrimonial do exercicio de 1965. 1966

Despesas de investimentos diretos da União na Guanabara
Valores deflacionados pelo índice do custo de vida (preços de 1960)
(% em relação ao ano anterior)

Setores	1961	1962	1963	1964
Social	29,08	25,92	-4,17	-48,13
Habitação	6,70	140,95	-2,36	-87,93
Saúde	-9,30	137,95	-4,92	-37,59
Educação e cultura	56,38	-39,86	-5,83	-4,41
Agropecuário		347,87	-67,21	216,35
Transp. e comunic.	-21,31	201,76	47,24	-11,66
Saneamento	48,28	-41,70	349,77	-81,96
Energia			548,00	348,80
Total	13,30	64,90	20,10	-25,70

Fonte: Guanabara (1965d).

Despesa consolidada do governo estadual
(em mil cruzeiros — administração centralizada e descentralizada)

Anos	Investimento	Subtotal (%)
1961	7.460.923	19,38
1962	15.135.240	21,04
1963	49.569.710	32,52
1964	112.280.239	34,73

Fonte: Guanabara (1965f) p. 48 (tabela organizada pelo autor).

	Custeio					
Anos	Pessoal	Subtotal (%)	Outras	Subtotal (%)	Total	Subtotal (%)
1961	20.067.585	52,11	4.559.572	11,84	24.627.158	63,96
1962	40.868.485	56,80	7.521.378	10,45	48.389.864	67,26
1963	73.382.142	48,15	15.307.922	10,04	88.690.064	58,19
1964	160.905.562	49,77	26.902.007	8,32	187.807.569	58,09

Fonte: Guanabara (1965f) p. 48 (tabela organizada pelo autor).

	Custeio		
Anos	Transferências	Subtotal (%)	Total geral de despesas
1961	6.418.826	16,67	38.506.906
1962	8.421.092	11,70	71.946.195
1963	14.146.096	9,28	152.405.870
1964	23.158.232	7,16	323.286.040

Fonte: Guanabara (1965f), p. 48 (tabela organizada pelo autor).

Evolução do salário mínimo

Período	Salário mínimo (em cruzeiros)
jan. 1947/nov. 1951	380
dez. 1951/abr. 1954	1.200
mai. 1954/jun. 1956	2.400
jul. 1956/nov. 1958	3.800
dez. 59/ set. 1960	6.000
out. 1960/set. 1961	9.600
out. 1961/dez. 1962	13.440
jan. 1963/fev. 1964	21.000
fev. 1964/fev. 1965	42.000
mar. 1965-	66.000

Fonte: Abreu (1990: anexos).

Preços ao consumidor — Rio de Janeiro
Taxa de variação em relação ao ano anterior
(média anual)

Ano	IPC-RJ
1950	9,4
1951	12,1
1952	17,3
1953	14,3
1954	22,6
1955	23,0
1956	21,0
1957	16,1
1958	14,8

Preços ao consumidor — Rio de Janeiro — continuação
Taxa de variação em relação ao ano anterior
(média anual)

Ano	IPC-RJ
1959	39,2
1960	29,5
1961	33,2
1962	49,4
1963	72,8
1964	91,8
1965	65,7

Fonte: Abreu (1992: anexos).

Despesa consolidada do governo estadual (em mil cruzeiros)

Anos	Investimento	Custeio	Transferências	Total
1960	30,49%	59,57%	9,93%	31.016.970
1961	19,38%	63,96%	16,67%	38.506.906
1962	21,04%	67,26%	11,70%	71.946.195
1963	32,52%	58,19%	9,28%	152.405.870
1964	34,73%	58,09%	7,16%	323.286.040

Balanço da administração direta e das diversas autarquias e sociedades de economia mista do estado.
* Aumento resultante da Lei de Inativos (aumento aprovado de 105%).
Fonte: Guanabara (1965b).

Composição percentual de investimentos do governo estadual
(segundo a vinculação administrativa dos órgãos responsáveis)

Projetos	1961		1962		1963		1964	
	Adm. direta	Adm. ind.	Adm. direta	Adm. ind.	Adm. direta	Adm. ind.	Adm. direta	Adm. ind.
Adm. pública	100,0	0,0	100,0	0,0	100,0	0,0	100,0	0,0
Educação e cultura	82,8	17,2	75,5	24,5	86,1	13,9	85,6	14,4
Saúde	100,0	0,0	100,0	0,0	43,4	56,6	1,8	98,2
Bem-estar social	99,2	0,8	100,0	0,0	53,9	46,1	32,2	67,8

Composição percentual de investimentos do governo estadual — continuação
(segundo a vinculação administrativa dos órgãos responsáveis)

Projetos	1961		1962		1963		1964	
	Adm. direta	Adm. ind.	Adm. direta	Adm. ind.	Adm. direta	Adm. ind.	Adm. direta	Adm. ind.
Desenv. eco.	100,0	0,0	100,0	0,0	75,2	24,8	7,3	92,7
Saneam. do meio	44,7	55,3	2,1	97,9	0,0	100,0	0,0	100,0
Urbanização, viação, com.	28,0	72,0	24,5	75,5	21,3	78,7	9,9	90,1
Total	51,2	48,8	31,4	68,6	34,4	65,6	13,4	86,6

Balanço da administração direta e dos diversos órgãos da administração descentralizada.
Fonte: Guanabara (1965b).

Participação da renda interna da Guanabara
em termos percentuais e de índices

	1949 Índice	1949 (%)	1960 Índice	1960 (%)	1964 Índice	1964 (%)
Guanabara	100,0	15,3	927,0	13,6	7.676,1	14,1
Brasil	100,0	100,0	1.045,8	100,0	8.310,4	100,0

Fonte: Guanabara (1967: p. 111).

Evolução do Produto Real (1961-1964)
Base: 1961=100

Estado	1961	1962	1963	1964
Amazonas	100	103,4	108,4	117,6
Ceará	100	106,9	128,0	138,9
R.G. do Norte	100	100,9	109,7	95,7
Minas Gerais	100	103,8	89,4	104,0
Rio de Janeiro	100	115,3	106,7	119,4
São Paulo	100	107,8	106,1	107,0
Paraná	100	115,5	95,0	96,6
R.G. do Sul	100	95,3	107,6	113,0
Guanabara	100	100,7	98,1	84,4

Fonte: Guanabara (1967: tabela 7-12). (Aqui estão elencados apenas alguns estados.)

Ensino médio e técnico na Guanabara

Ensino médio

Anos	Matrículas na rede oficial	Bolsas de estudo	Total de matrículas
1960	19.815	—	19.815
1961	21.721	—	21.721
1962	34.832	7.761	42.593
1963	52.674	8.527	61.201
1964	66.991	18.350	85.341
1965*	76.740	45.900	122.640

Ensino técnico

Anos	Estabelecimentos	Alunos
1960	2	717
1965	8	9.650

* Até junho.
Fonte: Guanabara (1965a: p. 38).

Remoções de favelas no período 1960-75

Administração	Total de favelas atingidas	Total de barracos removidos	Total de habitantes removidos
Lacerda (1962-5)	27	8.078	41.958
Negrão de Lima	33	12.782	63.910
Chagas Freitas	20	5.333	26.665
Total	80	26.193	139.218

Fonte: Valladares (1978: p. 39-40).

Remoções de favelas no governo Lacerda

Nome do conjunto	Bairro	Ano	Triagem	Casa	Apto.	Total
Lar da Empregada Doméstica	Realengo	1962		46		46
Dona Castorina	Gávea	1962			252	252
Vila Aliança	Bangu	1962		2.187		2.187
Nova Holanda	Bonsucesso	1963	981			981
Vila Kennedy	Sen. Camará	1964		5.069		5.069

Remoções de favelas no governo Lacerda — continuação

Nome do conjunto	Bairro	Ano	Triagem	Casa	Apto.	Total
Vila Esperança	Vig. Geral	1964		464		464
Vila Isabel	V. Isabel	1964			48	48
Pio XII	Botafogo	1965			246	246
Sto. Amaro	Glória	1965			227	227
Marq. de S. Vicente	Gávea	1965			328	328

Fonte: Valladares (1978: p. 39-40), Guanabara (1965a: p. 64) e dados organizados pelo autor.

BIBLIOGRAFIA

ABREU, Alzira Alves de; BELOCH, Israel; LATTMAN-WELTMAN, Fernando; LAMARÃO, Sérgio Tadeu de Niemeyer (orgs.). *Dicionário histórico-biográfico brasileiro*. Rio de Janeiro: Ed. FGV/CPDOC, 2001.

ABREU, Marcelo de Paiva (org.). *A ordem do progresso: cem anos de política econômica republicana 1889-1989*. Rio de Janeiro: Campus, 1992.

ALVERGA, Carlos Frederico. "Levantamento teórico sobre as causas dos insucessos das tentativas de reforma administrativa". *Revista do Serviço Público*. Ano 54, nº 3, jul./set. 2003.

ANTUNES, Luanda. "Poder Legislativo e Nacional — Desenvolvimentismo: subsídios para uma revisão do papel do Congresso nas políticas de desenvolvimento". <http://necon.iuperj.br>. Núcleo de Estudos sobre o Congresso, 2004.

BARBOSA, Lívia. "Meritocracia brasileira: o que é desempenho no Brasil?" *Revista do Serviço Público*. Ano 47, vol. 120, nº 3, set./dez. 1996.

BERGAMINI, Cecília W. "Liderança: a administração do sentido." *RAE-FGV*. Vol. 34, nº 3, p. 102-14. São Paulo, 1994.

BERTERO, Osmar e KEINERT, Tania. "A evolução da análise organizacional no Brasil (1961-1993)." *RAE-FGV*. Vol. 34, nº 3, p. 81-90. São Paulo, 1994.

BOUTIER, Jena e JULIA, Dominique (org.). *Passados recompostos*. Rio de Janeiro: Ed. FGV e UFRJ, 1998.

BRESSER-PEREIRA, L.C. "Da administração pública burocrática à gerencial". *Revista do Serviço Público*, Cadernos ENAP. Vol. 120, nº 1, jan./abr. 1996.

_____. "Do estado patrimonial ao gerencial". In: SACHS, Ignacy; WILHEIM, Jorge e PINHEIRO, Paulo S. (orgs.). *Brasil: um século de transformações*. São Paulo: Cia. das Letras, p. 222-59, 2001.

CAMARGO, Aspásia e GÓES, Walder. *Cordeiro de Farias: meio século de combate*. Rio de Janeiro: Ed. Bibliex, 2001.

CAPES. *Estudos de desenvolvimento regional — Distrito Federal*. Série: Levantamentos e Análises. Vol. 20. Rio de Janeiro, 1959.

CASTELLO BRANCO, Carlos. *Os militares no poder*. Rio de Janeiro: Nova Fronteira, 1979.

CASTRO GOMES, Angela (org.). *Vargas e a crise dos anos 50*. Rio de Janeiro: Ed. Relume-Dumará, 1994.

COPEG (Companhia Progresso do Estado da Guanabara). *Primeira década*. Rio de Janeiro, 1970.

COUTO, L.C. *A luta pelo sistema de mérito*. Petrópolis: Ed. Vozes, 1966.

D'ARAÚJO, Maria Celina e CASTRO, Celso. *Ernesto Geisel*. Rio de Janeiro: Ed. FGV, 1997.

DEBERT, Guita Grin. *Ideologia e populismo (Ademar de Barros, Miguel Arraes, Carlos Lacerda, Leonel Brizola)*. São Paulo: Ed. T.A. Queiroz, 1979.

DOXIADIS ASSOCIATES. *Guanabara Urban Development Plan*. Vol. 2. Atenas, 1965.

DULLES, John W. Foster. *Carlos Lacerda: a vida de um lutador (1914-1960)*. Vol. 1. Rio de Janeiro: Nova Fronteira, 1992.

_____. *Carlos Lacerda: a vida de um lutador (1960-1977)*. Vol. 2. Rio de Janeiro: Nova Fronteira, 2000.

EASTERLY, William. *O espetáculo do crescimento: aventuras e desventuras dos economistas na incessante busca pela prosperidade nos trópicos*. Rio de Janeiro: Ediouro, 2004.

ESTADO DA GUANABARA. Administração do governador provisório José Sette Câmara. *Subsídios para análise e planejamento da ação administrativa*. Departamento de Imprensa Nacional, 1960.

_____. Governo Carlos Lacerda. "Mensagem à Assembléia: programa de governo para 1963". 1962.

_____. "Mensagem à Assembléia: programa de governo para 1964". 1963.

_____. "Mensagem à Assembléia: programa de governo para 1965". 1964.

_____. "Mensagem à Assembléia: 5 anos de governo". 1965a.

_____. "Mensagem à Assembléia: análise econômica — aspectos gerais: 1961-1965". 1965b.

_____. "Estudos cariocas: nº 1: A política tributária". 1965c.

_____. "Estudos cariocas: nº 2: Planos e orçamentos". 1965d.

_____. "Estudos cariocas: nº 3: Aplicação do Pert — operações de crédito no exterior". 1965e.

_____. "Estudos cariocas: nº 4: Despesa pública estadual na Guanabara". 1965f.

_____. "Estudos cariocas: nº 5: Mobilidade populacional e condições socioeconômicas". 1965g.

_____. "Estudos cariocas: nº 6: Atividade industrial na Guanabara". 1965h.

_____. "Mensagem à Assembléia: orçamento — projeto de lei para 1966". 1965j.

_____. *Rio Guanabara em nova dimensão — um balanço do governo Negrão de Lima*. Rio de Janeiro: Bloch Editores, 1975.

_____. Secretaria de Ciência e Tecnologia. *Rio Ano 2000*, 1970.

_____. Tribunal de Contas. LINS, Ivan. *Contas da gestão financeiro-patrimonial do exercício de 1962*. Tribunal de Contas do Estado do Rio de Janeiro, 1963.

_____. FONTES, Romero José. *Contas da gestão financeiro-patrimonial do exercício de 1964*. 1965i.

_____. MAGALHÃES, Dulce. *Contas da gestão financeiro-patrimonial do exercício de 1965*. 1966.

_____. "Diagnóstico Preliminar da Guanabara". Volumes 1, 2, 3 e 4. Secretaria de Economia do Estado da Guanabara. Astel, 1967.

EVANGELISTA, Hélio. *A fusão dos estados da Guanabara e do Rio de Janeiro segundo uma perspectiva de análise geográfica*. Rio de Janeiro, 1998. Tese de doutorado. UFRJ/PPGG.

FERREIRA, Caio Marcio. "Crise e reforma do Estado: uma questão de cidadania e valorização do servidor". *Revista do Servidor Público*, ano 47, vol. 120, nº 3, set./dez. 1996.

FERREIRA, Marieta de Moraes e AMADO, Janaína (orgs). *Usos e abusos da história oral*. Rio de Janeiro: Ed. FGV, 1996.

_____. *Rio de Janeiro: Uma cidade na história*. Rio de Janeiro: Ed. FGV, 2000.

_____. *Novas tendências da história da administração*. Rio de Janeiro: CPDOC, 1992.

_____. *Rio de Janeiro contemporâneo: historiografia e fontes: 1930-1975*. CPDOC, 1995.

_____. "O Rio de Janeiro contemporâneo: historiografia e fontes (1930-1975)." *Bib — Boletim Informativo e Bibliográfico de Ciências Sociais*. Nº 36, p. 63-87, 2º semestre. Rio de Janeiro, 1993.

GASPARI, Elio. *O sacerdote e o feiticeiro: a ditadura derrotada*. São Paulo: Cia. das Letras, 2003.

GEDDES, Barbara. *Politician's Dilemmas: Building State Capacity in Latin America*. Berkeley: University of California, 1994.

GIRARDET, Raoul. *Mitos e mitologias políticas*, São Paulo: Cia. das Letras, 1987.

HIMMELFARB, Gertrude. *The New History and The Old*. Massachussetts: Harvard University Press, 1987.

KEINERT, Tania Margarete M. "Os paradigmas da Administração Pública no Brasil (1900-1992)." *RAE- FGV*. Vol. 34, nº 3, p. 41-8. São Paulo, 1994.

LACERDA, Carlos. *Crítica & autocrítica*. Rio de Janeiro: Nova Fronteira, 1966.

_____. *Depoimento*. Rio de Janeiro: Nova Fronteira, 1978.

_____. *O poder das idéias*. 2ª ed. Rio de Janeiro: Record, 1963.

_____. *Palavras e ação*. Rio de Janeiro: Record, 1965.

_____. *Discursos parlamentares*. Rio de Janeiro: Nova Fronteira, 1982.

LACERDA, Cláudio. *Carlos Lacerda e os anos sessenta: oposição*. Rio de Janeiro: Nova Fronteira, 1998.

LAFER, Celso. *JK e o programa de metas (1956-1961): processo de planejamento e sistema político no Brasil*. Rio de Janeiro: Ed. FGV, 2002.

LESSA, Carlos. *O Rio de todos os Brasis: uma reflexão em busca de auto-estima*. Rio de Janeiro: Record, 2000.

LIPPI, Lúcia e FREIRE, Américo (orgs.). *Capítulos da memória do urbanismo carioca*. Rio de Janeiro: Ed. Folha Seca, 2002.

_____. *Cidade: história e desafios*. Rio de Janeiro: Ed. FGV, 2002.

LLANO, Rafael. *La sociología comprensiva como teoría de la cultura: un análisis de las categorias fundamentales del pensamiento de Max Weber*. Consejo Superior de Investigaciones Científicas. Madri, 1992.

MAGALHÃES, Mauro. *Carlos Lacerda: o sonhador pragmático*. Rio de Janeiro: Civilização Brasileira, 1993.

MAGALHÃES, Raphael de Almeida. *O problema das favelas cariocas e sua solução*. Transcrição da conferência pronunciada em 6 de junho de 1964 na Faculdade de Serviço Social. Rio de Janeiro: UEG, 1964.

MARTINS, Luciano. "Reforma da Administração Pública e cultura política no Brasil: uma visão geral". Cadernos ENAP, nº 8. Brasília, 1997.

MESQUITA, Cláudia Cristina. *Um museu para a Guanabara: um estudo sobre a criação do MIS e a identidade carioca (1960-1965)*. Dissertação de mestrado. Rio de Janeiro, 2000. UFRJ/PPGHIS.

MODESTO, Paulo. "Notas para um debate sobre o princípio da eficiência". *Revista do Serviço Público*. Ano 51, nº 2, abr./jun. 2000.

MORGAN, Gareth. *Imagens da Organização*. São Paulo: Editora Atlas, 1996.

MOTTA, Marly Silva da. *Rio de Janeiro: de cidade-capital a estado da Guanabara*. Rio de Janeiro: Ed. FGV, 2001.

_____. *Histórias de vida e história institucional: a produção de uma fonte histórica*. Rio de Janeiro: CPDOC, 1995.

_____. *Entre o individual e o coletivo: carisma, memória e cultura política*. Rio de Janeiro: CPDOC, 2001.

_____. *O relato biográfico como fonte para a história*. Vidya, Santa Maria (RS), nº 34, p. 101-22, jul./dez. 2000.

_____. "As bases mitológicas do lacerdismo." In: SIMSON, Olga Rodrigues de Moraes von (org.). *Os desafios contemporâneos da história oral*. Campinas: Unicamp, 1996.

_____. *Célio Borja*. Rio de Janeiro: Ed. FGV/Alerj, 1999.

_____. *Saudades da Guanabara: o campo político da cidade do Rio de Janeiro (1960-1975)*. Rio de Janeiro: Ed. FGV, 2000a.

_____. "Carlos Lacerda: de demolidor de presidentes a construtor de estados." In: *Encontro regional de história oral / sudeste-sul* (1.: 1995: São Paulo, SP). *(Re) Introduzindo a história oral no Brasil*. MEIHY, José Carlos Sebe Bom (org.). São Paulo: Xamã, 1996. p. 151-63. (Série Eventos.)

_____. *A estratégia da ameaça: as relações entre o governo federal e a Guanabara durante o governo Carlos Lacerda (1960-1965)*. Texto CPDOC, nº 25, 1997.

_____ e SARMENTO, Carlos Eduardo (org.). *A construção de um estado: a fusão em debate*. Rio de Janeiro: Ed. FGV, 2001a.

_____. *Erasmo Martins Pedro*. Rio de Janeiro: Ed. FGV/Alerj, 1998.

_____ e SARMENTO e FREIRE, org. *Um estado em questão: os 25 anos do Rio de Janeiro*. Rio de Janeiro: Ed. FGV, 2001.

_____ e BOMENY, Helena (orgs.). *A escola que faz escola: Ebape 50 anos*. Rio de Janeiro: Ed. FGV, 2002.

OLIVEIRA, Evaldo Macedo. "Aprovação das contas do Executivo da Guanabara em 1962. Estudo de um caso." *Cadernos de Administração Pública*. Rio de Janeiro: Ed. FGV, 1967.

OSÓRIO, Mauro. *Rio Nacional, Rio Local: origens e especificidades da crise carioca e fluminense. Estratégias, instituições e desenvolvimento*. Rio de Janeiro, 2004. Tese de doutorado. IPPUR/UFRJ.

PARISSE, Luciano. "Favelas do Rio de Janeiro: evolução, sentido." Caderno do Cenpha, nº 5. Rio de Janeiro, 1969.

PICALUGA, Isabel Fontenelle. *Partidos políticos e classes sociais*: a UDN na Guanabara. Petrópolis: Ed. Vozes, 1980.

POLLAK, Michael. "Memória e identidade social." In: *Estudos históricos*. Vol. 5. Rio de Janeiro, 1992.

_____. "Memória, esquecimento, silêncio." *Estudos históricos*. Rio de Janeiro. Vol. 2, 1989.

PREFEITURA DO DISTRITO FEDERAL. "Mensagem apresentada à Câmara dos Vereadores". Prefeito Dulcídio Espírito Santo Cardoso. 1954.

_____. "Mensagem à Câmara do DF". Prefeito Sá Freire Alvim. 1959.

REBELLO FILHO, Antonio Dias. *Carlos Lacerda: Meu amigo*. Rio de Janeiro: Record, 1981.

REIS, José Oliveira. *O Rio de Janeiro e seus prefeitos*. Prefeitura do Rio de Janeiro. 1977.

RÉMOND, René (org.). *Por uma história política*. Rio de Janeiro: Ed. UFRJ/Ed. FGV, 1996.

RIOUX, Jean-Pierre e SIRINELLI, Jean-François. *Pour une histoire culturelle*. Paris: Editions du Seuil, 1997.

SANTOS, Angela Moulin S. Penalva. *Economia, espaço e sociedade no Rio de Janeiro*. Rio de Janeiro: Ed. FGV, 2003.

_____. *Planejamento e desenvolvimento. O estado da Guanabara*. São Paulo: FAU-USP, 1990. Tese de doutorado.

SARMENTO, Carlos Eduardo (org.). *Paulo Duque*. Rio de Janeiro: Ed. FGV/Alerj, 1998.

_____ e Carlos Eduardo (org.). *Chagas Freitas: perfil político*. Rio de Janeiro: Ed. FGV/Alerj, 1999.

_____. *O espelho partido da metrópole: Chagas Freitas e o campo político carioca (1950-1983): liderança, voto e estruturas clientelísticas*. Rio de Janeiro: UFRJ/IFCS, 2002. Tese de doutorado.

SCHWARTZMAN, Simon. "A abertura política e a dignificação da função pública". Revista do Serviço Público. Ano 41, vol. 112, nº 2, abr./jun. Brasília, 1984.

SHERWOOD, Frank. "Adoção do orçamento programa na Guanabara". Cadernos de Administração Pública. Nº 62. Rio de Janeiro: Ed. FGV, 1966.

SITNOVETER, Mario. *Plano de Governo*. Rio de Janeiro: Secretaria de Estado de Administração e Reestruturação, 2000. 192p.

SKIDMORE, Thomas. *Brasil de Getúlio a Castelo e Brasil de Castelo a Tancredo*. Rio de Janeiro: Ed. Paz e Terra, 1988.

SOARES, Glaucio A.D. "As bases ideológicas do lacerdismo." In: *Revista Civilização Brasileira*. Vol. I, nº 4, p. 49-70, set. Rio de Janeiro, 1965.

SOIHET, Rachel, BICALHO, Maria Fernando e GOUVEA, Maria de Fátima (orgs.). *Culturas políticas: ensaios de história cultural, história política e ensino de história*. Rio de Janeiro: Ed. Mauad, 2005.

VALLADARES, Lícia do Prado. *Passa-se uma casa: análise do programa de remoção de favelas do Rio de Janeiro*. Rio de Janeiro: Ed. Zahar, 1978.

VIANA FILHO, Luis. *O governo Castello Branco*. Rio de Janeiro: Ed. Bibliex e José Olympio, 1975.

WEBER, Max. *Economia e sociedade: fundamentos da sociologia compreensiva*. Brasília: Ed. UNB, 2000.

ZALUAR, Alba e ALVITO, Marcos (orgs.). *Um século de favelas*. Rio de Janeiro: Ed. FGV, 1998.

DEPOIMENTOS

BRUNINI FILHO, Raul. Depoimento concedido ao CPDOC-FGV em 1994. Rio de Janeiro.

BORJA, Célio. Entrevista concedida ao autor em 23-3-2004.

CAVALCANTI, Sandra. Entrevista concedida ao autor em 4-11-2003.

CORREIA, Hércules. Entrevista concedida ao autor em 19-8-2004.

MAGALHÃES, Mauro H. Entrevista concedida ao autor em 11-11-2002.

MAGALHÃES, Raphael de Almeida. Entrevistas concedidas ao autor em 13-8-2003, 24-9-2003, 13-7-2004 e 14-2-2005.

TALARICO, José Gomes. Entrevista concedida ao autor em 6-10-2004.

JORNAIS

Correio da Manhã. "O que será do Rio?" Série de reportagens de capa entre 12 de julho e 21 de agosto de 1958.

_____. Fórum Paulo de Frontin. Suplemento Especial de 1 de dezembro de 1960.

Jornal do Brasil

O Globo

Tribuna da Imprensa

Última Hora

ARQUIVOS PESSOAIS

Carlos Lacerda (UNB)

João Goulart (CPDOC-FGV)

Negrão de Lima (CPDOC-FGV)

Editor responsável
Carlos Augusto Lacerda
Luciano Trigo

Produção editorial
Daniele Cajueiro
Silvia Rebello | Ilustrarte Produção Editorial

Revisão
Eduardo Carneiro
Izabel Cury
Tomas Bernardo

Projeto gráfico e diagramação
Fernanda Barreto | Ilustrarte Produção Editorial

Este livro foi impresso em Guarulhos, em maio de 2007,
pela Lis Gráfica e Editora, para a Odisséia Editorial.
A fonte usada no miolo é ITC Stone Serif, corpo 9,5/14,5.
O papel do miolo é pólen soft 70g/m² e o da capa é cartão 250g/m².